历史教育“新师范”建设丛书
丛书主编：黄牧航

LISHI JIESHI DE JIAOXUE SHEJI YU XUEYE PINGJIA

历史解释的教学设计与学业评价

主　编：王继平
副主编：陈家运　刘道梁

编委会

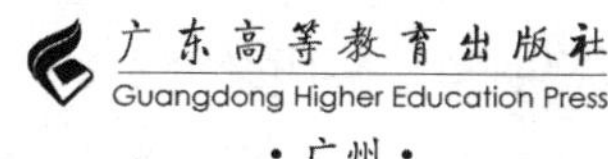
广东高等教育出版社
Guangdong Higher Education Press
·广州·

图书在版编目（CIP）数据

历史解释的教学设计与学业评价 / 王继平主编．—广州：广东高等教育出版社，2021.3（2022.3 重印）
（历史教育“新师范”建设丛书 / 黄牧航主编）
ISBN 978 – 7 – 5361 – 6834– 3

Ⅰ．①历… Ⅱ．①王… Ⅲ．①中学历史课–教学设计 ②中学历史课–教学评估 Ⅳ．① G633.512

中国版本图书馆 CIP 数据核字（2020）第 151072 号

出版发行	广东高等教育出版社
	地址：广州市天河区林和西横路
	邮编：510500　　营销电话：（020）87551597
	网址：http://www.gdgjs.com.cn
印　　刷	广东海洋印刷有限公司
开　　本	787 mm × 1 092 mm　1/16
印　　张	14
字　　数	267 千
版　　次	2021 年 3 月第 1 版
印　　次	2022 年 3 月第 3 次印刷
定　　价	43.00 元

总序

2018年1月20日，中共中央、国务院印发了《关于全面深化新时代教师队伍建设改革的意见》。同年，广东省教育厅出台了《广东"新师范"建设实施方案》，着力建设广东特色"新师范"，助推广东省教育现代化建设。该方案明确到2020年，办好一批高水平、有特色的师范院校和师范类专业，形成在全国具有影响力的教师教育广东新模式，并提出了十大重要举措和三大保障措施。华南师范大学积极响应广东省教育厅的号召，及时推出了《华南师范大学"新师范"建设行动计划（2018—2022年）》。华南师范大学历史文化学院作为学校建校之初就存在的老牌院系之一，在这改革浪潮下，学院上下一心，锐意创新，决心希望通过历史教育"新师范"综合改革体系建设，办出高水平、有特色的历史师范专业，培养出具有道德规范和教育情怀的新时代历史教师。

我认为，用教师教育理念取代原有的师范教育理念是"新师范"概念最核心的内容。教师教育是把教师一生的成长看成是一个持续发展的过程，在职前培养和职后培训上实现专业化、多样化、终身化和一体化，而不再局限于"完成式"或"终结式"的传统师范教育。在这个理念的指引下，师范院校在教师培养的对象、师资队伍、教学方式、课程内容、课程实施、课程评价、培养模式、培养体系等方面都会做出系列改革。

在"新师范"改革中，历史教师培养的对象将由主要服务于师范生向同时服务于师范生和在职教师转变。师范院校不仅仅是培养师范生的学府，还应该成为全省教师发展的教育智库、教育信息资源中心、教师能力测评中心和教师培训基地。

在“新师范”改革中，历史教师培养的师资队伍将由以高校教师为主转为高校教师、一线名师和优秀教研员的组合团队。与此同时，高校教师的身份又由原来单纯的学科教师向服务于教师教育的教师转型、由原来偏重于职前培养的教师向全面服务于职前培养和职后培训的教师转型。

在“新师范”改革中，历史教师培养的教学方式将由面授教学为主转为混合式教学。具体表现为线上学习与线下教学相整合，信息技术与学科教学相整合，虚拟学习与教学实践相整合。

在“新师范”改革中，历史教师培养的课程内容将由基于学科的课程转为基于师范生全面发展的课程。这就要求学校必须改变原有的“学科专业知识+教育学心理学”的课程内容，打破学科壁垒，重新打造新的教师教育课程，实现举全校之力兴教师教育。

在“新师范”改革中，历史教师培养的课程实施将由偏重理论讲授全面转为偏重实践的教育方式。要在全省遴选优质的中小学校建立教师发展中心，使之成为联结高校和中小学一线的平台，让中小学一线名师走上大学的讲台，让大学的教师深度参与中小学的教学管理工作，让师范生有更多的教学实践机会。

在“新师范”改革中，历史教师培养的课程评价将由单纯的学生、教学指导委员会评价转向基于大数据分析的多元评价。要建设教师教育质量监测平台，通过过程服务、过程管理、过程监控，全面收集、分析和公布教育信息数据，确保教师教育的培养培训质量。

在“新师范”改革中，历史教师培养的模式将由封闭性向开放性发展。师范生的培养不再单纯依靠师范院校的力量，而是联合“高校—市县区教育发展中心—中小学校”的力量共同培养。

在“新师范”改革中，历史教师培养的体系将实行职前培养和职后培训一体化。师范院校不仅仅着力于职前的师范生培养，也致力于职后的教师培训，用职后培训倒逼职前培养，实行学历教育课程与非学历培训课程衔接学分互认，既全面提高师范生的培养质量，也帮助和促进在职教师实现终身学习。

在“新师范”建设的大好形势下，在新的改革思路的指引下，历史文化学院提出了系列的改革措施。本套丛书的编写，属于本科教学改革和教师职后培训改革的重要内容之一。

2017年，教育部颁行了《普通高中历史课程标准（2017年版）》。此后，根据新标准编撰的教科书在广东省若干所高中试教。2019年秋季，全国部分省区开始使用新的高中教科书，2022年之前全国会全部投入使用。

如何吃透课程标准的精神，如何使用好新的教科书，如何落实核心素养的教育理念，这都是当前高中历史教师迫切希望解决的问题。同时，学院的本科生和教育硕士也急需了解课程改革的内容，按照新的课程目标来锻炼提升教学技能。为此，根据“新师范”建设的改革精神，我有以下四个方面的研究思路。

第一，以历史学科核心素养作为研究的主要内容。新的课程改革内容非常丰富，我拟以学科核心素养为抓手，带动整个新课程的教学研究。新的课程标准把中学历史学科的核心素养分为唯物史观、时空观念、史料实证、历史解释和家国情怀五个方面。虽然在实际教学中，五个方面的内容往往是同时并存的，但又确实可以相对独立。因此，我组织了五个研究团队，分别对五种历史学科核心素养进行研究，目标是以素养为切入点、带动新课程的整体研究。

第二，以教材的编写作为研究的平台。研究一个问题，必须有物化的成果。历史文化学院的领导高瞻远瞩，决定从2019年秋季开始，开设“中学历史核心素养的理论与实践”作为本科生和教育硕士的课程。因此，我要求五个团队的研究成果要以教材的样式来呈现，并直接作为本科生和研究生的教学用书。希望在校学生通过这一套书，基本掌握中学历史学科核心素养的基本内容和实施方法。同时，这套书还可以用作教师职后培训的用书，让广大教师了解以师范大学为主导的教学研究新成果。

第三，以高校教师、一线名师和优秀教研员的组合作为研究的团队。作为扎实有效的基础教育研究，高校、教研和中学一线教师这三支力量是缺一不可的。本研究的开展，是三支力量协同作战攻关的成果。在短短一年的时间里面，各个团队既有分组的研究，也有合组的汇报；既有现场的研讨，也有网络的互动；既有高校的专家讲座，也有中学教师的授课；既有面红耳赤的辩论，也有解决问题的喜悦。大家都深深地感受到，三支力量是同等重要的：没有高校的引领，研究成果显得肤浅；没有教研力量的参与，研究成果显得盲目；没有中学教师的实践，研究成果显得空洞。有效地整合各方面的力量，也正是“新师范”追求的目标之一。

第四，以理论引领和实践创新作为研究的方法。中学历史学科核心素养的提出，是中学历史教学改革的重大变动。这里既包括深刻的学理内容，也包括艰难的实践尝试。如何在研究中实现理论与实践的结合，我们做了三个方面的努力：一是丛书的编写流程按照自上而下的顺序。即先由高校教师撰写第一章的理论阐释，中学教师再依据第一章的理念来总结实践的经验。二是高校教师和中学教师一起研究，突破实践中的难点问题。本丛书所呈现的内容都是中学实践中不可回避的难点问题，如课程的开发、教学的创新、试题的命题、教师的专业发展等。每个问题的解答，都蕴藏着高校和中学教师的智慧。三是把创新突破作为首要目标。核心素养的教学和评价，不能够穿新鞋走老路，不能在原有的做法上贴标签，要力图有新的尝试和创造。作为一个新的事物，我们不求完美，只求有新的做法。

本丛书的编写，凝聚了一百多位高校教师、历史教研员和中学一线教师的心血。由于时间短、难度大，书中不完善乃至失误之处在所难免。在历史核心素养教学即将全面开展之际，我们暂不求交出一份尽善尽美的答卷，只求提出我们的观点和总结半年的教学实践。希望作为引玉之砖，得到广大读者的批评指正。

本研究项目能够立项，得到了华南师范大学副校长、历史文化学院院长陈文海教授的鼎力支持，同时得到了魏恤民老师和广东高等教育出版社的大力协助。没有他们的帮助，项目不可能在短短半个月内立项启动；没有他们的指导，项目也不可能在短短半年内完成。我和全体参与丛书编写的老师常怀感恩之心，感谢所有支持中学历史教学研究的领导、专家和编辑！也常怀敬畏之心，深知历史教育研究的重要和艰巨，不愿拾人牙慧、曲学阿世，只求埋头苦干、竭尽所能，努力探寻历史教育的原理和规律。

黄牧航

二〇一九年六月于华南师范大学

目录

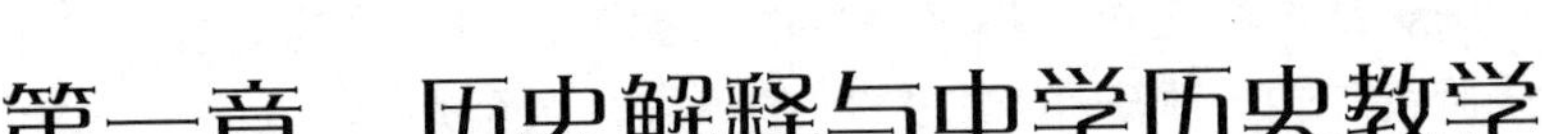

第一章　历史解释与中学历史教学

《普通高中历史课程标准（2017年版）》（以下简称《课程标准》）所提出的五个历史学科核心素养，是五位一体的关系，即在看待历史问题时，我们必须在确定的史观即历史唯物主义的指导下，秉持高度的家国情怀，在具体的时空范围内，以实证的方法，对特定的历史事实进行历史解释。对历史研究来说，在任何一个历史事物的研究过程中，这五个素养都是同时存在的；对于历史教学而言，虽然我们在具体教学过程中，在进行某个细节或某个历史内容教学时，所强调的历史素养有所侧重，但绝对不是否认其他素养与我们所强调的素养之间的必然联系。而在中学历史教学阶段，对学生进行历史解释素养的培育过程，就是将历史唯物主义的理论方法的培养、高尚的家国情怀的培育、精确的时空观念的培育以及科学的史料实证方法的培育相结合的过程。

第一节　历史解释的主体性内涵与特征

历史解释的基本要素包括历史解释的主体和客体两个方面：历史解释的客体是历史事实，在历史研究中经常以史料的形式呈现，而史料实证又是另一个核心素养，因此这里不再展开论证；历史解释的主体是历史研究和教学工作者、历史参与者、历史记述者等，而这些历史解释者在历史事实解释的过程之中虽有一些具体的差异，但仍表现出非常多相似的主体特征，就是说，只要是历史认识的主体，必然具有一些相同的特性①。这里必须强调的

① 关于历史认知主体即历史解释主体的基本特征和历史认识的特征，王家丰教授有非常多的成果，有些研究成果是可以直接用来指导我们认识历史解释的相关问题的。

是，历史解释主体的特征事实上必然影响历史解释的本质特征，也就是说，历史解释主体的特征同时也是历史解释本身的特征。

一、历史认识的主体都具有特定的价值观，即不同的史观，而不同价值体系的秉持者对同一历史事物往往看法不同，甚至相反

关于史观与历史主体的关系，我们知道，每个人都有自己的价值观，而价值观又是史观的核心指标，历史研究者就是在史观的支配下对历史事物进行研究的。我们在认识历史事物乃至身边发生的一切事物时，都是以一定的史观作为前提的，我们都是依据一定的理论和方法，对历史事物进行有规律的认知的。也就是说，史观决定着历史主体认识历史事物的立场、观点和方法，乃至于我们在同一史观指导下，对待相同历史事物一般都会采用相近的方法和理论进行分析，也会得出相近的结论。以我们现行的教学改革为例，我们看待一切事物，不论是具体的历史事件，还是贯穿人类历史的规律等，都是通过借助历史唯物主义的基本原理的具体展开来进行分析并得出结论的。

不过，在历史研究和教学过程中，我们也经常看到，有的人自己经常对同类事物得出相反的结论——这主要是因为该研究者自己尚未有稳定的价值观和史观，例如，他们在看待秦末农民起义和太平天国运动时态度差别很大。这种现象不是我们讨论的重点，因为这些研究或教学工作者自身的史观不是很稳定，而一旦其史观或价值观确定下来，其对历史的认知体系也就随之确定下来。

我们认为，具有不同史观的学者和教师对相同事物的认知一般不会相同，还可能会相反，因为研究者的出发点是不同的，如我们坚持历史唯物主义，就一定会坚持人民群众是历史的创造者这一结论，也会坚持历史的发展目标是每个人的充分发展这一主旨。因此，我们看待农民起义的态度必然是支持的，不会公然提出农民起义破坏生产力的结论。虽然我们都是历史唯物主义者，但是由于我们对历史唯物主义的理解不完全一致，即对历史的出发点理解不一致，在研究和教学中不一定取得关于相同问题的近似结论。我们举一例大家即可清晰了解这一点：在20世纪80—90年代，国内史学界对哥伦布的评价问题产生较大分歧，论证双方又的的确确都是历史唯物主义者，一派认为哥伦布是新航路的重要开创者，也是全球化的重要发起者，还是现代世界的拓荒者，所以尽管他也参与甚至组织了殖民扩张行动，归根结底他是现代社会进步的发起者、推动者之一。持有这种观点的学者是遵循历史唯物主义的历史进步论，即历史是螺旋式从低级向高级发展的，历史的进步成

为这些学者信奉的原则。另一派学者则认为，哥伦布“发现”美洲大陆，从此开创了西方国家对亚非拉国家的掠夺，开始了殖民者对美洲原住民的掠夺和屠杀，由此建立了全球性的殖民扩张体系，开创了西方国家称霸世界的经济和政治军事体系等，这些对现代世界具有灾难性的历史事件都与哥伦布有着不可分割的关系。这一派学者也是历史唯物主义者，他们信奉的是马克思主义的宗旨——人的解放是历史的终极目的。笔者非常尊重这两派学者，他们分析问题的角度和观点都是源于历史唯物主义的基本原理，只是对历史唯物主义的理解有所差异而已。两派学者围绕该主题激烈辩论了十余年，最终双方没有达成共识讨论即告结束，这是因为源于史观的理解差异而导致的观点不同是很难有共识的。

所以，从历史研究和教学的角度看，每个历史解释的主体都是受一定史观影响甚至是支配的，没有哪个历史解释者是能脱离史观而进行历史阐释的。

二、历史解释的主体必然在某种程度上受感情和情绪的影响

人是感情动物，历史研究的主体，即历史研究者、历史教育工作者、历史的记录者和亲历者等，都无一例外地具有人类的感情，这种感情不仅表现在其生活中，还表现在其对任何事物的认知过程中。

以兰克为代表的客观主义史学家认为，史学是科学，而要做到这一点，史家就必须客观地看待历史事物，要有不偏不倚的态度，不仅要以科学的方法对史料进行辨析，还要抛弃个人情感。现代的所谓全球史观也抱有同样的态度，要从月球上看地球。笔者以为，抛开其他因素，仅就情感因素而言，历史认识和解释的主体无法做到完全不带任何感情看待历史问题。我们以兰克为例，尽管其一再强调要超然物外、让史料自己去说话，但他自己的保守主义的政治和历史观念自始至终贯穿于其研究之中，甚至为了对抗法国大革命在普鲁士的影响而与普鲁士王子合作。而所谓全球史观就更是从现代西方文明的角度看待历史的典范，仅仅从其对历史的分期就能证明这一点。他们所坚持的保守主义、西方先进文明就是其价值观和情感所系。可以说，没有人能不带感情看待历史，而且没有情感的历史态度本身就是非历史的态度。

人类建立了无数个文明，其实是建立了无数个以某个核心价值观为中心的规则，而制订的规则很大程度上是当时社会普遍认同的道德体系翻版。我们认同某种价值体系和道德体系，表现在史学范畴，就是认同某种政治制度、经济制度和文化价值，例如，我们认为近代民主制度取代君主专制制度是历史的进步，本身就是情感的体现。

三、历史解释的主体必然是不完全理性、不断进步完善的

理性是启蒙运动以来人们追求的理想目标。18世纪以来，理性就成为我们认识事物的重要原则，人们至今依然强调理性在认识领域的价值。事实上，理性在人类认识领域的广泛应用是文明的巨大进步，使人类的认识具有了更高的科学性和客观性，人类依赖理性的进步和发展创造了一系列重大的突破性认知体系。理性是依赖科学的精神和方法而存在的。所谓理性的前提，就是要历史解释者依据历史事实，使用科学的实证方法，对历史事物进行合乎客观性的判断。所以，理性精神与实证方法等科学精神方法联系在一起才成立和存在。

自18世纪以来，史学各个流派基本都是理性学派，都是坚持科学理性的精神。从19世纪的客观主义史学、实证主义史学、马克思主义史学、引证史学等，到20世纪的年鉴学派、文明史学等，都是坚持科学理性精神和方法的，并引导史学取得了极大成就。但有些史学流派所倡导的史学认识和解释是极端的理性，即完全理性。他们认为，人是能够完整准确地认识和解释一切现象的，包括历史事物。这种说法在原则上是正确的，但人对事物的认识和解释要达到完整准确需要一个漫长的过程，在这个过程中，人类可能无限接近事物的本质，并争取完整地解释认知，但要做到对某一事物的终极性的解释和认知则是不符合认识规律的，因为人类对任何事物的分析解释都是需要进步发展的。完整准确的历史解释和认知是需要有完整准确的历史要素、历史解释者具有充分的理性能力作为前提的，而在现实中，这两者都是不存在的。近代科学家笛卡尔说过，历史具有逝去性和不可复制的特性，即历史事物一旦发生，历史的真相就消失在视线和感知之外了，即使史料保存得再完整，也不可能是历史事物的全部信息了，而没有完整准确的历史信息，就不能有真正完整准确的历史解释。就是说，我们的历史解释是建立在并不完整的历史信息基础上的。当然，我们反对历史虚无主义，并非只有历史信息完整才能对历史事物进行历史解释，历史解释是在尽量完整的史料基础上对历史事物进行尽量接近真相的科学的解析；同时，完整准确的历史解释需要历史解释的主体具有完全的理性能力，即解释者具有完全的分析能力（分析方法本身就具有相对性并随着科学和社会的进步而发展完善）、表达能力和超越自身情感的能力等。事实上，这些完全的分析能力都是历史解释者永远追求的目标且永远无法企及的能力，解释者更多所具有的是一定的分析能力、表达能力和超越自身的情感的能力。在这一前提下，经过历史解释者所解释的历史现象、历史本质乃至规律等，与历史解释者自身一样，都具

有非完全理性的特征，具有人类认识的绝对性和相对性的统一，即历史认识一般能够在一定程度上反映历史事物的特性，但又不是对历史事物真理的、永久性的、绝对性的反映。

四、历史解释的主体具有时代性特征

任何历史事物都是时代的产物，都具有其所处时代的特性及印记。历史事物的解释者同样也具有与历史事物一样的特性，即具有时代性特征，他们也一样受到时代的熏陶与锤炼。历史解释者因为有阶级属性、国家和民族属性、性格和认识水平的差异，所以一般都会在各自的阶级、民族和认识水平的基础上对历史事物进行解释，即他们往往会给出符合其阶级和民族身份的历史解释。不过，历史上有的解释者会超出其阶级和民族属性对历史事物进行认知和解释。例如，澎湃作为早期优秀的无产阶级革命家，其家庭出身却是地主，但他超越了阶级属性，反而投身革命事业；二战时期日本的反法西斯民主战士虽然是日本人，但他们站在人类共同体的角度，反对日本法西斯的暴行，超越了其民族和国家属性。

但是，作为历史解释者，其时代特征却是无法超越的，不论解释者的水平多高，即使是站在时代的最前列，也依然是这个时代的产物，其对人类历史的理解和解释都必然具有该时代的决定性的印记。

首先，历史解释者本身就是时代的产物。每个历史解释者都是在时代的熏陶下成长起来的，其所知、所学以及所经历的都是这个时代的产物。马克思主义史学是现代史学的巅峰，其创始人马克思和恩格斯生活在第一次和第二次工业革命时代，也是科学兴盛的时代，因此其对历史的解释就与时代现实相契合。他们以阶级解释阶级社会的发展法则，以科学方法作为解释历史的方法，以客观性和科学性取代了神学体系。后世的马克思主义者对历史唯物主义的发展，也是建立在新的时代特征和时代需求的基础上，对马克思主义的若干具体问题进行深入探讨和发展的。在现在中国历年的高考题中，经常提到时代与历史解释之间的关系。

其次，历史解释者所使用的解释原则和方法也是时代的产物，每个时代都有属于自己的原则和方法。我们知道，在18世纪理性时代，理性被史家即历史解释者尊崇为衡量一切事物的标尺，也是衡量一切历史事物的标尺。不论哪个理性史家，都以理性的发展程度作为划分人类发展阶段的界限，据此将人类整个历史划分为野蛮时代、宗教时代和理性时代。19世纪初，现代科学体系逐步健全，科学的方法和精神进而影响到人文社会学科的研究方法原则，历史学就是最早科学化的学科之一。现代科学史学建立了一整套关于历史解释的理论和方法，虽然各个派别之间有所差异，但一些基本原则和方法是极为接近的。不仅历史学，哲学、经济学、社会学等一系列学科都开始了科学化进程，将科学作为自己的评价尺度，将科学化作为自己存在的价值。总之，这些学科开始用科学界定自己的属性。因此，用科学的精神和方法解释历史就成为19世纪以来史学的主导性倾向，至今该倾向依然在史学占据主导地位。可以毫不夸张地说，只要科学时代没有结束，科学的精神和方法必然在历史解释的理论和方法体系中占有主导性的地位，就像神学时代没有结束前，神学作为史学的记述和解释方法原则一样。

第二节 历史解释的分层及其基本内涵

人类对历史的解释是有层次的，即历史解释本身就具有层次性。我们根据历史解释深度的差异，将其划分为以下几个层次：现象性解释、内涵性解释、本质性解释、联系性解释和规律性解释五个层次。现象性解释、内涵性解释、本质性解释是对历史事物本身的由浅入深的解释，联系性解释和规律性解释是对事物的整体性和联系性的解释，涉及相关历史事物和整个人类发展史。

一、现象性解释

现象性解释是指在历史认识活动中对历史本体进行现象性的描述，主要包括六个要素：历史事物发生发展的时间、地点、历史主要参与者（或历史人物）、内容、经过、结果。现象性解释的主要特征是完整描述一个独立的历史事物，而非分析或评价历史事物，要求将各要素基本情况交代清楚即可，不需要探讨各要素之间的相互联系。一般高考非选择题的第一问基本是以现象性解释为基础而设计题目和答案，用以考核学生对历史现象的把握程度。

我们现以大家比较熟悉且在中学教材中比较重要的内容，即“工业革命”这一课为例，来展示如何进行现象性解释：工业革命首先发生在18世纪60年代的英国，在工业革命过程中，瓦特和哈格里夫斯等对传统纺织和动力技术进行了革新，推动了工业革命的发展。到19世纪30年代后期，英国完成了从农业国家向现代工业国家的转变。法国、德国和美国等国在18世纪末19世纪初也开始了工业革命。

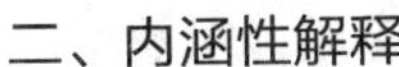

二、内涵性解释

内涵性解释的主要内容为对历史事物的内涵予以全面解析，即对事物的核心内容进行分析和总结，对现象性解释要素中的各要素，尤其是历史人物、内容和经过进行细致的描述。内涵性解释的主要特征依然是描述，而非论证分析。在高考非选择题中，内涵性解释一般与现象性解释一样，经常作为第一问的设问内容，用以考核学生对历史事物内涵掌握的准确程度。

同样以“工业革命”一课为例，内涵性解释为：英国在圈地运动和大规模殖民扩张之后，资本主义经济有了较大规模的发展。1860 年代，英国率先开始了工业革命。工业革命的主要领域最早发生在纺织业中，出现了珍妮纺纱机等新式纺织技术，纺织业高速发展。在瓦特等人的努力下，蒸汽机得以改良并作为动力被运用到工业中，随后又被运用到交通运输业中，推动了轮船和火车等新式交通工具的发明和使用。19 世纪30 年代后期，蒸汽动力成为英国工业领域的主要动力。英国成为最早完成工业革命的国家，并成为世界工厂。法国、德国和美国在18 世纪末19 世纪初也开始了工业革命，并随英国之后在19 世纪中期完成了工业革命。

三、本质性解释

所谓本质，可以有四层含义：一是事物的真相；二是事物的内在属性；三是事物的内部联系；四是事物的价值。对于历史事物而言，本质性解释就是要在现象性和内涵性解释的基础上，对事物的真相和内在属性，以及事物内部各要素之间的内在联系和事物的历史意义进行分析总结。本质性解释是对历史事物自身的完整的终结性的分析和评价。在高考选择题中，本质性解释一般是主要命题点；在非选择题中，本质性解释一般作为第二问的设问点。

同样以“工业革命”一课的内容为例，本质性解释为：英国在经历了文艺复兴的洗礼之后，资本主义经济萌芽得以发展。新航路开辟后，英国积极参与海外殖民运动，在18 世纪成为最强大的殖民帝国，积累了大量的原始资本。英国的资本主义经济在17—18 世纪得到较快发展，资产阶级队伍急剧壮大，圈地运动席卷全国。而资产阶级革命和光荣革命后的英国逐渐建立和完善了君主立宪制，为资本主义经济的发展提供了制度保障。在18 世纪60 年代，英国率先进行了工业革命。工业革命首先在纺织领域取得重大突破，不仅技术上出现了很多新的改进和发明，还出现了大量发明家。在瓦特改良蒸汽机并运用到工厂后，英国工业动力发生了重大转折。19 世纪上半叶，随着蒸汽船和火车作为新的交通运输工具被广泛应用，以及生产机器的普遍使用，英国建立了现代工厂制度，在19世纪30年代完成了第一次工业革命，成为世界上第一个工业国家。随后，英国成为世界工厂和日不落帝国。继英国之后，法国、德国和美国等国也走上了工业革命之路，并于19世纪50—60年代完成工业革命。工业革命是发生在工业领域的资本主义性质的革命。工业革命之后，西方工业化国家的资本主义逐渐占据主导地位，欧洲国家纷纷走上现代国家之路；同时，全球化进程加快，世界市场初步形成，东方开始从属于西方。

四、联系性解释

对历史事物的联系性解释，不是针对历史事物本身的解释认识，而是通过对与该历史事物相联系的相关历史因素的解析，进一步深入探讨该历史事物与其同时代其他要素之间的关系，以及人类历史上该事物与其他事物的关系。也就是说，联系性解释不是仅仅解析该历史事物本身，还要通过分析与该事物发展过程中的相关因素，探讨诸要素之间的相互联系。高考选择题中经常以联系性解释作为命题点，非选择题一般将其与本质性解释一道作为第二问的命题点。

我们依然以“工业革命”一课为例展现联系性解释的主要要求。

首先，从历史条件看，历史事物永远不是单独存在的，工业革命作为一场经济革命，其根源却是非常复杂的，远远超出经济范畴：文艺复兴和宗教改革作为思想领域的深刻变迁，已经引起英国政治、经济和思想诸领域的深刻变化，整个社会已不再拘泥于传统的封建社会思维方式，这为工业革命提供了思想动力。资本主义经济方式如圈地运动的发展，以及多种经济积累方式如殖民扩张的不断发展，不仅为工业革命提供了资本积累，还为其提供了不竭的动力和源泉。

其次，从工业革命过程和内容看，这次革命也涉及了社会制度变革、阶级关系变化和对外关系的改革等与工业革命联动的要素：随着工业革命的深入发展，工业资产阶级势力逐渐壮大，连传统贵族都开始伸手摘工业树上的金苹果而转变为新的阶级属性。到19世纪20年代，工业资产阶级开始要求扩大在议会中的参与权乃至领导权，最终于1832年发生议会改革，这次改革提升了工业资产阶级在政权中的地位，自此英国的政治结构发生了重要变化。正是随着工业革命的顺利演进，英国在世界的经济贸易地位发生了根本性转变，由此需要改变英国自近代以来所执行的关税保护政策，于是轰轰烈烈地展开了自由贸易运动。

最后，从工业革命的结果看，其不仅使英国国内发生了全方位的深刻变革，其影响范围还超出英国范畴：经过工业革命，英国的阶级关系发生重大转变，主要阶级矛盾从土地贵族等传统贵族势力与资产阶级的矛盾转变为资产阶级与无产阶级的矛盾，传统贵族势力逐渐衰微；英国的经济体系也从农业国家转变为工业国家，并成为世界工厂，在经济上主宰世界贸易，成为全球化的领导者；英国工业革命的演进产生的巨大变化，促使法、德、美等国也随之走上了工业革命道路；世界格局发生颠覆性变化，西方工业国家开始共同主宰世界，奴役亚非拉国家，并用商品和枪炮迫使这些国家也走上了与工业革命国家相同的道路。

五、规律性解释

规律性解释是指对历史事物发展过程中所体现的具有规律性的历史特性的历史阐释。一般而言，规律性解释主要表现在历史事物的特性具有普遍的、绵延长久的特征。在中学历史教学中，规律性解释一般需要借助历史唯物主义的基本原理进行解析，即符合历史唯物主义基本原理的历史事物特性，就是具有规律性的特征。如某历史事物发展进程符合生产力和生产关系原理，即具有生产力决定生产关系这一规律性了。在高考题中，规律性解释一般作为选择题的主要命题点和非选择题的最后一问。不过，规律性解释在非选择题中的考法基本不是列举历史现象，然后设问现象反映了怎样的规律，而是需要学生以规律解析历史现象。

我们依然以“工业革命”一课作为例证，展现规律性解释的一些基本方式：首先，从工业革命的背景和前提看，生产方式的变革首先是从经济方式的变革开始的，如先有资本主义生产方式的变化，然后才有资本主义制度的建立，而制度建设又推动经济方式的进一步变革。其次，从工业革命的过程和内容看，经济领域生产方式的变化必然带来阶级关系的变革，如工业资产阶级的强大和传统贵族阶级的衰落。最后，从工业革命的结果看，经过漫长的经济发展和资本积累过程，必然导致革命性变革的出现，符合量变质变定律。

第三节　历史解释的角度

我们知道，对历史的解释可以在一个史观指导下，选择从一个或若干角度切入看待历史事物。单从解释历史的角度而言，其切入方式是多种多样的，本章仅从与中学教学相关程度较高，以及高考命题切入设问时选取比例较高的那些角度入手展开分析。

一、从时间看历史

时间作为历史事物的基本构成要素，其本身对于历史事物是具有特定含义的，并非只是表示历史事物的发生时间而已。我们要从时间看出历史的一些基本内容和特性，而历史的时间性主要有以下几个方面。

首先，我们需要从历史事物的时间看出历史发展的延续性。任何历史事物都不是孤立存在的，都需要我们从整个人类发展史的角度来看待。任何历史事物的时间延续性都包括以下两点：一是我们看待任何一个历史事物，都要完整地从事物萌芽看到事物发生发展的整个过程，即事物本身发展的延续性。我们看待任何一个历史事物，都必须看到其完整的历史进程，切忌对历史事物进行切片式分析，即仅仅分析事物发展过程的某个片段，这势必会断章取义式地解释历史。历史片段只有在其完整的发展过程中才有解释价值和意义。例如，对法国大革命的历史解释中，如果仅仅针对某个具体的时间点所发生的事物进行分析，而不是将其作为大革命的一个具体案例进行解释，如对拿破仑的独裁政权的历史解释如果孤立进行，则势必会否定该政权存在的合理性，因为这是独裁而非民主的政权。二是将事物放在整个人类发展史的进程中看待，即将事物放在历史长河中进行定位，也就是历史个案在整体历史中的定位。任何历史事物只有放在历史长河中进行解释才能完全诠释其历史意义。例如，我们一般在中学教学中将古代雅典的民主作为西方政治文化的重要标识予以肯定，但如果我们将雅典的民主放在整个西方乃至世界历史长河中看待的话，雅典的民主在古代社会就是特殊的案例，因为专制独裁的政体才是古代社会的常态。那些只看到雅典民主和罗马法制的学者忽视了正是奴隶制的使用才为所谓的民主和法制提供了社会基础。

其次，我们需要从时间看出历史事物的时代性。一般而言，历史事物必然具有时代特征，这是因为每个历史事物都是在特定时代总的条件下发生发展的，都是时代的产物。马克思指出，每个历史事物都是在特定的条件下发生的，是在既定的前提下，而非可选择的条件下发生的。马克思所说的“既定”和“特定”的条件，就是历史背景和时代背景所提供的历史条件。当然，不是每个历史事物都能完整地反映出时代特征的，但至少会具有时代的某种或某些特征。高考试题中经常将时代性与历史事物联系起来考查，其考查方式主要有两种。其中之一是在描述一个历史事物具体内容后，设问该事物的“历史特征”是什么。如果考生仅仅从材料出发进行归纳分析，所得出的结论只能是有关内容的特征，这种回答方式也是教学中教师经常教授学生的应对方式。由于大家忽略了历史事物与时代特征的关系，因此忽略了将时代特征作为该历史事物特征的做法。我们认为，历史事物必然在一定程度上呈现出时代特征。也就是说，我们解释历史事物时，必须看其所发生的时间，进而判断其所处的历史时代，这样才能总结出其历史特性。

最后，我们需要从时间看出历史事物的独特性。时间对每个历史事物都具有特殊的含义。当我们研究和教授某一具体的历史事物的时候，一定要解释该事物为何会发生在这一时间。例如，第一次世界大战为何发生在1914年7月28日？要清晰地解释这一时间的历史意义，就必须知道，第一次世界大战的发生是偶然性和必然性结合的产物。很多教师也喜欢以第一次世界大战的爆发为例讲授必然性和偶然性的关系。工业革命以来，英国和法国由于工业革命发生早，从而占据了世界大部分殖民地，并在世界市场中占有优势。在第二次工业革命后，德国等后起的资本主义国家发展速度较快，在19世纪末20世纪初在经济实力上已经与英、法等国旗鼓相当，但它们所占有的殖民地较少，世界市场狭小，因此与英、法等国产生了深刻的争夺殖民地和世界市场的尖锐矛盾。同时，欧洲各国在世纪之交民族主义兴起，尤其是极端民族主义泛滥，致使双方甚至结成了相互敌对的两个军事政治同盟，两个同盟在世纪之交多次发生尖锐冲突，双方的矛盾已经难以调解，就是我们通常说的双方政治经济发展的不平衡导致战争的爆发不可避免，这就是历史的必然性。但是，战争在哪一天爆发，以什么形式爆发，则具有一定的偶然性。1914年6月28日，塞尔维亚民族主义者普林西普刺杀了奥匈帝国皇位继承人斐迪南大公。在刺杀过程中，斐迪南大公原本可以避免刺杀事件的发生，但他傲慢的性格使之没有及时躲避，最终导致萨拉热窝事件的发生，成为第一次世界大战的导火索。萨拉热窝事件的发生时间、发生方式都具有一定的偶然性。因此，我们看待历史事件的时间时，应从时代看出历史的趋势和必然性，而从具体的时间看出历史发生的具体形式和偶然性。

二、从区域看历史

地理因素对于人类历史发展具有非常重要的影响。关于这一点，在近代早期很多历史学家的著述中就有过精彩的论述，但他们多是地理条件决定论，即强调人类历史的进程，历史发展的动力均来自地理环境，甚至连孟德斯鸠论证法学体系的差异时也从地理环境入手进行分析。

首先，我们要从区域看出地理条件与历史发展之间的关系。法国著名历史学家布罗代尔曾在《法兰西的特性》中从时间和空间两个角度阐释法国历史发展的整个过程，也曾在名作《菲利普二世时代的地中海和地中海世界》中详细探讨了地理环境变迁与人类发展的关系。我们当然不接受地理环境决定论，但地理环境对人类发展的制约作用是现实存在并在人类发展进程中扮演了不可或缺的角色。其实，地理环境或区域位置对人类历史的影响主要体现在以下两个方面。一是很多地区和国家的历史文明都与地理条件有着直接的关系。例如，雅典的民主制与其特殊的地理条件关系极为密切，平原地区的农耕文明在古代极为发达，但靠近北方的草原地区却是畜牧业发达，而这些文明形式不仅直接影响着经济生产方式，也深刻地影响着人们的生存方式和生活方式。二是不同时期、不同发展水平的文明，对地理条件的需求内容和需求方式也有所差异。马克思认为，早期人类或生产力水平较低的国家和文明，更依赖自然资源中生活资料丰富的地理环境，如水产品丰富的水域，肥力高、农作物易长的土壤等，人们需要这些资源提供生活必需品，如19世纪的印度；而生产力水平较高的国家或文明，更依赖动力资源丰富的水域、易于经营的土壤等，人们需要这些资源提供生产资料，如19世纪的英国。

其次，我们要从区域看出人类历史发展的长期特征和总体趋势。布罗代尔提出的长时段理论在我国影响很大，很多教师在教学中使用长时段理论进行教学，但我们需要注意的是该理论并非要求一切历史事物都从长时段来分析解释。布罗代尔的长时段理论其实是很丰富的，不仅包括长时段，还有中时段和短时段理论，即需要根据影响人类历史诸要素、自身的特性及其与人类历史的关系来决定使用哪一种时段理论进行历史解释。地理条件就符合长时段理论进行历史解释的要求，因此布罗代尔在《菲利普二世时代的地中海和地中海世界》中花了大量篇幅讲述地理条件与地中海历史的关系，并且追述千年的历史来说明地理环境如何具体影响着人类的发展。地理环境对人类的影响，除非地理灾难，是非显著性的，二者的关系是水乳交融的，是相互慢慢而悄悄渗透的，因此布罗代尔用长时段来研究二者之间关系的演进。另外，我们在研究文艺复兴时期意大利的城市兴起之时，也经常提到地中海和地中海贸易问题，但需要注意的是，地中海的地理条件是地中海沿岸国家所共享的，所以要说明该地理条件与文艺复兴之间的关系，还必须将该要素与其他文艺复兴的条件相互结合论证才能得出地中海地理条件也是意大利文艺复兴的重要因素这一结论。历史解释中，地理条件是很少单独作为历史变迁的证据的，它需要与其他要素相结合才能成立。

三、从人性看历史

人性本身似乎更属于哲学范畴，但历史上人类的人性发展状态如何，其实是一个时代发展水平和发展方式的最具标志性的写照。所以，我们在看待人类历史发展的整个进程时，不仅要关注人性这一根本性的人类文明标志的进步状态如何，还要注重研究人性变迁与整个人类发展史中诸要素之间的关系，以及人性发展对社会进步的促进作用。

首先，从人性看历史作品及作者的人性。笛卡尔曾深刻指出了历史的基本特征——历史具有逝去性即不可重复性，历史一旦发生，也就随之一去不复返了。我们经常在教学中使用情境教学方式，以创设新的历史情境的方法使学生理解和易于解释当时的历史环境。其实，历史是无法重复的，我们创设的情境不是历史真相，不是历史本身，而是根据我们的理解和对历史的解释为学生创设的“人造”情境。这个情境其实是我们对历史的解释，其中有我们的历史观，有时代的历史观，也包含着我们解释历史的方法和原理。历史上任何历史著作，其内容本身是否接近历史真相，这还需要我们甄别，但作品中有两种特征却是难以泯灭的：一是作者的历史观；二是作者的人性。关于历史观的呈现方式，这里不做探讨，而重点关注作品中体现的作者的人性问题。任何历史作品，只要涉及对人的看法，必然显示出其对人以及对人在历史中地位的态度。历史作品中，作者或许可以因为个人或其他原因有意隐匿或篡改历史事实，或因作者的水平问题而无法全面准确展现历史真相，但有一点是无法掩盖的，就是作者的人性。我们知道，作者的人性决定了作者对史料的选择。如果对哥伦布屠杀印第安人的行为熟视无睹的作者，其对哥伦布的研究作品中势必会重点选择那些对证明哥伦布所谓历史功绩有价值的史料。同理，那些崇拜拿破仑的作者也不会过多叙述其在西班牙和葡萄牙镇压平民时的残酷手段。而在研究和教学中，我们都熟悉有关殖民者在非洲掠夺人口贩卖到美洲的这段残酷的非人性的历史，只是有的研究作品和教学资料虽然也认为该行为是罪恶的，但却不知为何又强调罪恶的“奴隶贸易”（笔者很不愿意使用这一词汇，甚至感觉这个词都是罪恶的）为美洲的开发做出了贡献。这样的评价看似客观科学，其实丧失人性：美洲的开发是黑人劳动者艰苦卓绝的奋斗的结果，不是贩卖黑人的殖民者的功劳，笔者不知道为什么要将这一功劳归于殖民者——当然，当年的殖民者是这样认为的。所以，我们在教学中，要看到历史作品作者的人性。没有人性的作者，我们是不能轻易相信其作品的价值的，因为我们是没有必要读没有人性的作品的。

其次，从人性变迁看时代特性和历史转变。人性是一个时代的基本道德底线，历史作品中的人性，更是一个时代的道德标杆。一部历史作品，其体现出的人性不仅是作者本人的人性，也是这个时代精神的标志。我们知道，一个历史研究者、历史解释者，必然受到时代精神的影响，即使他不是历史的主流精神的追随者、甚至是主流精神的反叛者，他们也都是时代精神的标志和产物。例如，20 世纪 80 年代的作品，包括历史作品，都洋溢着青春和朝气，洋溢着对历史的自信，他们的作品对历史、对未来都充满自信的态度。而在新世纪开始以后，科学精神和求真精神在历史解释者的作品中被充分展现出来。自近代以来，西方殖民者对其殖民扩张给亚非拉地区人民带来的灾难是有所检讨的，但他们的检讨是不深刻的，只是停留在屠杀落后民族人民本身的事件上，他们至今都认为是他们自己给亚非拉地区人民带去了光明，带去了所谓的先进文明，而且这种观点依然是现代西方学术界的主流。从这一点上看，西方社会主流精神依然没有走出殖民时代。所谓近代西方文明是先进文明，而我们的中华文明是落后文明，这种说法是殖民者主张的，他们这样说是为了给自己的侵略扩张找到合理的理由。拿破仑曾说过："最没有遗憾的征服是文明对野蛮的征服。"因为这种理念在西方是被广为接受的，包括民众也接受这种观点。现在，经过殖民者几百年的宣传，我们有些人似乎也接受这种观念，一再强调所谓明清之际中国走向落后，国家开始闭关自守等。如果西方近代文明是先进文明，那屠杀亚非拉国家和民族的人民，是先进的还是落后的？而反抗侵略的所谓落后文明真的落后吗？

四、从人物看历史

历史事物中，人物都是历史的主体，不论是个体的人还是群体的人，他们共同构成了历史的主体。简单地说，历史活动是人的活动，历史精神是人的精神。人是历史的目标，是历史的中心。我们从历史中的人的身上，可以看到历史的全部特征。笔者从与中学历史教学结合的角度，简要分析人物与历史之间的关系，这也是高考题中重点考查的内容。

首先，从人物看其阶级属性及时代政治经济特征。历史唯物主义认为，阶级社会的主要矛盾是阶级矛盾。虽然阶级斗争学说在当前的历史研究和教学中运用得并不充分，但这是对该学说的误解，人们错误地将四人帮的"阶级斗争说"当成马克思恩格斯的学说了。其实，阶级学说依然是我们解释阶级社会的最重要的原理之一，其科学性在马克思、恩格斯的经典著作中已经得到充分的体现，如《路易·波拿巴的雾月十八日》中对阶级的划分、各阶级的特性、阶级在社会发展中的表现等问题的分析可谓精准无比、入木三分。在马克思的笔下，阶级是变化的、流动的，是可以相互转化的。非马克思主义史学则将阶级概念化、固定化，因此才导致不符合事实的阶级斗争的错误。一般而言，人类长期处于阶级社会，因此阶级分析方法就显得非常重要。阶级社会中的每个人都是具有阶级属性的，他们的思想和行为一般与其阶级属性相一致。如高考题中曾要求总结李世民政治改革的特征，参考答案中有“维护中央集权和皇权”一说，这就是从李世民的阶级属性看其改革目的和特征得出的。同样，李世民的阶级属性也反映了其所在时代的基本政治经济特征，即政治上地主阶级分为寒族和士族两大类，他们虽有矛盾，但他们共同掌握政权，李世民的改革是在两类地主间进行新的权力分配，而非让普通农民掌握政权。

其次，从人物看其民族和国家属性。自有国家和民族以来，每个人都有自己的民族和国家属性。古代的民族国家与现代的民族国家有着非常大的区别，名词虽然相同，但概念和内涵不尽相同。“从国家和民族看历史”原本是历史解释的一个重要的角度，但我们将在“家国情怀”一节中再详细论述古代民族国家和现代民族国家的差异及其与历史和历史解释的关系，也会探讨如何从民族国家的角度解释历史，所以这里不再赘述。每个人的民族和国家的属性，在很大程度上决定了其政治态度、文化取向等。例如，在古代，很多民族的信仰本身就有民族性，犹太民族就是其中典型的代表。当犹太人散居到欧洲各国之后，他们的民族性和信仰的合一性依然如故。而欧洲各国政府和人民也一直将犹太人作为异族来看待，即使在中世纪后期欧洲主要民族开始融合而成为现代民族的时候，犹太人也被其他民族排除在外。在走向现代民族和国家的过程中，法兰西民族和德意志民族等西方民族都提出了“非我族类，其心必异”的系统思想，并采取了一系列排斥其他民族的措施。现代民族国家成员必然的属性就是维护自己民族国家利益，包括经济制度及政治制度的合理性。在高考非选择题中，经常以某个国家或民族的成员对某个历史事物的态度切入，考查其之所以有这种态度的原因，而问题的答案就是源于其民族和国家属性。

第二章　历史解释素养与历史课程开发

2018年9月10日，习近平总书记在全国教育大会上指出："要把立德树人融入思想道德教育、文化知识教育、社会实践教育各环节，贯穿基础教育、职业教育、高等教育各领域，学科体系、教学体系、教材体系、管理体系要围绕这个目标来设计，教师要围绕这个目标来教，学生要围绕这个目标来学。"为了更好地落实"立德树人"的教育目标，我国目前基本形成了国家课程、地方课程和学校课程三级课程管理体系，以此"改变课程过分强调学科体系、脱离时代和社会发展以及学生实际的状况"①，加强课程的综合性和实践性，促进教学改革，提高教学质量。其中，国家课程居于主导地位，是落实"立德树人"教育目标和"培养社会主义事业建设者和接班人"教育任务的根本抓手。

第一节　基于历史解释素养的国家课程的落实与拓展

国家课程就是国家制定的课程，集中体现了一个国家在教育领域的意志，是依据未来公民接受教育后要达到的素质和水平而设计的课程。国家历史课程规定了历史教育的内容与目标，明确了学业评价的基本原则与方式，是国家意志在历史教育领域的集中体现，是培养学生"唯物史观、时空观念、史料实证、历史解释、家国情怀"核心素养的基本途径，也是促进学生成为"全面发展的人"的有机组成部分。

① 中共中央国务院关于深化教育改革全面推进素质教育的决定［EB/OL］.（1999-06-13）［2006-02-19］. http://www.jyb.cn/zyk/jyzcfg/200602/t20060219_55334.html.

一、国家课程关于历史解释素养的培养要求

《课程标准》指出："历史解释是指以史料为依据，以历史理解为基础对历史事物进行理性分析和客观评判的态度、能力与方法。"即人们在掌握史料、理解史料的基础上，可以通过不同的方式去描述历史事物，并阐释其背后所隐含的因果关系。

不论是描述历史还是解释历史，必然受到陈述者学识、立场、身份和时代等因素的影响而掺杂主观认识。例如对于马歇尔计划，从不同国家的角度出发，会得到不同的认识。美国通过马歇尔计划不但可以达到控制西欧、遏制苏联的目的，而且可以解决因战争结束、军事订货减少而造成的市场缩小和生产过剩的危机，实现国际市场的扩大，促进经济扩张。苏联通过马歇尔计划丑化美国，达成了团结东欧各国的目的。西欧各国可以利用马歇尔计划提供的贷款实现恢复战后经济的目标。从时间出发，也可以对马歇尔计划做出不同的解释。短时间看，马歇尔计划促进了西欧经济的复苏和发展，促进了东西方两大集团的形成，并且巩固了集团国家之间的关系。长时间看，马歇尔计划推动了欧洲一体化进程，最终促进了世界多极化格局的发展；同时，苏联和东欧形成了狭小的计划经济圈，背离了经济全球化的发展趋势，终被历史淘汰。因此，英国史学家爱德华·卡尔认为："历史是历史学家跟事实之间相互作用的连续不断的过程，是现在与过去之间的永无止境的回答交谈。"[①] 可见，历史解释是复杂的。

国家课程将通过阶段性评价、学业水平合格性考试和等级性考试的方式对学生的历史学习效果进行考核，并因此设置了明确的学业质量要求：

表2-1 历史解释素养学业质量要求分层表

水平	质量描述
1	能够辨别教科书和教学中的历史解释；能够发现这些历史解释与以往所知历史解释的异同；能够对所学内容中的历史结论加以分析
2	能够选择、组织和运用相关材料并运用相关历史术语，对个别或系列史事提出自己的解释；能够在历史叙述中将史实描述与历史解释结合起来；能够尝试从历史的角度解释现实问题

① 卡尔．历史是什么？［M］．陈恒，译．北京：商务印书馆，2007：115.

续上表

水平	质量描述
3	能够分辨不同的历史解释；尝试从来源、性质和目的等多方面，说明导致这些不同解释的原因并加以评析
4	在独立探究历史问题时，能够在尽可能占有史料的基础上，尝试验证以往的假说或提出新的解释

注：水平2是高中毕业生的合格要求；水平4是等级性考试的命题依据。

华南师范大学历史文化学院张庆海教授将历史解释素养划分为五个层次四个角度（见本书第一章第二、第三节）。从历史解释的层次看，可分为现象性解释、内涵性解释、本质性解释、联系性解释和规律性解释五个层次，层层递进，环环相扣。从历史解释的角度看，可从时间、地域、人性、人物四个角度出发，各有侧重、自成一体、有机统一。与国家课程对历史解释素养水平层次的划定相比，上述层次和角度的划分更利于量化考核，也能更好地指导中学历史教学，达成国家课程的既定学业目标。

二、基于“历史解释”素养的国家课程实施策略

国家历史课程承载着一个民族发展的全部信息，是一个民族生生不息的力量源泉和精神动力。历史蕴藏着人类发现过去、展望未来的密码钥匙，承担着传承文化、延续民族DNA和塑造具有全球视野的国际公民的双重使命。故而，各级各类学校、教师在具体的教学实践中，需要在忠实于国家课程标准和教学任务的前提下，结合社情、校情、师情和学情，对国家课程进行个性化加工，通过学校本位的课程整合、课堂教学方式的创新、学生本位的活动设计、差异化的评价模式等多样化的行动策略，将国家课程落到实处。

新课程改革以来，学校在课程规划和实施方面，拥有了更多的自主权。但国家课程是“纲”，学校必须认真学习和领会国家历史课程的教学任务与目标，结合本校所在区域的社情、校情、师情和学情，合理设计实施历史第一课堂和历史第二课堂，涵育学生的“历史解释”素养。

历史第一课堂，即传统意义上的教学实施方式，拥有固定的教学场所、教学设备、教学人员、学生和教学时间等，是落实国家课程任务的主要途径。在日常教学中，学校和教师可以从以下方面着手，涵育学生的“历史解释”素养，实践国家历史课程标准。

第一，全面理解“历史解释”素养，科学制定教学目标。历史是不可复制的，解释历史就成为认识历史、学习历史的必然选择。唐代刘知幾的《史通》有言：“夫史之称美者，以叙事为先。”解释历史很大程度上是在通过探讨历史记录者的身份、立场、方法、视角和时空背景等因素，来回答历史“为什么是这样，而不是那样”的问题，是历史主体、历史对象、历史方法和史学观念综合作用的结果，是历史学科关键能力的集中体现。

国家历史课程标准对“历史解释”素养水平层次的划分是提纲挈领的，中学历史教师在日常教学实践中需要根据具体的教学内容，按照“五个层次四个角度”的要求，细化教学目标，使得教学有的放矢。比如，必修模块中的“全球联系的建立”这一学习专题的教学目标可以设计为：能够运用新航路图和旧航路图进行对比，叙述新航路开辟的基本概况；在梳理和概括西班牙、葡萄牙、荷兰、英国等欧洲国家对外殖民扩张的史事的基础上，分析新航路开辟的背景、原因和影响，认识新航路开辟的本质；利用相关史料，了解新航路开辟后世界各地区间在物种传播、文化交流、市场拓展、资本积累等方面的重要史事，并在此基础上，解释新航路开辟引发的全球性流动对世界各区域文明的不同影响，理解新航路开辟是人类历史从分散走向整体过程中的重要节点。上述教学目标旨在引导学生分别从现象、内涵、本质和联系四个层次解释新航路开辟这一历史事件。

第二，继续推进课堂教学改革，打造有“生”命力的历史课堂。杜威的“儿童中心论”认为儿童是教育的起点，是中心，而且是目的。儿童的发展、儿童的生长，就是理想教育所在。在此理论指导下，课堂教学改革的亮点之一就是一改过往以知识讲授为主的单一教学模式，形成了“学生为主体，教师为主导”的课堂教学模式。小组合作学习、翻转课堂、导学案教学、慕课等教学模式都是在充分挖掘学生学习的主动性，让学生参与到课堂教学的各个环节，甚至是评课，使得学生真正成为课堂的主人。

历史行为主体和历史解释主体都是有生命力的人，他们都是历史的创造者和认识者。学生也不例外，若想获得对历史事物的理解和解释，必须创设历史情境，让学生通过体会历史人物抉择的艰难、历史进程的复杂，真正参与到历史发展中，才能得出契合历史时空的历史解释，才能真正理解历史，进而形成合理的历史解释。

（一）精选多元化史料，涵育“历史解释”素养

历史具有不可复制的特性，史料是我们认识历史的依托，这就需要教师在日常教学中提供丰富而翔实的材料，创设历史情境，带领学生深入历史，

从现象性、内涵性、本质性的层次，经过严密的逻辑推理，得出合理的历史解释。例如，必修模块“晚清时期的内忧外患与救亡图存”专题的“洋务运动部分”，分析如下（见教学设计2–1）。

教学设计2–1

洋务运动[①]

一、教材分析

经过两次鸦片战争，中国统治阶级一些当权人物看到了欧美国家的船坚炮利。为了挽救国家的颓势，他们发动了“求强”“求富”的洋务新政。学术界把这种新政称为“洋务运动”，把提倡洋务新政的官僚称为“洋务派”。洋务派人物主要有奕䜣、曾国藩、李鸿章、左宗棠、张之洞等人。他们提出洋务新政“可以剿发捻，可以勤远略”“外需和戎，内需变法”的主张。

洋务派创办了一批军事工业，如江南机器制造总局、福州船政局、天津机器制造局等。这些都是官办企业。为了求富，洋务派又开办了一批官督商办的民用企业，如上海轮船招商局、上海机器织布局、开平煤矿等。洋务派还办了培养翻译和军事人才的学校，建成了以北洋舰队为代表的新式海军。

洋务新政引进了资本主义国家的机器生产技术，是中国早期现代化的尝试。洋务派期望洋务新政可以保障国家安全，抵抗外敌侵略，后来的事实证明这个目的未能达到。

二、设置问题

在学生阅读教材内容的基础上，教师可以设置以下问题：

1. 请结合所学，从时间、地点、人物、过程、内容和结果六个方面，对洋务运动进行简要的描述。

2. 请结合所学，列举洋务运动的起因、内容及影响，引导学生从现象到内涵解释洋务运动。

3. 请结合所学，分别从结果（影响）、内容（过程）和前提（背景、原因和条件）三个方面分析洋务运动的本质，引导学生从本质性的层次解释洋务运动。

---

① 该课例作者：广州科学城中学付君钊老师。

三、教学环节

学生通过回答上述问题，从现象性解释、内涵性解释和本质性解释三个层次对洋务运动有了基本的了解和认识，但还不够。教师需要设计以下教学环节，引导学生从联系性解释和规律性解释两个较高层次对洋务运动进行深入解读。

材料一：是书何以作？曰：为以夷攻夷而作，为以夷款夷而作，为师夷长技以制夷而作。

——魏源《海国图志·原叙》

材料二：华盛顿，异人也。……开疆万里，乃不僭位号，不传子孙，而创为推举之法，几于天下为公，骎骎乎三代之遗意。其治国崇让善俗，不尚武功，亦迥与诸国异。

——徐继畬《瀛寰志略》

材料三：太平军每到一处，“毁先王圣人之道，废山川岳渎诸神，惟耶稣是奉，几欲变中华为夷俗”。

——张德坚《贼情汇纂》

材料四：洪杨之乱，痛毒全国……公私藏书，荡然无存。未刻的著述稿本，散亡的更不少。许多耆宿学者，遭难凋落。后辈在教育年龄，也多半失学，所谓“乾嘉诸老的风流文采”，到这会儿只成为“望古遥集”的资料。

——梁启超《中国近三百年学术史》

材料五：自唐虞三代以来，历世圣人扶持名教，敦叙人伦，君臣、父子、上下、尊卑，秩然如冠履之不可倒置。粤匪窃外夷之绪，崇天主之教。自其伪君伪相，下逮兵卒贱役，皆以兄弟称之，谓惟天可称父，此外凡民之父皆兄弟也，凡民之母皆姊妹也。农不能自耕以纳赋……商不能自买以取息……士不能诵孔子之经……举中国数千年礼义人伦诗书典则，一旦扫地荡尽。

——曾国藩《讨粤匪檄》

学习任务：依据上述史料并结合所学，分析洋务运动兴起的原因。

学生陈述：鸦片战争后，中国开始沦为半殖民地半封建社会，民族危机日益加深；有识之士如林则徐、魏源等人通过各种途径了解西方的政治、经济、军事等，认识到了西方社会的进步，开阔了中国人的眼界；太平天国运动给中国社会带来了巨大的破坏，特别是对传统儒家思想造成了巨大的冲击；处于内忧外患中的士大夫阶层掀起了学习西方先进技术以捍卫中国传统文化的洋务运动。

材料六：洋务事业“不出二端，一曰军事，如购船、购械、造船、造械、筑炮台、缮船坞等是也；二曰商务，如铁路、招商局、织布局、电报局、开平煤矿、漠河金矿等是也。其间有兴学堂派学生游学外国之事，大率皆为兵事起见”。

——梁启超《饮冰室合集·专集·李鸿章传》

材料七：自洋务运动后，一时“家家言时务，人人谈西学”，“上自朝廷，下至人士，纷纷言变法”。

——转引自周积明《最初的纪元：中国早期现代化研究》

材料八：播放视频资料《甲午中日战争》

学习任务：根据上述材料，分析洋务运动的结果及其影响。

学生陈述1：洋务运动重点在引进学习西方的军事，中国在甲午战争中的战败，标志着洋务运动以失败告终。

学生陈述2：从表面上看，洋务运动失败了，但它开启了中国近代化，尤其是机器大工业得以在中国立足发展。

学生陈述3：洋务运动派遣的留学生必然受到西方制度文化的洗礼，为近代中国第一次思想解放潮流储备了人才。

教学设计2-1旨在通过对洋务运动基本情况的探讨，培养学生基于史料解释历史的能力。近代以来，西方文明对中国社会产生了巨大的冲击，中华民族危机日益加深，清政府原有的统治模式逐渐失效。教师让学生依托史料，从时间、空间、联系、规律等不同角度去审视洋务运动，有助于提高学生学习的自主性和积极性。学生通过主动建构历史逻辑，从而更深刻地理解洋务运动发生的原因及其在近代中国历史上的地位和影响。

学生能够理解到教学设计2-1中的三个方面已属不易。教师可以进一步引导学生从较长的历史时期考察洋务运动。例如，教师可以引导学生从工业化的角度出发，看到洋务运动催生了近代民族工业，而经济结构的变动积累到一定程度，会对封建社会体制产生冲击，呼唤新的社会结构。另外，教师可以从洋务运动失败的原因出发，指出局限于经济领域的改革未能实现“富国强兵”的夙愿，因此有识之士提出了制度改革的时代呼声，继续将中国近代化事业推向深入发展。

最后，教师不妨引导学生回到历史唯物主义的规律性认识上，得出“生产力决定生产关系”“经济基础决定上层建筑”等基本原理，实现本质性解释。

（二）创新教学活动，涵育“历史解释”素养

使课堂气氛生动的关键在于让学生的思维动起来，方式可以多种多样，历史剧本创作与展演就是一种很好的选择。历史剧的编演分为选题—搜集材

料—编写—修改—表演五个步骤，表演步骤在服装、道具、舞美等方面花销不菲，但课堂展演具有直观性、趣味性和拓展性的特点，能够迅速地将学生带入特定的历史时空，对涵育“历史解释”素养意义重大。

历史题材剧目的创作是以真实的历史事件和历史人物为基础的，因此编演时要遵循以下原则：坚持唯物史观，体现正确的价值导向，涵育历史解释的本质性素养、规律性素养；正确处理虚实关系，历史专业术语、典章制度、盖棺论定的历史事物、时代风貌等不得虚构，力求真实再现。这个过程就是引导学生从现象到内涵、到本质地理解与阐释历史剧本中的人物、事件与历史现象。而人物语言、动作、舞美等可以适当地艺术化处理，但也应力求符合历史的可能性。

下面以必修模块“西方人文主义的发展与资本主义制度的确立”中的“英国光荣革命”为例（如教学设计2–2所示），探讨历史剧展演在历史解释现象性、本质性、规律性解释方面的应用。

教学设计 2–2

英国光荣革命①

一、选题

英国资产阶级革命被认为是世界近代史的开端，历史意义重大。它是近代资产阶级与封建贵族的首次正面交锋，革命过程曲折，经历了寡头制、斯图亚特王朝复辟，最终在利益各方的相互妥协下，建立了资产阶级代议制，开启了人类政治文明的新篇章。但是教材中的叙述仅有315字，甚为简略。因此，通过历史剧编演再现这段波澜壮阔的历史很有必要。

二、搜集资料

指导学生阅读《英国通史》②《全球通史》③以及相关学术论文，在观看BBC纪录片《英国史》的基础上，创作了题为《大不列颠风云录》的剧本，分为“宪政曙光”“航海时代”“革命风暴”和“光荣革命”四个部分，涉及英国历史上的《大宪章》、格瑞福兰海战、苏格兰起义、克伦威尔执政、查理二世复辟、光荣革命等重大历史事件，塑造了众多英国宪政发展史上的关键人物形象。为了

① 该课例作者：广州科学城中学付君钊老师。

② 钱乘旦，许洁明. 英国通史［M］. 上海：上海社会科学院出版社，2007.

③ 斯塔夫里阿诺斯. 全球通史［M］. 北京：北京大学出版社，2006.

提升课堂的有效性，课前，教师提出了以下问题让学生思考：

①与同期的中国相比，17 世纪的英国在政治、经济、文化方面有哪些不同？

②1640 年之前，哪些因素有利于英国政治走向民主化？

③英国资产阶级革命的爆发是否可以避免？谈谈你的看法。

④查理一世被杀后人们的反应说明了什么？你能得出怎样的认识？

⑤光荣革命体现了英国人怎样的政治智慧？

⑥英国的政治民主化进程给当代中国怎样的启示？

问题的设置有层次性和开放性，实现了对历史人物和英国资产阶级革命层层递进的本质性解释，才能发挥学生的创造力和想象力。

三、课堂展演

旁白：1640 年，英国资产阶级革命爆发，代表人民、代表自由的议会赢得了革命的胜利，并在1649 年处死了国王查理一世，建立了资产阶级共和国，但由于资产阶级力量弱小，克伦威尔解散议会，实行军事独裁。1658 年，克伦威尔去世后，流亡国外的查理二世回到英国，在国内保守势力的支持下，继承王位，斯图亚特王朝复辟。查理二世大肆鼓吹“君权神授”，任用天主教徒担任政府要员，对英国国教徒和革命派进行疯狂报复。继位的詹姆士二世更是变本加厉，一时间，英国陷入专制统治的地狱，从上到下正酝酿着新一轮变革。

第一幕：黎明前的黑暗

旁白：英国伦敦笼罩在阴霾中，到处充斥着压抑的空气，让每个人都喘不过气来。街道上，人们行色匆匆，不敢停留。不远处，绞刑架上挂着几具尸体。

行人1：哎，革命都快20 年了，国王又回来了，幸亏我没有参与当年争取自由的行动，要不然今天挂在上面的就是我了。赶紧走！

行人2：算了吧，就你这胆小鬼，只能生活在王权的淫威之下。你都不配做个英国人，我们“生而自由”，我们绝不会屈服于权力。你看着吧，用不了多久“自由”“民主”会重新回到人民手中。

旁白：此刻的白金汉宫，灯火辉煌，詹姆士二世正在享用着美味的晚餐，亲信大臣正在向他汇报事务。

大臣1：我敬爱的陛下，高贵的英格兰之主，我不得不赞美您。恭喜您喜得贵子。这样，嫁给新教徒的玛丽二世就没有机会继承王位了。不过，有些不好的消息，恐怕要告诉您。

大臣2：陛下，自新航路开辟以来，英国从事工商业的人数激增，原来的很多领主也把土地租出去，或是卖了投资工商业，或是养羊，为纺织业提供原料，他们都发财了。资产阶级和新贵族的力量越来越大，怕是有一天会推翻我们。

国王：怕什么，议会已经解散了，军队还在我们手里，你说的那些人就是待宰的羔羊。

大臣3：陛下，恐怕不是您说的那样啊，军队已经不愿意再屠杀人民了，据说有些将领跟原来的议员们走得很近。普通老百姓也是怒气汹汹，我看马上就会成燎原之势啊。

旁白：国王听后还想说什么，但欲言又止，独自离开了，面色显得很沉重。

第二幕：跨海求救

旁白：议会被解散后，资产阶级联合新贵族一直在私下活动，为了挽救英国，他们决定邀请国王的女儿和女婿回国执政。

资产阶级1：我们辛苦赚的钱都被国王以各种名目的税收拿走了，实在不甘心，全国都处在恐怖统治之下，人民怨声载道，再次革命的条件已经具备了。

资产阶级2：我们再次革命，处死国王，建立共和国。

新贵族1：不行，你忘了克伦威尔的独裁了？现在的英国，新旧混杂，封建领主的势力还很大，国内天主教和国教的矛盾随时可能爆发，况且普通公民的思想觉悟还不足以支撑起共和国。我看，国王还是需要的，只不过王权必须控制在议会手中，决不能让今天的情况再出现在英国。

新贵族2：那我们让谁做国王呢？詹姆士二世肯定不行，他是个疯子；王子太小了，不具备权威。

资产阶级3：玛丽可以啊，她是国王的长女，理应有继承权，而且她的丈夫荷兰执政威廉是个新教徒，适合英国。

资产积极1：不行，玛丽已经被詹姆士二世剥夺王位继承权了。

资产阶级3：正是这样，所以我们请玛丽夫妇回国执政，等于是议会赋予了她王位，接下来限制王权就顺理成章了，而且我们可以同时承认他们夫妇都是国王，两人也可以互相牵制。

新贵族1：这个主意太棒了，就这么办。

旁白：几天后，7人组成的代表团启程前往荷兰，成功说服威廉和玛丽回国继位。当他们率领一万五千名士兵在英国登陆时，英国军队以隆重的礼仪欢迎，伦敦市民更是打开城门迎接新国王。此时的白金汉宫里一片狼藉，詹姆士二世已经登上了逃亡到法国的轮船。他望着逐渐远去的不列颠群岛，感叹万分地说道：

国王：我终究还是被历史抛弃了。

第三幕：继续前行

旁白：议会大厅里，议员们唇枪舌剑。经过辩论，英国议会终于通过了具有划时代意义的《权利法案》。

议员1：尊敬的陛下，这是议会通过的《权利法案》，请签字。

玛丽：我能否决吗?

议员2：可以，但那样的话，您就要追随您的父亲而去了。

威廉：放肆，竟敢这样跟国王说话。

议员1：陛下，我们说的是事实。只要您按照《权利法案》行使权力，您将得到人民的尊重。

旁白：玛丽二世和威廉三世无奈地在文件上签上了自己的名字。他们也许不知道，正是在今天，英国这艘巨轮才真正地开启了它称霸世界的航程。窗外，一轮红日正冉冉升起。

表演结束后，教师分别请詹姆士二世的扮演者、资产阶级议员的扮演者和一位观众谈自己对“光荣革命”的看法。“詹姆士二世”说道，英国历史上就有“王在法下”的传统，经过殖民扩张，英国工商业阶层逐渐壮大，对政治体制提出了新的要求。自己复辟后的倒行逆施其实是封建制度终结前的垂死挣扎，也是新旧制度斗争的白热化阶段。自己预感到了结局，但没想到来得这么快。“资产阶级议员”提到，光荣革命的爆发是英国历史发展，特别是新航路开辟以来社会发展的必然结果。但17世纪的英国并未实现生产力的根本变革，商业资产阶级的力量不足以完全推翻封建君主专制，再加之革命队伍中有很多转型不彻底的旧式贵族，因此双方最终达成妥协对于英国而言是最好的选择。观众感慨道，历史的进程并不像想象中的那么顺利，其中充满着太多的不确定因素，历史人物的不同选择都有可能将人类历史导向不一样的结局。历史充满了偶然性，但又蕴含着必然性。学生的这些认识，体现其对其英国资产阶级革命的内涵性和本质性解释。

教学设计2–2的历史剧创作与表演，旨在“活化”历史，让已经消逝的历史人物以合情合理的方式重现。学生结合课前提出的问题，带着问题去看表演，对光荣革命从时间、地域、人物、人类命运等不同的角度进行了自主解释，建构起了对英国资产阶级革命的完整认识。历史剧的编演不仅丰富了课堂教学，还让学生在整个过程中锻炼了材料的搜集、甄别能力，形成了自己对历史事物的自我叙述和理解，一举多得。

（三）完善历史学科评价机制，多维度考查学生的“历史解释”素养

“历史解释”素养的达成不是一句空话，而是可操作的、可评价的。教学目标和教学内容的设计应当与学业质量水平层次和“历史解释”素养的五个层次四个角度挂钩，做到有的放矢。参与教学评价的人员来源要多元化，注重课堂学习评价和实践活动评价的有机结合；注重过程性评价和终结性评价的有机结合；注重量化评价和质性评价的有机结合；注重评价主体的多元化和评价方式的多样化；注重评价反馈，及时调整教学策略，给予学生合理的教学指导。下面以历史剧编演的评价为例（如表2–2所示）。

表2–2　历史剧教学过程评价表

班级：　姓名：　学号：　总评成绩：						
阶段	评价内容	自我评价	小组评价	教师评价	评委评价	观众评价
剧本创作	承担的任务					
	执行任务的态度					
	完成任务的质量					
展示阶段	表演是否到位、有感染力					
	剧情设计是否符合历史事实或生动反映现象					
	表达是否清晰明了					
	展示是否新颖生动					
道具运用	能否依据剧情设计相应的道具与情境					
反馈阶段	此次学习的收获					
评价等级：优秀（10分）、良好（8分）、合格（6分）						

历史解释素养的评价应该是发展性评价，评价的结论不一定量化，可以是过程性评价，也可以是本质性评价。档案袋、成长记录、活动记录、调查等都可以成为评价的方式，以便全面反映学生的素养发展情况，考查学生现象性解释和本质性解释的能力。

历史第二课堂相对于传统的第一课堂而言，是指在教学计划之外引导和组织学生开展的各种有意义的活动。第二课堂不受教学时间和空间的限制，校内外都可以进行，具有广博性、趣味性、直观性、价值性和历史性的特点。第二课堂活动是历史第一课堂学习的重要补充，对涵育学生的历史学科核心素养、促进学生的全面发展有着重要作用。

根据活动内容和形式，第二课堂可以分为专业教育类课程和体验实践类课程。常见的专业教育类课程有历史剧的编演、历史漫画的创作、历史专业阅读、历史论文写作等。体验实践类课程有基于乡土历史资源开发的实践活动课程，如近几年兴起的博物馆与学校合作开发的课程资源，以及研学旅行。按照《课程标准》的划分，选择性必修课程和选修课程适合通过专业教育类课程补充教学；而体验实践类课程则利于提升学生的学科兴趣，将理论学习与实践学习相结合，更好地理解历史。学生体验的过程就是一个对历史学科相关历史人物、历史现象，从表面、现象到内涵、本质性认知的过程，从而实现对历史的不同类别的解释。

教学设计 2–3

专业教育类课程示例　历史是怎样写出来的？①

一、课程计划

时间：一个学期；课时：18（一个课时30分钟）

二、教学目的

“历史是怎样写出来的？”是依据选修Ⅱ模块1中的“历史的解释与评判”专题设计开发的系列讲座。课程重在向学生讲授历史解释的概念、层次划分、方法以及评判历史的基本理论与方法。

① 该课例作者：广州科学城中学付君钊老师。

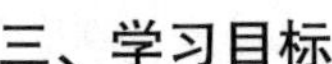

三、学习目标

表2-3　“历史是怎样写出来的？”课程学习目标

课程标准	课时	课时目标
1．知道历史著述中历史叙述与历史解释的联系与区别，认识到对历史的理解是建构历史解释的关键； 2．通过一些史学家对同一史事的论述，了解史学家对历史的叙述会有不同的解释与评判，并分析造成不同解释与评判的主要因素	一	1．知道历史记载由历史叙述和历史解释组成； 2．能够区分教材中的历史叙述和历史解释
	二	1．知道并区分纪传体、编年体、纪事本末体、国别史、断代史等史书编纂体例； 2．初步了解并区分史料的类别及信度
	三	1．知道历史解释的概念内涵与外延； 2．能够区分史籍中的历史叙述和历史解释
	四	1．知道完成现象性解释的六大要素：时间、地点、人物、基本过程、基本内容和结果； 2．尝试对近代西方列强发动的主要侵华战争进行现象性解释
	五	1．知道内涵性解释的基本内容； 2．尝试对近代西方列强发动的主要侵华战争进行内涵性解释
	六	1．知道本质性解释的角度和方法：从结果和意义上解释历史事物的本质；从内容和过程上解释历史事物的本质；从背景、原因和条件上解释历史事物的本质； 2．尝试对近代西方列强发动的主要侵华战争进行本质性解释
	七	1．知道联系性解释的基本内容，具体表现为“多因一果”或“一因多果”； 2．尝试对近代西方列强发动的主要侵华战争进行联系性解释
	八	1．知道历史唯物主义的基本原理； 2．尝试对近代西方列强发动的主要侵华战争进行规律性解释
	九	1．知道时间的历史属性； 2．理解时间对解释历史事物发生的背景、原因和条件的重要意义

续上表

课程标准	课时	课时目标
	十	1. 知道地域的历史属性，以及与时间的密切关系； 2. 理解地域对解释历史事物的重要意义
	十一	1. 知道人物分为历史行为主体和历史认识主体； 2. 能够区分隐藏在历史解释背后的不同人物； 3. 学会从历史行为主体出发解释历史事物的基本方法
	十二	1. 知道从国家民族看历史的两个角度：情感和价值； 2. 理解国家意志在历史解释中的关键作用
	十三	1. 知道历史延续性的基本含义； 2. 掌握从较长时间解释历史事物的基本方法
	十四	1. 知道历史事物之间是相互联系的，并非孤立存在； 2. 掌握从纵向联系和横向联系解释历史事物的基本方法
	十五	1. 知道人类命运共同体的基本内涵和发展历程； 2. 理解人类历史的使命在于传承与发展； 3. 尝试从人类命运的角度解释历史事物
	十六	讲授家族史撰写的基本要求与方法
	十七	学生在教师指导下修改撰写的家族史
	十八	优秀作品展示

四、课程内容

第一部分　何谓“历史解释”？

　第一节　历史是“真”的吗？

　第二节　历史是怎样“写”出来的？

第三节　什么是“历史解释”？
第二部分　历史解释的层次划分
第一节　现象性解释
第二节　内涵性解释
第三节　本质性解释
第四节　联系性解释
第五节　规律性解释
第三部分　历史解释的角度与方法
第一节　从时间看历史
第二节　从地域看历史
第三节　从人物看历史
第四节　从国家民族看历史
第五节　从历史延续性看历史
第六节　从联系性看历史
第七节　从人类命运看历史
第四部分　活动课——我写家族史

五、课程评价

表2-4　“历史是怎样写出来的？”学习成果评价表

评价主体	评价指标	评价内容	评价等级	终评和建议
学生	知识与理解	1．学会区分历史叙述与历史解释； 2．了解历史解释的五个层次四个角度； 3．理解影响历史解释的多种因素		
	方法与技能	1．学会区分不同层次的历史解释； 2．学会区分已有历史解释做出的不同角度的解释； 3．能够从阶级、时代、价值观等因素出发分析对同一历史事物做出不同解释的原因		

续上表

评价主体	评价指标	评价内容	评价等级	终评和建议
	情感态度与价值观	1. 体会历史解释中蕴含的个人爱恨和家国情怀； 2. 加深对人类命运共同体的理解和认同		
	行为和发展	1. 能够独立完成对陌生历史事物的不同解释； 2. 完成家族史的撰写		
教师	知识与理解	1. 学会区分历史叙述与历史解释； 2. 了解历史解释的五个层次四个角度； 3. 理解影响历史解释的多种因素		
	方法与技能	1. 学会区分不同层次的历史解释； 2. 学会区分已有历史解释做出的不同角度的解释； 3. 能够从阶级、时代、价值观等因素出发分析对同一历史事物做出不同解释的原因		
	行为和发展	1. 积极参与课堂，如按时出勤、主动提问、积极思考、勇敢作答等； 2. 学习态度端正，待人和善； 3. 撰写家族史认真细致，效果好		
等级划分：优秀：85 ~ 100 分；良好：70 ~ 84 分；合格：50 ~ 69 分；不合格：50 分以下。终评取各项目均分。				

教学设计2-3旨在涵育中学生“历史解释”素养，作为专题系列讲座，既要有史学理论和方法的支撑，又要有鲜活生动的例子，通过深入浅出的讲解，使得学生能够掌握历史解释的基本原理和方法。另外，开课的时间建议在高一下学期，此时学生既有了一定的历史积累，又可以为高二的选择性必修学习奠定基础。

例如，在讲授从人物的角度解释历史事物时，笔者选取了“秦始皇的身世之谜”作为范例，既调动了学生的积极性，又避免了枯燥的理论说教，取得了较好的教学效果（如教学设计2–4所示）。

教学设计 2–4

从人物角度解释历史事物

第一部分：从人物看历史的含义和方法（略）

第二部分：秦始皇的身世之谜①

教师：说说你印象中的秦始皇。

学生1：残暴。秦朝严刑峻法，赋役沉重，施行连坐法，杀人如麻，以致天怒人怨。

学生2：奢侈。绵延三百余里的阿房宫、万里长城、气势恢宏的秦始皇陵和兵马俑，那都凝结着天下百姓的血汗。

学生3：野蛮。焚书坑儒，遗罪千古。

学生4：我觉得秦始皇雄才大略，颇有治国才能。他知人善任，谋略得当，统一六国，实行郡县制，建立专制主义中央集权制度，不容易啊！一般人做不到的。

教师：刚才回答的同学是从哪些角度解释秦始皇的？

学生：从今人的角度来看始皇帝的。

教师：如果从秦始皇本人的角度去看他的所作所为，你会得出怎样的结论？

学生思考后回答：秦始皇所做的一切都是为了维护专制主义中央集权制度，防止大一统局面的分裂；同时也有私心，那就是彰显自己的功德。

教师：××× 回答得很好，从历史人物出发去解释历史事物，你会发现曾经很多难以理解的知识都迎刃而解。那么，关于秦始皇，大家最感兴趣的是什么？

学生异口同声：秦始皇是不是吕不韦的儿子？

教师：想要搞清楚这个问题，首先要知道这个问题的由来。大

---

① 该课例改编自李开元. 秦谜：重新发现秦始皇［M］. 北京：中信出版社，2017.

家请看以下史料，思考以下问题：①《史记》中这两段记载的异同。②司马迁为什么会有迥然不同的两段记载？

材料一：秦始皇者，秦庄襄王子[①]也。庄襄王为秦质子于赵，见吕不韦姬，悦而取之，生始皇。以秦昭王四十八年正月生于邯郸。

——《史记·秦始皇本纪》

材料二：吕不韦取邯郸诸姬绝好善舞者与居，知有身。子楚[②]从不韦饮，见而说之，因起为寿，请之。吕不韦怒，念业已破家为子楚，欲以钓奇，乃遂献其姬。姬自匿有身，至大期时，生子政。子楚遂立姬为夫人。

——《史记·吕不韦列传》

学生1：两段史料都提到秦始皇是由吕不韦献给子楚的赵姬所生，都认为秦始皇出生在子楚在赵国做人质期间。不同的是，按照《秦始皇本纪》的记载，赵姬是在嫁给子楚后怀孕生产的，《吕不韦列传》却记载赵姬在嫁给子楚之前已经怀孕，所以后人才怀疑秦始皇与吕不韦之间的关系。

学生2：司马迁生活在汉武帝时期，距秦朝已有近百年了，很多事情已经不清楚了。

学生3：史书记载，司马迁为了完成《史记》，到处搜集材料，也包括民间的传说，不排除司马迁道听途说的可能。

学生4：秦始皇在历史上的口碑不好，会不会是司马迁故意在污蔑秦始皇。

教师：大家讨论得很热烈，也很有成果。其实刚才，我们就是从司马迁的角度出发去看待秦始皇。虽然没有定论，不过我们可以确定的是：司马迁对于秦始皇的身世问题确实不清楚，为了忠实地记录他所在的那个时代对这个问题的看法，他把两种不同的说法都写进了《史记》，不想成为千古之谜。

学生：那我们永远不可能知道秦始皇的出生真相了吗？

教师：其实这件历史公案的关键人物是吕不韦，大家请看以下史料。

---

① 秦庄襄王是秦国第三十三代国王嬴异死后的谥号，司马迁在这里用的是追述的手法。嬴异即为秦始皇嬴政的父亲。

② 子楚是嬴异的字号。

材料三：濮阳人吕不韦贾于邯郸，见秦质子异人，归而谓父曰："耕田之利几倍？"曰："十倍。""珠玉之赢几倍？"曰："百倍。""立国家之主赢几倍？"曰："无数。"曰："今力田疾作，不得暖衣余食，今建国立君，泽可以遗世，愿往事之。"

——《战国策》

教师：从这段史料中能得到哪些历史认识？

学生1：吕不韦是个商人，商人的终极目标在于谋利，谋取巨大的利益。

学生2：吕不韦想要通过投资政治，换取巨额回报。

教师：很好！吕不韦既然想扶持一个国君，进而获得较高的政治地位，以此来换取经济利益，那么他成功的关键在哪儿？

学生：秦始皇能够继承王位。

教师：如果秦始皇被发现不是秦王室血脉，后果会怎样？

学生：投资失败，甚至性命不保。

教师：因此从吕不韦献赵姬的目的出发，他会竭尽全力扶助赵姬和子楚的儿子登上王位，绝不允许任何意外发生，更不用说王位继承人的资格问题了。况且古代皇帝是何等尊贵，岂容继承人在血缘上出现偏差，更别说偷梁换柱了。

学生：那秦始皇不是吕不韦的儿子了？

教师：通过刚才的分析，基本可以认为秦始皇和吕不韦不存在血缘关系。距今两千多年，史书记载纷繁复杂，需要我们像史学家一样用一双慧眼辨别真假，加上严密的逻辑推理，方能迫近历史的真相。

教学设计2-4一是提升中学生的课程兴趣，让较为枯燥的理论学习变得生动有趣；二是培养学生多角度理解历史的意识和能力。通过对"秦始皇身世之谜"的探讨，学生分别从司马迁、吕不韦、秦始皇、今人的角度出发，对这一"千古之谜"做出了解释，培养了学生从人物出发解读历史的能力，实现了从现象到本质的历史解释认知。历史的有趣之处就在于不同的人扮演了不同的历史角色，思考角度的不同会对历史产生不同的理解。因此历史课堂中应该有历史人物，有古人、今人，有教师、学生。只有不同的人交织在一起，不同的历史解释碰撞在一起，才会尽可能地还原历史的复杂性。

教学设计 2-5

体验实践类课程示例　行走广州，发现历史

博物馆是人类历史发展的精华所在，是中学生发现历史、了解历史的有效途径之一。近年来兴起的馆校合作历史课程吸引着越来越多的师生走进博物馆，感受历史的脉动，从实物（或仿真）图像资料展示的历史现象，感悟、体会、理解到实现对历史事件的内涵性、本质性解释。

一、课程计划

时间：一个学年；课时：自由掌握

二、教学目的

广州是历史文化名城，是古代海上丝绸之路的起点，中西文化交流的重镇；是近代中国民主革命的发源地和聚集地，是国民大革命的核心；是现代中国改革开放的排头兵，是中国走向世界、拥抱世界的桥头堡。因此，广州的城市发展历程就是中华民族发展史的一个缩影和典型代表。了解广州的发展历程就是了解历史，理解广州的发展历程就是理解历史。该课程借助广州市丰富的博物馆资源，鼓励学生走出课堂，走进博物馆，透过一件件真实的文物去感受历史，解释历史，实现历史解释的本质性理解。

三、课程目标

表2-5　“行走广州，发现历史”学习目标

时期	课程标准	课程目标
远古时代	通过了解石器时代中国境内有代表性的文化遗存，认识它们与中华文明起源、私有制、阶级和国家产生的关系	1. 了解狮象遗址出土的典型历史文物、历史事件； 2. 知道从多渠道获取历史信息并深入了解远古人类的生活概况； 3. 体验陶器的制作方法
古代部分	通过了解秦朝的统一业绩和汉朝削藩、开疆拓土、尊崇儒术等举措，认识统一多民族国家的建立及巩固在中国历史上的意义	1. 知道秦朝和汉朝加强对广东地区统治的措施； 2. 知道南越政权建立、发展和灭亡的基本史事； 3. 理解南越政权对开发岭南地区和多民族统一国家形成的重要意义； 4. 认识早期中西文化交流的基本史事和意义

续上表

时期	课程标准	课程目标
	了解明清时期社会经济、思想文化的重大变化	1. 通过馆藏文物，了解广州十三行的发展历程、经营模式、经营范围等内容； 2. 通过馆藏史料和文物详细了解明清时期中西交流的情况； 3. 认识十三行对明清社会发展的重要推动作用
近代部分	认识列强侵华对中国社会的影响，概述晚清时期中国人民反抗外来侵略的斗争事迹，理解其性质和意义；认识社会各阶级为挽救危局所做的努力及存在的局限性	1. 知道三元里人民抗英斗争的史事； 2. 了解洪秀全的生平事迹； 3. 理解个人经历对洪秀全领导“太平天国运动”的影响； 4. 了解康有为在粤宣传维新变法思想的基本史事； 5. 理解康有为变法思想的基本内容； 6. 感受民族危亡之际，中国人民前仆后继毁家纾难的爱国精神
	了解孙中山三民主义的基本内容，理解辛亥革命与中华民国建立及中国结束帝制、建立民国的意义及局限性	1. 了解孙中山先生在粤领导革命活动的情况； 2. 感受孙中山先生的心路历程； 3. 认识革命实践活动对孙中山革命思想变化，特别是新三民主义思想产生的影响； 4. 感受热爱祖国、献身祖国，天下为公、心系民众，追求真理、与时俱进，坚韧不拔、百折不挠的中山精神
	认识国共合作领导国民革命的历史作用	1. 知道国共第一次合作领导革命运动的基本史事； 2. 了解黄埔军校的办学思想、办学内容及历史影响； 3. 理解工人运动、农民运动对国民大革命的巨大推动作用
现代部分	认识改革开放以来中国在各个领域取得的成就、综合国力及国际影响力的不断提高	1. 知道广东改革开放进程的重要人物和重大事件； 2. 感受改革开放对社会生活的影响； 3. 感受广东人“敢为天下先”的时代精神

四、课程内容

第一部分　远古时代

探秘远古人类——参观从化区博物馆暨吕田狮象遗址

第二部分　古代部分

金缕玉衣，国之瑰宝——参观西汉南越王博物馆和南越王宫博物馆

粤海明珠——参观十三行博物馆

第三部分　近代部分

国难铸忠魂——参观三元里人民抗英斗争纪念馆、洪秀全纪念馆、万木草堂

天下为公，人间大道——参观黄花岗烈士陵园、三·二九起义指挥部旧址纪念馆、广东革命历史博物馆、孙中山大元帅府纪念馆、辛亥革命纪念馆

兄弟同心，其利断金——参观广东革命历史博物馆、黄埔军校旧址纪念馆、中华全国总工会旧址纪念馆、农民运动讲习所、中共三大会址纪念馆

第四部分　现代部分

勇做时代弄潮儿——参观“大潮起珠江——广东改革开放40周年展览”

五、课程评价

表2-6　体验实践类课程评价量表[①]

评价项目	评价内容	个人评价	小组评价	教师评价	综合评价
学习态度（30分）	对主题有探究兴趣，认真对待、积极参与（5分）				
	能与小组成员很好合作，能用恰当方式解决问题（10分）				
	每项任务认真对待，善始善终（10分）				
	不怕困难，能克服困难（5分）				

① 田晨熙．初中历史活动课实践探索——以“夏商周时期：早期国家产生与社会变革”单元为例［D］．广州：华南师范大学，2019.

续上表

评价项目	评价内容	个人评价	小组评价	教师评价	综合评价
方法技能（40分）	学会了更多获取资料、收集信息的方法与途径（4分）				
	学会了整理、归纳资料（4分）				
	在访问中能用恰当语言与被访者交谈，懂了更多社会交往技能（8分）				
	能对活动中的问题及整个活动做出较恰当分析与总结（8分）				
	善于观察、思考，提出创新观点（8分）				
	能不断反思活动中的不足，不断调整研究方法（8分）				
学习成就（30分）	对活动的开展想到很多方法（10分）				
	通过活动，自身的实践能力有所提高（5分）				
	体会到了史学家治学的过程与严谨态度（5分）				
	感受到历史就在身边，历史知识形成的过程，对历史产生了认同感（10分）				
说明： 采取百分制，自评与互评各占40%，教师评价占20%，总分90分以上为A等，80～90分为B等。					

体验实践类课程是一项综合实践活动，需要学校、师生和第三方做好充分的交流与准备。

体验实践活动指向明确、目的性强，建议邀请博物馆工作人员或第三方通过讲座的形式给学生普及文物知识、参观要领、观察重点等知识，帮助学生迅速掌握参观博物馆的要点和方法。

实践活动以小组合作的方式开展为最佳选择。因此，前期需要教师根据学生的学情、知识储备、兴趣爱好、综合能力等因素，对学生进行分组指导，以便学生能够独立完成学习任务。

实践活动如果缺少明确的学习任务，很容易陷入无组织状态，使得活动效果大打折扣。因此，教师需要根据活动的内容和目标设计“调查记录表”和“学习任务单”（见表2–7和表2–8）。

表2-7　体验实践课程调查记录表

日期：＿＿＿＿年＿＿月＿＿日，地点：＿＿＿＿＿＿，第＿＿＿次考察或调查

课题名称	
参加调查或考察的人员	
调查或考察的对象和内容	
调查或考察的过程和结果	
调查或考察的主要结论（若是问卷调查，请将统计表附在该表后）	
调查或考察的结果与打算（是否达到目的、解决了哪些问题、有哪些收获和体会、还有哪些没有解决的问题，下次任务等）	

表2-8　“探秘远古人类——参观从化区博物馆暨吕田狮象遗址”学习任务单

<table>
<tr><td rowspan="11">步骤</td><td rowspan="6">材料搜集</td><td rowspan="3">文物</td><td>名称</td><td>时代</td><td>出土地点</td><td>材质</td><td>外形特征</td><td>用途</td><td>花纹装饰</td><td>文字材料</td><td>历史解释</td></tr>
<tr><td></td><td></td><td></td><td></td><td></td><td></td><td></td><td></td><td></td></tr>
<tr><td></td><td></td><td></td><td></td><td></td><td></td><td></td><td></td><td></td></tr>
<tr><td rowspan="3">文献资料</td><td>名称</td><td>时代</td><td>作者</td><td colspan="2">一手或二手</td><td colspan="4">最有价值的内容</td></tr>
<tr><td></td><td></td><td></td><td colspan="2"></td><td colspan="4"></td></tr>
<tr><td></td><td></td><td></td><td colspan="2"></td><td colspan="4"></td></tr>
<tr><td rowspan="2">材料整理</td><td>文物材料</td><td colspan="9">（将观察到的文物按照一定的标准归类，根据文物的基本情况做出合理的历史解释）</td></tr>
<tr><td>文献资料</td><td colspan="9">（摘取与活动主题相关的史料部分，自选历史解释的五类四个角度中的若干内容进行解读，并形成书面表述）</td></tr>
<tr><td rowspan="3">成果展示</td><td>小组</td><td colspan="3">成果名称</td><td colspan="3">创新点</td><td colspan="2">疑惑点</td><td>解决措施</td></tr>
<tr><td></td><td colspan="3"></td><td colspan="3"></td><td colspan="2"></td><td></td></tr>
<tr><td></td><td colspan="3"></td><td colspan="3"></td><td colspan="2"></td><td></td></tr>
</table>

实践课程调查记录表和学习任务单可以根据具体活动内容、活动资源和活动人员等要素量身定制，这样更有针对性。任务驱动式的学习方式能够兼顾体验实践课程的趣味性与学科性，从而达到涵育学生历史学科核心素养的目的。

（四）基于“历史解释”素养的国家课程实施的总结与反思

历史解释是对历史学科基础知识、历史理解、历史思维和历史表达能力的综合运用，是培养历史学科核心素养的关键所在。基于高中生的认知特点，“历史解释”素养的培育应着重从以下方面入手。

1. 强化“史料实证”素养培养，夯实历史解释基础

“学习历史和认识历史，都要对具体的历史事物等进行评说。对历史问题的评价，实际上是对历史的解释”①，而解释历史的媒介就是史料。史料是沟通过去与今日的桥梁，“将史料置于具体的语境中进行阅读，知道史料所要探讨的问题及观点，理解其显性信息，发现其隐性信息，合理进行推论”②，学习者才最有希望对历史做出合理的解释，接近历史的真相。可见，史料实证素养是培养历史解释能力的基础。在日常教学中，教师需要向学生传授史料分类、史料搜集、史料辨析和史料解读等方法。在这个过程中，学生实现了从现象到内涵、联系的解释历史的能力。

2. 明确“唯物史观”的引领，找准历史解释的方向

运用史料接近历史真相只是完成了历史解释的第一步，而“要全面、正确、客观、辩证地解释历史，必须运用科学理论和方法，这就需要学习辩证唯物主义和历史唯物主义的基本理论、观点和方法并逐步学会运用这些进行历史的解说，从而形成自己对历史的认识”③，由此实现了规律性解释。

坚持历史唯物主义，是中学历史教育的基点。马克思历史唯物主义的主要内容有：生产力与生产关系的辩证作用；经济基础与上层建筑的辩证关系；人民群众是历史的创造者等。从中不难得出以下规律性的认识：衡量历史事件和历史人物进步与否的标准就在于其是否有利于社会生产力的发展，是否代表了最广大人民的根本利益。唯物史观也蕴含了“正义、理性、平等、自由”等自然法则，这就是规律性、本质性解释，是学习历史的根本理论指导。

3. 扩大阅读量，提升历史写作能力

限于中学历史教学的种种因素，高中生不可能像专业研究者那样从事历史研究。而迫于高考的升学压力，想在短期内提高历史解释能力，大量阅读专业

---

①③ 叶小兵. 历史教育学［M］. 北京：高等教育出版社，2004：141.

② 张汉林. 从历史学谈历史学科的核心素养［J］. 历史教学，2016（9）：14-18.

性的学术著作不失为一条捷径。但是，高中生学力有限，阅读书目不宜一味求难，应该是做到趣味性与专业性相结合、通史与专门史相结合。教师可以根据教学内容的需要和教学进度的安排，向学生推荐历史阅读书目。比如关于中国史的学习书目有《中国通史》（白寿彝）、《中国历代政治制度得失》（钱穆）、《中国经济史》（钱穆讲授、叶龙整理）、《近代中国的新陈代谢》（陈旭麓）、《中国近代史》（徐中约）等；关于西方史的学习书目有《西方那一块土》（钱乘旦）、《法国通史》（吕一民）、《全球通史》（斯塔夫里阿诺斯）等。

历史解释最终是要输出为文字的，因此教师在引导学生阅读的同时，还要指导学生创作，比如历史剧本、历史漫画的创作，读书笔记、历史小论文的撰写等，学生的每一次创作尝试都是对历史的重新认识和重新解释，这些尝试，帮助学生透过现象，逐渐实现内涵性、本质性、规律性历史解释的能力。

4. 注重历史必备知识和必备能力的培养

任何学习活动都不是无根之木，都是在原有知识储备基础上的重新建构。必备知识“是学生长期学习的知识储备中的基础性、通用性知识，是学生今后进入大学以及终身学习所必须掌握的知识”[①]，即历史发展进程中的重大历史事件和基本历史脉络。《课程标准》指出：“掌握历史知识不是历史课程学习的唯一和最终目标，而是全面提高学科人文素养的基础和载体。”可见，必备知识是培养历史解释能力的基本点，这是现象性解释。

必备知识往往以历史概念的方式出现，比如“古代中国政治制度的演变”需要掌握的历史概念有王位世袭制、内外服制度、分封制、宗法制、礼乐制度、皇帝制度、三公九卿制、内外朝制度、三省六部制、二府三司制、一省制、内阁制度、议政王大臣会议制度、南书房、军机处，郡县制、刺史制度、郡国并行制、推恩令、节度使制度、行省制，世官制、察举制、九品中正制、科举制等。教师要落实必备知识，就必须抓住历史概念，要理解历史概念，必须依托教材，多角度分析教材、整合教材、拓展教材。在这个过程中，老师必须拓展视野、深入研究，进行创造性的智力劳动，这既是应考的要求，也是核心素养时代的要求[②]。同时，教师要借助各种手段、采取多种方法强化学生对必备知识的记忆和理解，引导学生从现象性解释走向内涵性解释。

历史解释是一个综合性的素养要求，既包含了学习历史的指导思想，也包括了掌握史实和运用史料的基础方法与能力，还有评判历史的价值观取

① 姜钢．探索构建高考评价体系 全方位推进高考内容改革［N］．中国教育报，2016-10-11（3）．

② 雷勇军．高三历史复习如何落实“必备知识”：以人教版必修二第1课“发达的古代农业”为例［J］．中学历史教学，2018（3）：57-59．

向，是历史学科核心素养的集中体现。所以培养学生的历史解释素养本身是较为复杂的过程，任重而道远。

第二节　基于历史解释素养的校本课程开发

历史教师依据学校自身条件和可利用、开发的历史学习资源，开发一定的历史活动课程，满足本校学生历史学习的需求，提升学生学习历史的兴趣，培养学生对历史的认识，实现对历史人物、历史现象、历史事件不同类别、不同角度的理解与解释。

一、“校本课程开发”研究概述

（一）“校本课程开发”的起源

关于校本课程开发的起源，历来众说纷纭，目前较为流行的有三种说法。

一是从校本课程开发存在形式的角度来考察。校本课程的历史几乎和学校教育的历史一样悠久。如中国、两河流域、雅典的学校都由私人创办，都带有一定的校本课程色彩。

二是从校本课程开发思想的角度来考察。20世纪60年代在对“新课程运动”反思的基础上，形成的“实践的课程范式”为校本课程开发注入了理论内涵，“课程设计应针对单个的学校和它的教师进行，以学校为单位的课程设计才能有效地促进学校获得发展”[①] 的主张促进了校本课程开发思想的产生。

三是从校本课程开发概念的角度来考察。1973年欧洲经济合作与发展组织所辖“教育研究革新中心”举办的“校本课程开发”的国际研讨会，界定了校本课程开发的概念[②]，推动了校本课程开发研究。

（二）“校本课程开发”的概念解读

从1973年后，国内外对校本课程深入开发研究，学者们从不同视角、

---

① 吴刚平．校本课程开发［M］．成都：四川教育出版社，2002：66-78.

② 钟启泉，张华．世界课程改革趋势研究：课程改革专题研究［M］．北京：北京师范大学出版社，2001：188.

不同角度界定这一概念：

1. “开发主体”的视角

比较有代表性的人物有斯基尔贝克，认为“校本课程开发是由学校教育人员负责学生学习方案的规划、设计、实施和评价”①。张嘉育又具体说明：“校本课程开发是学校为达成教育目的或解决教育问题，以学校为主体，由学校成员如校长、行政人员、教师、学生、家长与社会人士主导，所进行的课程开发过程与结果。”②

2. “开发过程”的视角

埃格尔斯顿认为，“校本课程开发是一种过程。在这种过程中，学校运用有关资源，通过合作、讨论、计划、试验、评价来开发适合学生需要的课程”③。

3. “教育活动”的视角

崔允漷④和徐玉珍⑤等人认为校本课程开发是一种教育活动，是学校在国家课程纲要的基本精神指导下，通过选择、改编、新编教学资源，设计、组织学习活动的方式，开展校本化的教学评价，通过这些活动实现课程校本化。崔允漷和徐玉珍等人的观点切合强调国家课程为主体的校本课程开发需要，在国内产生广泛而深远的影响。

概括而言，校本课程应该包括两个基本要素：一是开发的主体是学校教育人员；二是设计、实施、评价课程的活动过程。

（三）“校本课程开发”类型的研究

1. 从校本开发的动因角度，分为外部驱动和内部驱动校本课程开发

凯利⑥认为课程开发有两大动因：第一类是“学校内部自发的校本课程开发”；第二类是“回应外部指令的校本课程开发”。

2. 从课程开发活动类型的角度分类，主要分为课程选择、改编已有课程和开发课程材料等

---

① 庄新艺. 基于斯基尔贝克理论的小学英语校本课程的开发与实践研究：以漳州外国语学校为例［D］. 福建：闽南师范大学，2015：12.

② 张嘉育. 学校本位课程发展［M］. 台北：师大书苑有限公司，1999：4.

③ 宋丽华. 历史校本课程开发的理论与实践研究［D］. 济南：山东师范大学，2006：6.

④ 崔允漷. 校本课程开发：理论与实践［M］. 北京：教育科学出版社，2000：132.

⑤ 徐玉珍. 校本课程开发：概念解读［J］. 课程·教材·教法，2001（4）：12-17.

⑥ 崔允漷. 校本课程开发：理论与实践［M］. 北京：教育科学出版社，2000：78.

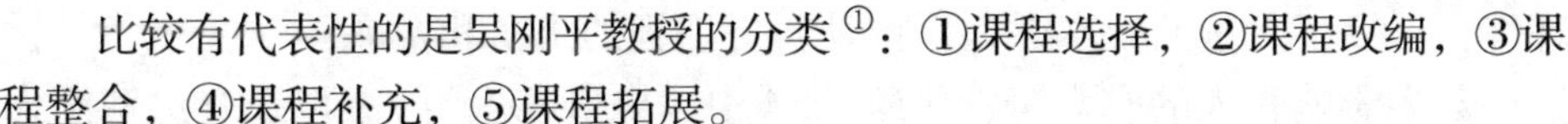

比较有代表性的是吴刚平教授的分类[①]：①课程选择，②课程改编，③课程整合，④课程补充，⑤课程拓展。

（四）"校本课程开发"模式的研究

校本课程开发模式的研究，以美国泰勒的"目标模式"、英国斯坦豪斯的"过程模式"和英国斯基尔贝克的"情境模式"最为著名。

其中"情境模式"以"文化分析"为理论基础，包含"目标模式"和"过程模式"[②]，强调情境分析的重要性，为校本课程开发提供切实可行的参考模式，推动了校本课程的开发。

二、历史学科校本课程研究概述

（一）理论探索

历史学科校本课程理论探索是基于校本课程理论基础，结合学科特征进行分析，理论突破不多。

代表性的有陈温柔《海峡两岸中小学校本课程开发和实施的对比研究：以中小学历史教育校本课程为例》[③]，以厦大台湾研究院、"两岸关系和平发展协同创新中心"为依托开展校本课程的研究。该书在分析欧美国家中小学校本课程开发理论与实施经验的基础上，从两岸茶文化、乡土教育、传统文化、统整改革四个方面对海峡两岸历史校本课程开发的理论与实践探索进行了分析。另有宋丽华的《历史校本课程开发的理论与实践研究》[④]，从重视学习的过程与方法、交流与合作，到重视动手实践等角度，探究历史校本课程开发的评价原则和方法，论述比较全面。

（二）实践研究

近年来，各地区各学校结合自身的历史文化传统，开发各具特色的历史校本课程，其中以乡土类、人物类校本课程最有代表性。

1. 乡土类校本课程

中国地大物博，各地风土人情各具特色，各校结合当地历史发展和人文

① 吴刚平．校本课程开发活动的类型分析［J］．教育发展研究，1999（11）：37-41.

② 徐玉珍．校本课程开发的理论与案例［M］．北京：人民教育出版社，2003：327-336.

③ 陈温柔．海峡两岸中小学校本课程开发和实施的对比研究：以中小学历史教育校本课程为例［M］．北京：九州出版社，2017.

④ 宋丽华．历史校本课程开发的理论与实践研究［D］．济南：山东师范大学，2006.

环境，开发了大量的校本课程，推动历史课程的丰富和发展。

其中影响较大的有李海青主编的《中国史研究入门》，以校友沈钧儒为视角，在“史料解读”“文本记载演变”“史观方法赏析”各方面有新的探索①。张爱琴《民族地区乡土教材的开发模式与功能：以宁夏回族自治区为例》，以功能主义为理论范式，主要运用教育人类学的田野调查法，以宁夏回族自治区为个案对象，为民族地区乡土教材的开发提供了个案参考②。

近年来，随着非物质文化遗产受到重视，历史校本课程开发中越来越重视本地区非遗资源的开发和运用。如张秀芳《山东非物质文化遗产与高中“非遗”主题的校本课程开发》，以山东省著名的非物质文化遗产——祭孔大典为研究个案，并制定了“非遗”主题校本课程开发的专属原则③。

2. 人物类校本课程

代表性的有亓衍博《高中历史校本课程“走近历史人物蒋介石”的研发》④。该课程以历史学科核心素养理念作为研发的指导思想，通过拓宽、探究，让学生客观全面地认识蒋介石在中国近现代历史上的功过是非，培养学生解释和叙述历史的关键能力。

综上所述，历史校本课程开发取得了丰硕的成果，但在校本实践的形式、内容上，都相对比较单一，特别是在运用校本课程培养核心素养方面，成果还比较匮乏。历史校本课程的进一步开发，急需进行系统的实践总结和理论突破。

三、基于“历史解释”素养的校本课程开发

（一）从时间解释的角度看校本课程开发

历史是过去发生的事件，其本身是客观的，而历史记叙与解释却是主观的。从时间解释的角度看校本课程开发，既要考虑历史事件发生和记载之时的种种社会环境，从而分析历史人物及记载者的动机；又要考虑当下人们的社会心态，从而了解人们评价历史事件背后的心理过程。

---

① 李海青．中国史研究入门［M］．杭州：浙江教育出版社，2016.

② 张爱琴．民族地区乡土教材的开发模式与功能：以宁夏回族自治区为例［D］．北京：中央民族大学，2010.

③ 张秀芳．山东非物质文化遗产与高中“非遗”主题的校本课程开发［D］．武汉：华中师范大学，2016.

④ 亓衍博．高中历史校本课程“走近历史人物蒋介石”的研发［D］．聊城：聊城大学，2018.

追宗述祖，不忘初心

——广东民系研究[①]

一、课程目标

通过追寻广东民系的起源，增强社会认同感；同时，通过调查采访、资源搜集、实地考察等活动，学习从时间的角度历史考证与解释的一些基本方法。

二、课程内容

第一章 广东地区主要民系

第一节 广府民系

活动课一 广府话与粤剧

第二节 客家民系

活动课二 中国古语活化石——客家语

第三节 潮汕民系

活动三 侨居海外的潮汕人

第二章 追寻祖先的足迹

活动课四 珠玑巷源流考

活动课五 北民南迁与南方的发展

第三章 “家风”传承与演变

活动课六 我的好家风——探寻族谱中的家风家训

活动课七 探寻家风的传承与价值

三、课程计划

课程实施时间为一年，共12课时。其中课堂资料搜集、研讨和分享6课时，课后参与活动、调查采访和撰写报告6课时。

教学设计2–6旨在通过追寻广东民系的起源从时序角度了解其发展演变的过程，增强学生对乡土文化的认同感；了解各民系在发展演变中，通过交流、合作和交融，促进共同发展的过程，从而培养学生对不同文化的包容意识；通过调查采访、资源搜集、实地考察等活动，学习历史考证与解释的一些基本方法，培养学生的历史核心素养。

① 该课例作者：广州市玉岩中学杨万全老师。

在“追宗述祖，不忘初心——广东民系研究”校本课程的开发与实践中，学生发现，无论是广府、客家还是潮汕民系，都强调源自中原正统，而在时序源流过程中，都有重要的中转站，这些中转站逐渐具有神圣意义，甚至成为新的宗族源头。如何解释这种现象，从中又蕴含着什么样的历史学习的方法，下面以教学设计2–7为例，看看在校本课程中如何渗透时间解释的基本方法。

教学设计 2–7

活动课4　珠玑巷源流考[①]

材料一：民国《广西通志稿》写道，“两粤氏族，尤其梧、肇诸郡，多传宋代自珠玑巷迁来。珠玑巷所在，或以为南雄，或以为南京，又或以为广州。”

——郑维宽《论宋明时期广西的外来移民及其影响》

问题：你所认识的珠玑巷，是在南京、广州还是南雄？

分析：大部分学生所认识的珠玑巷位于南雄。南雄珠玑巷之所以流传甚广，一是广府地区的族谱大都把南雄珠玑巷作为宗族源流的重要地点；二是在今南雄市，珠玑古巷遗址作为广东重要旅游景点，保存了贵妃石塔、古道、诸姓古祠、碑刻群等与历史传说相关的物件，成为许多广府人寻根问祖的重要象征。

材料二：珠玑巷得名，始于唐张昌。昌之先，为南雄敬宗巷孝义门人。其始祖辙，生子兴，七世同堂。敬宗宝历元年，朝闻其孝义，赐兴珠玑绦环以旌之；避敬宗庙讳，改所居为珠玑巷。”

——屈大均《广东新语（卷2）》

材料三：唐敬宗时，巷名珠玑，逮宋理宗已阅两朝，罗贵等九十七家久居此土，一旦南迁，故各家族谱皆云始自南雄珠玑巷来，信矣。况当时呈保昌严县主准申南雄府钟文达立案，批发路引，在绍定元年正月，附刻于罗氏谱，尤彰彰可据。

——黄佛颐《珠玑巷民族南迁记》

材料四：贡生罗贵，居民麦秀、李福荣、黄复愈等，原籍南雄府始兴郡保昌县牛田坊十四图珠玑村，贡生罗贵等陈情，俯乞立

① 该课例作者：广州市玉岩中学杨万全老师。

案，安广州、冈州、大良等处定籍，安恤生灵，上缮国课事。贵等祖历辟住珠玑村，各姓开分户借，有丁应差，有田赋税，别无亏缺，外无违法向恶背良。天灾地劫，民不堪命，十存四五，犹虑难周。及今奉旨颁行取土筑设寨所，严限批行无遗等因，近处无地堪迁，远闻南方烟瘴，土广人稀，堪辟住址，未敢擅自迁移。本年正月初十日，赴府立案批引，严限正月十六日起程，沿途经关津岸陆，此照通行，于本年四月二十六日，来到邑属冈州大良都古朗甲朗底村，盘费乏尽，难以通行，借投土人龚应达草屋，未敢擅作窝兜，百口相告签名粘引，固赴冈州大人阶下，俯乞立案，安插各处，增图定籍，保恤生民，仍乞批执照繇引施行，庶子孙万代，戴恩罔极上词。绍兴元年五月初六团情贡生罗贵等叩呈。

——《东莞英村罗氏族谱》，转引自曾昭璇《珠玑巷人迁移路线研究》

问题：关于上述有关南雄珠玑巷的由来，你觉得可信吗？请提出你的依据。

分析：材料二认为珠玑巷得名始于唐代，原名为敬宗巷，后朝廷表彰张兴，赐予“珠玑绦环”，故名为珠玑巷。材料三认为，至宋代，罗贵等家族在珠玑巷居住已久，已把它当成第二故乡，这也成为这些家族都称源自珠玑巷的重要原因。另外，材料三提到“南雄府钟文达立案，批发路引”成为南雄珠玑巷的重要论据。这一论据来自于罗氏族谱（材料四）。

可以说，上述论据层层相扣，互相印证，为南雄珠玑巷提供可靠的史实支撑。但细细追究，从时间的语境解释来看，又出现一些可疑之处：

一是宋代并无“南雄府”之行政区域，应为“南雄州”；二是“路引”是明朝开始实施的人口管理的制度，宋代并无此物。种种证据表明，从历史时间解释的角度出发，“南雄珠玑巷移民传说”中关于“两粤氏族……多传宋代自珠玑巷迁来”从史实来看是存疑的，这个传说应该是明代杜撰产生，并逐渐得到认同。

材料五：“南雄珠玑巷移民传说”虽然有很多不准确的内容，然而将其放到具体的历史环境中去考察，却能发现其中所蕴含的若干移民史实。第一，珠玑巷移民传说反映的是宋元明清时期由战乱、政府移民实边导致的较大规模或较有影响的移民活动；第二，珠玑巷移民传说反映了当时移民迁移的方向，由黄淮、江淮等内地中心区域或人口稠密区域向南、向西迁入珠三角、河湟、桂东南等边疆区域，这与当时移民活动的历史背景相吻合；第三，珠玑巷移民传说体现了迁出地和迁入地之间的文化关联，反映了中华核心文化由中心向边陲扩散，并与边疆文化融合而获得更为丰富的内涵。

——芦敏《南雄珠玑巷移民传说形成原因探析》

材料六：在珠玑巷传说形成的明代，国内移民迁移的主要方向之一就是从内地中心区域或人口稠密区域向山区、边远地区进行“填空式”迁移。这些偏僻的地区往往是少数族群的集聚区。当移民进入这些偏僻之地，不同族群之间便会产生互动，由此导致“我族”与“异族”意识的显现和强化……基于生存竞争，部分移民提取了有利于自己的维度，即代表中原正统的珠玑巷移民身份，来进行范畴化。

——芦敏《南雄珠玑巷移民传说形成原因探析》

问题：“珠玑巷移民传说”为何虽然存在诸多疑点，但直到今天还被广泛认同呢?

分析：历史虽然是客观的，但历史的记录者往往从现实需要出发，对过去进行一种对自己有利的解释。当我们把“南雄珠玑巷移民传说”放在明朝的时间情境中去考察，就会发现，当这些移民面对种种迁徙的困难，特别是到达陌生的迁入地受到种种排斥时，他们必须找到一种归属感，而“南雄珠玑巷移民传说”正是在这种心理需要下产生并逐渐被广为认同。

通过历史的时间解释，“追宗述祖，不忘初心——广东民系研究”校本课程的开发与实践，学生逐渐学会一个重要的方法：历史学习要求“史料实证”，即考证历史记述本身是否真实可靠；同时历史学习过程中，还要注意把历史放在具体的时间情境上去解释，分析历史记述产生的过程，从而发现历史记述者背后的意图和历史背景。

（二）从区域解释的角度看校本课程开发

中国地大物博，各地风土人情各具特色。俗话说“三里不同风，十里不同俗”“一方水土养一方人”，这种鲜明的地域特色深刻地影响历史中的事件与人物。

在历史校本课程开发过程中，挖掘乡土教育素材，从区域的角度解释历史事件和人物，可以更好地发现历史时空中的人与事。

“玉岩精神”的形成与传承①

一、课程目标

八百年前，钟氏家族在萝岗洞手创书院、教书育人，成就广州东部地区的教育佳话。今天，玉岩中学秉承玉岩书院千年传统，以“琢玉攀岩”的精神谱写教育新篇章。

本课程以玉岩书院为载体，挖掘萝岗区域的历史文化传统，结合玉岩中学办学历史，探究“玉岩精神”的内涵及与区域发展的互动关系。

二、课程内容

第一章 萝岗风物

第一节 古建筑撷英

第二节 古村落遗韵

第三节 风土人情

第二章 玉岩书院

第一节 历史沿革

第二节 建筑风格

第三节 “重教”族风

活动课一 考察：与玉岩书院亲密接触

第三章 玉岩精神

第一节 “玉岩诞”与玉岩精神

第二节 玉岩中学校史与校训

第三节 继往开来话玉岩

活动课二 访谈：玉岩人话“玉岩精神”

三、课程计划

课程时间与实施：本课程历时一学期，共16课时。其中课堂教学12课时，外出考察与访谈4课时。

教学设计2–8旨在以玉岩书院为载体，挖掘萝岗区域的历史文化传统，结合玉岩中学办学历史，探究“玉岩精神”的内涵及与区域发展的互动关

① 该课例作者：广州市玉岩中学杨万全老师。

系，在此过程中对玉岩中学“博学于文，行己有耻”校训的起源和演变历史进行考证研究，培养学生史料实证和历史解释素养，并增强学生对校训文化的了解和认同感。

中国是地域辽阔的国家，各地的风土人情有巨大的差异，作为历史校本教材开发的重要素材，乡土资源蕴含着丰富的教育素材。玉岩书院作为广州萝岗地区的重要乡土资源，其中蕴含着丰富的教育素材。

南宋时期，萝岗钟氏始祖钟遂和择地于萝峰，建种德庵，延师课子及教育乡邻孺子，成果颇丰，其中以崔与之最为有名。崔与之，南宋名臣，官至参知政事、右丞相，所治儒学“菊坡学派”在岭南影响巨大，被认为是岭南历史上的第一个学术流派，崔与之也被誉为“岭南儒宗”。同时，他词章造诣也很高，开岭南宋词之始，有“粤词之始”之称。后崔与之辞官回乡，回忆当年在萝岗读书之事，感叹“予少时叨承宣议公（钟遂和）提携训诲，俾与四兄同学同游皆在萝岗也。四兄争则长于予，学问文章则倍于予，而成进士独后于予，其殆大器而晚成者也”。

钟遂和之子钟启初亦中了进士，历任武昌知府、中书省兼知政事朝议大夫，后告老还乡，扩建种德庵为“萝坑精舍”，继续兴办书院，开堂讲学，萝岗地区由此人才辈出。为纪念钟启初（字玉岩），萝岗钟氏后人把“萝坑精舍”改名“玉岩书院”，沿袭至今。

从区域经济的角度看，萝岗地区位于广州东部郊区，相对而言，并非经济文化发达地区。而玉岩书院的创立，对区域民风民俗和文化教育的发展发挥积极的影响。今日，承玉岩书院千年传统，以“博学于文，行己有耻”为宗旨，以“琢玉攀岩”的精神创办玉岩中学，就是学习和延续发挥“玉岩精神”，挖掘区域教育资源的典范。

为了更好地挖掘玉岩中学“博学于文，行己有耻”校训的文化价值，玉岩中学组织学生进行校训渊源考证和探究工作。以下是具体书面成果：

（1）关于“博学于文”“行己有耻”的由来和解读

“博学于文”，源自孔子的《论语》：“君子博学于文，约之以礼，亦可以弗畔矣夫。”①

在儒家传统中，博学是人生修养的重要阶梯。荀子认为“君子博学而日参省乎己，则知明而行无过矣”②；朱熹把《礼记·中庸》的“博学

① 钱逊. 论语读本·雍也［M］. 北京：中华书局，2015：118.

② 安小兰译注. 荀子［M］. 北京：中华书局，2007：2.

之，审问之，慎思之，明辨之，笃行之”[①]称“为学之序”，列入《白鹿洞书院学规》。韩愈、柳宗元、张载等大儒们都主张“博学”“博览”。

“行己有耻”源自《论语·子路》——子曰：“行己有耻，使于四方，不辱君命，可谓士矣。”[②]

士，是对贵族的称呼。在孔子眼中，士是分层级的，高等的士，中等的士，低等的士。“行己有耻”是一等士的必备条件。

何谓“行己有耻”?

甲骨文“行”字为，意为四通八达的十字路口。《说文解字》云：“行，人之步趋也。从彳，从亍。凡行之属皆从行。”[③]“行己有耻”中的“行”是否解释为“行为”呢?黄瑞云在《〈论语〉章句探微》[④]中提出不同的看法。“行己”与“事上、养民、使民”结构相同，是动宾结构，不能解作“言己之所行”。《子路》“行己有耻”，邢昺疏“行己”为“行己之道”，同样不确，明明是“行己”，不能换成“行事，行道”。“行，使也，为也。行己，犹言律己。”

“耻”在儒家文化中有重要地位。“有耻者，有所不为”。有耻者，亦有所为。“当其宜行，则耻己之不及，及其宜止，则耻己之不免。为人臣，则耻其君不如尧、舜；处浊世，则耻独不为君子。将出言，则耻躬之不逮。”[⑤]知耻者，有耻且格；知耻者，“高格做事、低调做人”。

由此可见，“行己有耻”指修养自己，严肃敦重，就必然有所耻；合理的事情就去做，非理的事情就耻而不为。

（2）顾炎武与“博学于文”“行己有耻”

孔子对“博学”“知耻”的重视，影响了两千多年知识分子对知识和道德的追求。

到了明末清初，社会动荡，顾炎武以“天下兴亡，匹夫有责”的胸怀，“历览二十一史、十三朝实录、天下图经、前辈文编说部以至公移邸抄之类”，著成《日知录》《天下郡国利病书》。

顾炎武对“博学”的追求，使其成为清初继往开来的一代宗师，被誉为清学“开山始祖”。

---

① 杨天宇. 礼记译注［M］. 上海：上海古籍出版社，2004.

② 杨伯峻. 论语译注［M］. 北京：中华书局，2009.

③ 许慎. 说文解字［M］. 北京：中华书局，1963.

④ 黄瑞云.《论语》章句探微［J］. 枣庄师专学报，1988（1）：88.

⑤ 皇侃. 论语义疏［M］. 高尚榘，校点. 北京：中华书局，2013.

顾炎武对“有耻”也极为重视，他强调“士而不先言耻，则为无本之人”，说：“《五代史·冯道传》论曰：‘礼义廉耻，国之四维；四维不张，国乃灭亡。善乎！管生之能言也。礼义，治人之大法；廉耻，立人之大节。盖不廉则无所不取，不耻则无所不为。人而如此，则祸败乱亡亦无所不至。况为大臣，而无所不取，无所不为，则天下其有不乱，国家其有不亡者乎？’然而四者之中，耻尤为要……人之不廉而至于悖礼犯义，其原皆生于无耻也。故士大夫之无耻，是谓国耻。”①

据此，顾炎武提出“保天下者，匹夫之贱，与有责焉耳矣”，后梁启超概括为“天下兴亡，匹夫有责”，体现了知识分子对国家、民族的道德感和责任感。

顾炎武在学习、修养过程中，继承了儒家博学、重德的传统，第一次提出“博学于文，行己有耻”的为学宗旨与处世之道：愚所谓圣人之道者如之何？曰：“博学于文”，曰：“行己有耻。”自一身以至于天下国家，皆学之事也；自子臣弟友以至出入、往来、辞受、取与之间，皆有耻之事也。耻之于人大矣！不耻恶衣恶食，而耻匹夫匹妇之不被其泽，故曰：“万物皆备于我矣，反身而诚。”②

对于“博学于文”与“行己有耻”的关系，顾炎武强调学术之目的为“经世致用”：“君子之为学，以明道也，以救世也。徒以诗文而已，所谓雕虫篆刻，亦何益哉？某自五十以后，笃志经史，其于音学深有所得，今为《五书》，以续三百篇以来久绝之传。而别著《日知录》，上篇经术，中篇治道，下篇博闻，共三十余卷。有王者起，将以见诸行事，以跻斯世于治古之隆，而未敢为今人道也。”③张舜徽认为“顾氏研究经学的宗旨，归于致用，努探求先民制作原意，想把几部经典中的主要理论，运用到修己治人的实际方面去”④。

（3）陈澧与“博学于文”“行己有耻”

清同治壬申年（1872），晚清大儒陈澧将顾炎武先生修身研学的名句“博学于文”“行己有耻”题于萝坑精舍中厅中。

关于陈澧“行己有耻”“博学于文”的记载，最著名的来自于《菊坡精舍记》：

---

① 顾炎武．日知录集释全校本：中［M］．黄汝成，集释．上海：上海古籍出版社，2006：772–773.

② 顾亭林．与友人论学书［M］//顾亭林．顾亭林诗文集．北京：中华书局，1959：41.

③ 顾炎武．顾炎武全集［M］．上海：上海古籍出版社，2011：148.

④ 张舜徽．顾亭林学记［M］．北京：中华书局，1963.

澧既应聘，请如学海堂法，课以经史文笔。学海堂一岁四课，精舍一岁三十课，可以佐之，吾不自立法也。每课期诸生来听讲，澧既命题而讲之，遂讲读书之法，取顾亭林说，大书“行己有耻，博学于文”二语揭于前轩，吾不自立说也。因而申之曰：“博学于文，当先习一艺。”《韩诗外传》曰：“好一则博，多好则杂，非博也。”又申之曰：“读经史子集四部书，皆学也，而当以经为主，尤以行己有耻为先。吾老矣，勉承方伯命，抗颜为师，所以告诸生者如是。”诸生欣然听之，澧遂记之，以答方伯盛意焉。①

对于陈澧为何提出“行己有耻”“博学于文”，其学生梁鼎芬回忆道：“时士习固陋，风气未开。先生思有，以启迪之。进院之日，告诫诸生，勿只重帖括，要向远大处想。以陈东塾先生集顾亭林句‘行己有耻，博学于文’，相训勉。”②

至于何谓“风气未开”，陈澧有大量论述，“为今之计，中国贵乎崇廉耻，核名实，刑政严明，赏罚公当，则可战可守，外夷自不敢欺。不循其本，而效纵横家言，为远交近攻，近交远攻之说，譬如人有虚羸之疾，不务服药培补，而但求助己者出与人斗，可乎？”③

由此可见，陈澧“行己有耻”“博学于文”二语题于菊坡精居，影响深远。从时代背景来看，当时正值中国近代社会剧烈变动，在这“三千年未有之大变局”中，陈澧强调“学也，而当以经为主，尤以行己有耻为先”，只要“崇廉耻，核名实，刑政严明，赏罚公当”，也就是坚守道德底线，“外夷自不敢欺”。陈澧认为这是解决当时社会危机的根本途径。这一点，与林则徐、魏源和洋务派的“中体西用”是相一致的。

综上所述，无论顾炎武，还是陈澧，都强调德为先。顾炎武强调博学于文，同时把所学知识归于致用，从而修己治人。陈澧强调博学只为博取功名，无益于社会实际问题的解决，强调学当以行己有耻为先。玉岩中学采法顾炎武和陈澧“博学于文，行己有耻”为校训，意在强调教导学生“博学于文”学识和“行己有耻”的品行，从而“为社会引领者成长奠基”。

---

① 陈澧书．菊坡精舍记．东塾集：卷二［M］．台北：台北文海出版社，1970：29.

② 许寿田．葵霜遗范忆述示两儿［M］//广东文征续编：第一册．香港：广东文征编印委员会，1986：267.

寿田是梁鼎芬门生，梁鼎芬是陈澧学生，此文为许寿田回忆梁鼎芬主惠州丰湖书院时所语。

③ 陈澧书．《海国图志》后呈张南山先生．东塾集：卷二［M］．台北：台北文海出版社，1970：134.

（三）从人物解释的角度看校本课程开发

人民群众是历史的创造者。历史人物是历史的产物，而历史人物的思维与实践又深刻地影响历史的进程。可以说，历史人物是历史的缩影，深入挖掘有代表性的历史人物，对了解历史时代和这个时代的普罗大众有重大帮助。

教学设计 2-9

中体西用践行者——李鸿章①

一、课程目标

面对“三千年未有之大变局”，作为中国近代最有才识的历史人物，李鸿章深度参与到中国近代化的进程；而面对中国传统社会的巨大惯性，他又不得不在“传统与近代”之间做出妥协。可以说，李鸿章是风云激荡的中国近代社会的产物，同时他又一定程度上引领着中国近代社会的发展。学生通过本课程的学习，对李鸿章生平进行梳理和对其评价的历史演变的探究，进而理解中国近代社会的剧变，并从中学习人物解释的基本原则和方法。

二、课程内容

第一章　“三千年未有之大变局”

第一节　盛世危言：康乾盛世下的统治危机

第二节　山雨欲来：中西碰撞与礼仪之争

第三节　空前变局：列强侵华与近代社会变迁

第二章　沉浮于大变革之中

第一节　走在传统与近代之间——淮军军制探讨

第二节　“中体西用”与中国近代化的起步

第三节　“一个人的战争”——甲午战争与民族意识

活动课：李鸿章简历设计

第三章　道不尽的李鸿章

活动课：你心目中的李鸿章

第一节　对李鸿章评价的历史的演变

活动课：探究历史人物评价的标准

① 该课例作者：广州市玉岩中学杨万全老师。

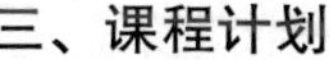

三、课程计划

课程时间与实施：本课程历时一学期，共12课时。其中课堂教学7课时，搜集资料、主题研讨等活动课5课时。

教学设计2–9以李鸿章为例，培养学生人物解释的素养。李鸿章是中国近代历史的缩影，通过对李鸿章生平梳理和对其评价的历史的演变的探究，可以帮助学生了解中国近代社会的剧变。李鸿章是中国历史上极具争议性的人物，无论时人、后人还是今人，出于时代和自身需要，对李鸿章做出截然不同的评判，从中折射出历史人物解释的复杂性。探究这种评价背后的动机和立场，有助于我们了解历史人物背后的时代背景和历史人物解释应遵循的基本原则。

材料一：在李鸿章死后不到两个月，梁启超在《李鸿章传》中对其一生做出精辟的评价："吾敬李鸿章之才，吾惜李鸿章之识，吾悲李鸿章之遇。"这个评价不仅是对李鸿章一生洋务的总结，更是对中国社会病根的反思："不识国民之原理，不通世界之大势，不知政治之本原……而仅抓拾泰西皮毛，汲流忘源，遂乃自足。"①

材料二：新中国成立后，阶级斗争的观点逐渐主导学术研究，李鸿章被定性为地主阶级的代表，其历史地位一落千丈。胡滨《卖国贼李鸿章》，光是著作标题就已经给了李鸿章明确的定性：作为镇压太平天国等农民运动的"刽子手"，双手沾满人民的鲜血；创办洋务企业，目的无非是维护腐朽的封建统治；出卖国家民族利益，签订一系列卖国条约，丧权辱国。贬斥李鸿章的同时，书中认为李鸿章的"徒子徒孙蒋介石卖国集团在美国帝国主义的庇护下，逃到台湾，坚持他的卖国勾当"②。

材料三：改革开放后，对李鸿章的研究成果大量涌现，其中不乏"翻案"作品，但总体评价趋向辩证。苑书义在《李鸿章传》③中一方面肯定了李鸿章引进西方先进技术、创办洋务运动在推动中国近代化过程中的积极作用。同时对其在外交上"以夷制夷""避战求和"等政策进行辩证分析，认为这些政策一方面在某种程度上有利于营造经济建设的和平局面，适应中国走向近代外交的趋势；而一系列不平等条约的签订，固然主要在于清朝的腐朽统治，但李鸿章本人也是难辞其咎的。

---

① 梁启超．李鸿章传［M］．海口：海南出版社，2001：4.

② 胡滨．卖国贼李鸿章［M］．上海：上海新知识出版社，1955.

③ 苑书义．李鸿章传［M］．北京：人民出版社，2005.

以上三则材料分别来源于三本书。三本书，三种评价，也代表着三个时代。梁启超生活在中国近代社会风云变幻的时代。面对列强的鲸吞蚕食和清廷腐败懦弱，梁启超认为只是引进西方的先进技术无法实现民富国强，只有兴民权、开民智，改造中国政治制度，才能摆脱愚昧和落后。正基于此，梁启超认为李鸿章的洋务是“汲流忘源”，也正是这种不识“时”务，导致李鸿章和洋务运动的失败。

中华人民共和国成立后，历史研究受“阶级斗争”的影响，李鸿章被打上地主阶级的烙印，被牢牢钉在“卖国贼”“刽子手”的耻辱柱上。至于其对中国近代化的努力和贡献，则被抹杀殆尽。这种非黑即白“脸谱化”人物解释的方法带有鲜明的时代烙印，时至今日依然深刻影响国人思想。

改革开放后，基于史实辩证、公允解释历史人物成为主流，苑书义的《李鸿章传》正是中国史学不断走向成熟、人物解释趋向客观公正的反映。

（四）从国家民族解释的角度看校本课程开发

国家民族意识的培养，是历史教学的重要内容。国家民族解释，要求分析和评价重大历史事件，要服务于国家民族主流意识，探究历史教学中有助于培养国家民族意识的内容。

教学设计 2-10

历史歌曲展演与创编①

一、课程目标

艺术是人类情感的最佳表现方式。创编历史歌曲，可以把对国家民族的理解和热爱化为最通俗易懂的音乐作品。

二、课程内容

第一部分　歌声中的20世纪

20世纪是中国风云激荡的世纪，中国经历半殖民地半封建社会深渊到社会主义社会的巨变。在这个过程中，五四运动、中共成立、国民革命、工农革命、抗日战争、解放战争等革命与战争深刻影响中国；同时，中国在经济、思想和社会生活领域也经历了剧烈变化。

本单元精选每一重大历史阶段的歌曲，通过背景分析、歌曲欣赏、设疑探究等形式，让学生们透过歌曲了解20世纪的重大历史事件。

① 该课例作者：广州市玉岩中学杨万全老师。

第1课　学堂乐歌:《送别》

第2课　五四风云:《五四纪念爱国歌》

第3课　国民革命:《国民革命歌》

第4课　工农革命:《八一起义》

第5课　抗日战争:《日落西山》

第6课　解放战争:《三套黄牛一套马》

第7课　抗美援朝:《中国人民志愿军战歌》

第8课　一五计划:《我们要和时间赛跑》

第9课　十年“文革”:《我爱北京天安门》

第10课　改革开放:《在希望的田野上》

第二部分　活动课程：历史歌谣创编活动

改编歌词是指选取一些学生熟悉与喜欢的歌曲，然后根据历史教学的需要，保留原歌曲的曲调，重新填写歌词。具体步骤与要求如下：

①组织人员：建立活动小组并根据小组成员的兴趣特长进行分工合作。

②选择曲目：根据教学主题的内容所蕴含的情感，选择适合的曲调。

③搜集资料：为确保创编歌曲内容史实的准确性，要求学生在活动过程中广泛收集资料，并注意对所选史料认真比对，去粗取精、去伪存真。

④填写歌词：根据教学主题的需要，填写符合曲调旋律的歌词。

⑤演唱录制。

三、课程计划

课程时间与实施：本课程历时一学期，共15课时。

如教学设计2-10所示，在“历史歌曲展演与创编”校本课程的开发与实践中，以10首有代表性的歌曲，展示20世纪中国社会的变迁，从中感受中国人民为国家复兴、人民幸福所做探索和奋斗。歌曲背后是一个个鲜活的面孔，一段段波澜壮阔的历史，更是一种国家和民族精神的凝聚。

以《五四纪念爱国歌》为例，这是五四当天，由“中国现代音乐之父”萧友梅制谱、赵国钧作词的一首歌曲。一句“爱国俱同心，壮哉此日！壮哉五四！”唱出时代的最强音。

为深化学生对五四精神的认识，在学习《五四纪念爱国歌》时，教师可补充探究材料“名人论五四”（见下文材料一至材料三），引导学生结合《五四纪念爱国歌》和“名人论五四”，谈谈对“五四精神”的理解。

材料一：“五四”游行的指挥者傅斯年说道：“我对这五四运动所以重视的，为他的出发点是直接行动，是唤起公众责任心的运动……人类生活的发挥，全以责任心为基石；所以五四运动自是今后偌大的一个平民运动的最先一步。”

——孟真《随感录：中国狗和中国人》

材料二：五四运动有三种真精神，是学生牺牲的精神，是社会制裁的精神，是民族自决的精神。学生牺牲的精神万岁！社会制裁的精神万岁！民族自决的精神万岁！

——罗家伦《五四运动的精神》

材料三：五四运动是以进步学生发端的群众运动，五四运动中建设中国的重要口号是“科学”与“民主”。我们是要建设科学的新中国，更要建设民主的新中国，因之科学思想的指导，使马克思主义得到广泛的传播。群众运动的实践，则日益打开了人们的眼界。科学思想和民主思想相结合的结果，涌现出大批突出的马克思主义的信仰者，也唤醒了大批小资产阶级知识分子。

——许德珩《回忆五四运动》

教学设计2-10第一部分以10首有代表性的歌曲，展示20世纪中国社会的变迁，从中感受中国人民为国家复兴、人民幸福所做努力；第二部分通过创编历史歌曲，培养学生从国家、民族角度出发解释历史现象的能力，培养学生家国情怀。

在这次历史歌曲创编活动中，范倍宁同学以“南京大屠杀”为主题改编歌曲：

追　忆

（作者：范倍宁；改编自《跨越时空的思念》）

摇曳的烛光，凝血的街道，哀空的呜呜回荡着。
燃烧殆尽的天空，缓缓沉入海底，银色月光布满大地。
瞬间表情冻结了无辜，那些血在空气中蒸发。

他的眼里只剩下无畏，眼泪流出，谁的眼角忘了擦。
时间不停轮回，混浊着黑夜，让那人疯狂地杀。
光和影的缠绕，破晓被彻底地撕裂。
心脏深处的哀鸣！心脏深处的哀鸣！

这是范倍宁同学对历史的最真切的理解和感受。悲愤与哀伤的旋律在课堂上久久环绕，让我们感同身受，也让我们对国家、民族命运有了更深刻的思考。

（五）从历史延续解释的角度看校本课程开发

历史是不可割裂的，昨天的历史是对前天的延续，今天的历史是对昨天的延续。我们虽然生活在当代，但历史的惯性却无时不刻不在影响着我们。探究这种延续性，才能更好地了解当代社会，才能更好地弘扬传统文化，同时避免历史不良惯性对当代的影响。

教学设计 2-11

我有“传家宝”①

一、课程目标

中国人自古就十分重视家庭，几乎家家都有世代相传的“传家宝”，或是一门手艺、一个物件；或是一句家训、一种精神，比如勤劳、孝顺、勤俭、坚忍等。

传家宝是家族的珍贵遗存，承载着祖辈的希望与寄托，是一份铭刻家族记忆的情感，更是给后代的一种念想和经验启示。

围绕这件“传家宝”，探寻背后的家族故事，感悟它所反映的历史人文精神，体会血脉相承的情感，进而把个人理想、家庭幸福与国家富强、民族复兴紧紧联系在一起，努力拼搏、立志成才。

二、课程内容

第一部分　理论培训

1. 传家宝的概念与价值。
2. 资料搜集、整理方法分享。
3. 采访、记录的过程和方法。

---

① 该课例作者：广州市玉岩中学杨万全老师。

4. 视频制作教程培训。

第二部分　学生调查采访、形成成果

第三部分　分享环节

三、课程计划

课程时间和实施：本课程历时一年，共12课时。其中课堂资料搜集、研讨和分享6课时，课后参与活动、调查采访和撰写报告6课时。

教学设计2–11以“传家宝”为切入点，培养学生从历史延续的角度解释历史的素养。传家宝是家族的珍贵遗存，承载着祖辈的希望与寄托，是一份铭刻家族记忆的情感，更是给后代一种念想和经验启示。围绕“传家宝”，探寻背后的家族故事，感悟它所反映的历史人文精神，体会血脉相承的情感，进而把个人理想、家庭幸福与国家富强、民族复兴紧紧联系在一起，努力拼搏、立志成才。

“我有‘传家宝’”活动在玉岩中学实施以来，得到广大师生的积极响应。受各类寻宝节目的影响，“传家宝”在学生们心目中是很高大上的，认为只有官窑瓷器、名人字画、金银漆器这些价值不菲的物件才可以称得上是“传家宝”。经过教师的讲解，大家意识到，所谓“宝”，不仅是其自身的“价格”，更重要的是其对于学生自身和家庭的价值。一个普通的针线、一件旧衣裳，也许背后是一个家族的发展史，承载着祖孙三代为了美好生活奋斗的精神动力。姚叠芮同学的《岁月缝花：太婆家的针线》就是一个经典的案例。

《岁月缝花：太婆家的针线》解说词

20世纪50年代初到现在，我们家的“传家宝”针线已经历经三代的传承。

在太婆所在的年代里，物资匮乏，孩子们都没有几件像样的衣服。太婆走遍街头巷尾，把衣店橱窗里时兴的款式记在心中，回到家便拿起针线，细细地改自己的旧衣，一点点地改小，一点点地添些装饰，直到缝出一件如重获新生般孩子合穿的新衣服。

那是一位母亲竭尽所能，满足孩子们穿新衣的小小心愿。

在70年代，针线传到外婆的手里，通过一台老旧的缝纫机，成为补贴家用的助手。

当时经济困难，外婆便在每天下班回家后，开始“开夜工”，接些替厂家加工衣服零件的活计。在不足20平方米的小房子里，堆满了一批批的衣服和衣服上的各种部件……针线在无数个夜里，织成了外婆小家的美好生活。

缝纫机脚踏板的嘎吱声，在他们的女儿儿时的每一个梦里回响，那是他们为人父母，对家庭、对女儿，沉默而又充满爱的心声。

当年听着缝纫机的脚踏声入眠的小姑娘渐渐长大，成了我的妈妈。针线传到了妈妈的手里，在机缘巧合之下，妈妈迷上了广绣。精巧的布板上，一朵含苞待放的荷花跃然纸上。脱离了缝纫机，好像又回到了最初那个纯手工的年代，可那个年代为了缝改旧衣服、为了生活而存在的针线，在经年的传承下，不经意间已变为了绣出写意图画，且变得诗意起来的文化的载体。

我知道，这是针线的又一次新生。

小小的针线，并不昂贵，却是我们家的传家之宝。那密密麻麻的一针一线中，是近百年来时代变迁的小小缩影，是几代人如出一辙对家庭无言的担当，更是祖辈们对美好生活的向往与不懈追求。

三代人，用手中的一针一线，发挥它在每个时代独特的作用，为家庭织就了不同时代下的幸福。

那细密的一针一线中藏着的，是岁月最厚重的注脚。

《岁月缝花：太婆家的针线》家长寄语

对于女儿，我感到很欣慰。在完成这个作品的过程中，我看到了她善于聆听的特质，如倾听外婆讲她妈妈怎么给几兄弟姐妹置办新衣等一些非常富有那个时代特征的趣事，我们广州服装的品牌老店等等，这些在我这个70后听起来都已经是很陌生的事情。作为家族的一员，感谢芮将家族的历史故事让老人家以口述历史的方式加以记录，并且以一种现代的、生动的方式加以呈现。在采访环节里，听妈妈回忆起旧事的过程中，我们不仅更加了解自己是谁，来自怎样的家族，更了解自己家族中珍贵的家风传承并记取。这份作业，可以说从历史的维度完美地将婆孙三代人的情感连接起来，蕴含着老人、我与孩子各自的情感、意义与价值。在完成作品的过程中，还经历了外婆的生日，芮把作品作为献给外婆的一份特别的生日礼物，更加凸显了其中的意义。

与此同时，我也看到了芮为自己认为有价值的工作而执着的精神，尽管有时作业很多、难以兼顾，尽管对于自己的播音效果一直不够满意，但还能一丝不苟地坚持下来，不轻言放弃。付出了就会有收获，有属于个人的更多的经历，就能体会到：要做好一件事，从来都没有捷径，从来都要付出许多别人所不知道的艰苦；要做好一件事，在当今的社会中，也从来不是只靠个人的单打独斗就能实现，既需要个人努力，也需要懂得谦逊合作，整合资源，讲求策略。

姚叠芮同学的作品《岁月缝花：太婆家的针线》在广州市“传家宝”微视频活动中获得一等奖，该作品在广东省博物馆现场展示。对她而言，这是人生中一次宝贵的经历，她亲手为自己的高中生涯添上了浓墨重彩的一笔。

第三章　历史解释素养与历史教学设计

历史解释是指以史料为依据，对历史事物进行理性分析和客观评判的态度、能力与方法。“历史解释在某种程度上是历史理解的外在表达，是发掘历史意义、赋予史实以生命的认识方式。”① 可见，历史解释源于历史理解又高于历史理解，它是历史学科核心素养中对历史思维与表达能力的要求，也是对高中学生历史核心能力的要求。

历史解释的课程目标在《课程标准》中有如下体现：“区分历史叙述中的史实与解释，知道对同一历史事物会有不同解释，并能对各种历史解释加以辨析和价值判断；能够客观论述历史事件、历史人物和历史现象，有理有据地表达自己的看法；能够认识历史解释的重要性，学会从历史表象中发现问题，对历史事物之间的因果关系作出解释；能够客观评判现实社会生活中的问题。”② 简而言之，历史解释的课程目标就是首先能甄别何为史实陈述、何为主观解释，其次是在客观认识历史事物的基础上，运用史料和相关术语建构历史叙述，以全面、客观、辩证、发展的眼光看待和评判历史与现实问题。

历史解释作为历史哲学是历史学科思想的核心内容。培养具有历史学科特征的未来社会公民，不能离开历史解释素养的培养与形成。历史解释主体的社会性要求教师的课程教学为学生架起课堂与社会现实相通的桥梁，致力于把学生培养成社会人。这就要求教师的课程内容实时更新、与时俱进。因而，按照历史解释素养的要求来重新整合、设计历史教学的过程就是培养学生进行历史解释的过程。

---

① 王德民．中学历史教学设计［M］．芜湖：安徽师范大学出版社，2017：31.

② 中华人民共和国教育部．普通高中历史课程标准［S］．北京：人民教育出版社，2017：6.

第一节 历史解释素养的分层与教学设计

历史解释从内容上大概可以分为现象性解释、内涵性解释、本质性解释、联系性解释和规律性解释这五层。历史现象性解释主要是指对历史事实本身的系统化、普遍化的解释与认知；历史内涵性解释主要是对一个历史名词进行专业的、概念式的详细解读与延展认识；历史本质性解释主要是对历史事实表象之下的本质结构进行分析与诠释；历史联系性解释主要是对与一个历史事物相关的其他因素进行发散式的解释与说明；历史规律性解释则是发现、归纳多种历史事物的共性特征找到一致的规律并对之进行解释与探究。下面试对历史解释素养的分类及其教学案例进行逐一举例说明。

一、现象性解释与历史教学

如前文所述，现象性解释是指在历史认识活动中对历史本体进行现象性的描述，主要包括六个要素：历史事物发生发展的时间、地点、历史主要参与者（或历史人物）、内容、经过、结果等。现象性解释的主要特征是完整描述一个独立的历史事物，而非评价或分析历史事物，要求将各要素基本情况交代清楚即可，不需要探讨各要素之间的相互联系。一般高考非选择题的第一问基本是以现象性解释为基础而设计题目和答案的，用以考核学生对历史现象的把握程度。

影响世界的工业革命[①]

［历史情境一］

材料一：17、18 世纪，英国的纺织业靠着差不多100% 关税的保护，避免了廉价的印度纺织品的进口冲击。直到成为全世界生产效率最高的国家，英国才拆掉这些壁垒。（2010，广东高考）

材料二：（2015 年新课标全国Ⅱ）

表3-1　英、美、法、德工业生产总和在世界工业生产中所占比例表

年份	1870 年	1896—1900 年	1913 年
比例	78%	74%	72%

［历史情境二］

材料三：（2017 年新课标全国Ⅰ）

表3-2　英国国民总收入变化表

年份	约 1770 年	约 1790—1793 年	约 1830—1835 年
数额 / 百万英镑	140	175	360

表3-3　英国工人实际工资变化表

（即按实际购买力计算的工资，1851 年为100）

年份	1755 年	1797 年	1835 年
指数	42.74	42.48	78.69

［历史情境三］

材料四：近代早期，在很长一段时间内，钟表价格昂贵，属于奢侈品。1850 年前后英国社会各个阶层都拥有了钟表。（2017 年新课标全国Ⅱ）

① 何冠彬．基于“情境·任务·问题”模式下高三一轮复习：以《影响世界的工业革命》为例［J］．中学历史教学，2019（4）：6-8.

材料五：在19世纪，原材料、机械、工业制品及雕塑作品成为世博会的主要展品，蒸汽机、混凝土、铝制品、橡胶、缝纫机、印刷机、火车、电动马达等相继成为展会上的新宠。（2012年全国大纲卷）

［历史情境四］

材料六：英国18世纪人口死亡率明显下降，但1816年以后死亡率上升。1831—1841年，工厂集中的伯明翰每千人死亡率由14.6上升到27.2，利物浦由21上升到34.8。（2016年新课标全国Ⅱ）

《课程标准》对“1.20　改变世界面貌的工业革命”的要求是：“通过了解工业革命带来的社会生产力的极大发展以及所引起的生产关系的深刻变化，理解工业革命对资本主义世界体系的形成及对人类社会生活的深远影响。”可见《课程标准》要求学生从现象描述教科书中学过的基本史实。例如，根据教学设计3-1中的材料三及所学知识，说明与1755年相比，1835年工人实际收入与国民经济发展是否同步，增加的国民收入去哪里了，这种不同步都会导致社会的什么问题，工人阶级面对这种收入的不同步采取了哪些措施。

教学设计3-1是根据历年高考试卷提供的数据创设4个情境，教师引导学生分析现象背后反映的18—19世纪工业革命、资本主义迅速发展以及随之带来的社会现实问题，由表及里、由点到面地全面理解这些现象背后反映的社会发展与伴生其中的深刻社会问题。

二、内涵性解释与历史教学

内涵性解释的主要内容为对历史事物的内涵予以全面解析，即对事物的核心内容进行分析和总结，对现象性解释中的各要素，尤其是历史人物、内容和经过进行细致的描述。内涵性解释的主要特征依然是描述，而非论证分析。历史长河浩渺无垠，纷繁芜杂，而众多的历史概念就是点点水滴，明确历史内涵性的解释就可以从中掬起一二束水花，便于我们从中把握历史事物内外的核心特征，逐渐培养历史思维、历史解释的能力。那么，如何培养历史内涵性解释素养呢？最关键的是以科学史观为指导，综合运用多种理论与方法，依据典型的史料对历史名词、历史概念进行内容和外延上的文字叙述解读。例如，普通高中教科书历史（必修）《中外历史纲要（下）》第三单元“走向整体的世界”第6课“全球航路的开辟”一课里面就涵盖着“旧航路”“新航路”的概念，对它们进行专门的解读。要培养学生客观、抓住事物核心特征的内涵性解释素养，此课最适宜不过。

教学设计 3-2

全球航路的开辟[①]

一、课标内容

通过了解新航路开辟所引发的全球性流动、人类认识世界的视野和能力的改变，以及对世界各区域文明的不同影响，理解新航路开辟是人类历史从分散走向整体过程中的重要节点。

二、教材分析

新航路的开辟，既是早期殖民活动的重要前提，也是全球联系初步建立的起点。因此，本课在教材中具有开篇点题、承上启下的作用。此内容是本单元的核心内容之一，它是世界近代史开端的重要标志性事件：一方面，它拉开了殖民时代的序幕；另一方面，它将原有的相互隔绝、独立的地区连成了相互影响的整体，形成了真正的“世界”。

三、学情分析

本课针对的是高二学生。高二学生对新航路开辟的史实有大致的了解，有初步的自主探究和合作学习的能力，可以充分发挥其主动学习、参与课堂的优势，但历史思维不是很完整，对一些重要的历史概念不能准确且专业地把握其内涵特征。因此有必要对学生进行渗透和训练，培养其内涵性解释素养。

四、教学目标

1. 唯物史观：学生能了解唯物史观在新航路开辟中的体现，生产力的发展是推动新航路开辟、人类走向整体的根本原动力。

2. 时空观念：学生能说出西欧在15世纪末开辟新航路的原因和新航路开辟的具体路线。

3. 历史实证：学生能概括不同文献史料并对之进行辨析，以便对新航路开辟的动因形成全面的、立体式的解释。

---

① 该课例作者：深圳市福田中学邓茹老师。

4. 历史解释：学生能概述并表达对“新航路”概念的内涵性的解释。

5. 家国情怀：学生能体会新航路是人类文明从“区域史”走向“世界史”的起点，是资本主义从西欧走向全球殖民扩张的开端。

五、核心教学目标

教科书包含三个子目：“新航路开辟的动因和条件”（分别从社会根源、思想根源、宗教根源、经济根源等视角分析了新航路开辟的原因和条件）、“新航路的开辟”（按时间顺序依次叙述了迪亚士、哥伦布、达·伽马和麦哲伦的航海路线）、“其他航路的开辟”（讲述16、17世纪人类一系列的地理大发现）。基于以上内容，本课的核心教学目标是“新航路”开辟。那么，什么是“新”航路？它“新”在何处？“新航路”开辟的动因又是什么？明晰了这些核心概念与名词，本课的内涵性历史解释才能落到实处。

六、教学方法

教法：讲授法、情境教学法、探究教学法、历史比较法

学法：接受性学习法、探究性学习法、合作学习法

引导学生自主学习；通过阅读史料，分析历史问题

七、教学重点

新航路开辟的原因、条件和影响。

八、教学难点

新航路开辟对世界市场形成的重大意义。

九、教学媒体

多媒体、图片。

十、课型

综合课。

十一、课时

1课时。

十二、教学过程

图片导入：多媒体展示两幅地图《15世纪欧洲人绘制的世界地图》和《16世纪中期欧洲人绘制的世界地图》（略）。

师生互动：同学们认真对比这两幅在不同时期欧洲人绘制的世界地图，说说它们与现在的世界地图有什么区别？

学生：15世纪绘制的地图与现在的世界地图相差很大，七大洲

中只有欧洲、非洲、亚洲三大洲，四大洋中也没有太平洋；16世纪绘制的地图虽然大陆形状与现在的还有所不同，但是基本轮廓已经与现在的世界地图没有区别了。

教师：那么这两幅地图说明了什么？

学生：说明15世纪的时候欧洲人对世界了解不完整，16世纪中期的时候已经基本了解整个世界的状况了。

教师：到16世纪中期的时候，欧洲人已经知道了世界的基本结构，因为此时他们已经完成了一个壮举——环球航行。之所以要环球航行，又与我们今天所要学习的内容密切相关，这就是新航路的开辟。

合作学习：

问题情境1：传统的欧洲与亚洲之间的航路我们称之为旧航路，结合所学知识思考旧航路指的是什么？

（1）从中国或印度出发，到中亚沿里海和黑海沿岸到达小亚细亚再转往欧洲的商路。

（2）从印度出发，由海路到波斯湾，然后经两河流域抵达地中海东岸的叙利亚再转往欧洲的商路。

（3）从中国出发，由海路进红海，然后陆路穿越苏伊士地带前往埃及再转往欧洲的商路。

过渡：古代欧洲人尽管对亚洲所知不多，但是起桥梁作用的阿拉伯人经常把中国的丝绸、瓷器，印度的香料转运至欧洲，因为欧洲上层社会需要这些奢侈品。这样就出现了三条传统的商路。后来欧洲人又开辟了新航路，那什么是新航路？

问题情境2：指导学生阅读教材P36“学习聚焦”，思考：什么是新航路？

师生互动：15、16世纪之交，西欧各国本想探寻通往东方的航线，经过一系列航海探险活动，开辟了通往印度和美洲等世界各地的航路，这些航路通常被叫做新航路。

分析：教师开宗明义，引导学生在时空观念下对“新航路”进行了概念式的对比，便于学生对其进行内涵性的解释与把握。

过渡：欧洲人为什么舍近求远要开辟新的航路？

（板书）一、新航路开辟的动因

问题情境3：指导学生阅读第一目“新航路开辟的动因和条

件”与多媒体展示的材料，思考开辟新航路的必要性与可能性。

材料一：1500年左右，随着欧洲商品经济的日益发展和资本主义产生萌芽，货币日益取代土地成为社会财富的主要标志，货币成为普遍的交换手段。

材料二：贵金属黄金成为人人都渴求的东西。哥伦布说过：“黄金是一切商品中最宝贵的，黄金是财富。谁占有了黄金，就能获得他在世上所需要的一切。”

材料三：1453年，奥斯曼帝国的军队攻占君士坦丁堡，占领巴尔士、小亚细亚以及克里木等地区，从而控制东西方之间的通商要道。不但帝国军队肆意抢劫商旅，而且帝国当局还规定对过往商品课以重税。

材料四：在欧洲西南端的西班牙于1492年收复了阿拉伯人在伊比利亚半岛上的最后一个据点。信奉天主教的西班牙人从长期的穆斯林统治下获得了解放，但在斗争中也产生了强烈的宗教情绪：热衷于传播天主教，使穆斯林和其他异教徒皈依天主教。

多媒体展示材料：

师生互动：从教材与材料分析可以看出，必要性有：

（板书）1. 必要性。
经济根源：商品经济的发展，资本主义萌芽发展的需要。
社会根源：欧洲人“寻金热”。
商业危机：东西商道受阻。
宗教需要：传播天主教。

总结：商品经济的发展是开辟新航路的根本原因，商道受阻直接导致新航路的开辟，传播天主教成为开辟新航路的动力。此时开辟新航路成为必然之举。那么要具备哪些条件才能使远航成功？

师生互动：阅读P36第二自然段，展示“16世纪星盘”图片。

问题情境4：开辟新航路的可能性有哪些？

（板书）2. 可能性。
（1）造船技术的进步；
（2）航海技术的进步；
（3）地理知识的提高；
（4）强大的物质基础；
（5）葡萄牙、西班牙王室的支持——主观条件。

问题情境5：葡萄牙、西班牙王室为什么要支持海外探险活动？

师生互动：希望获得海外财富，加强在欧洲的地位；热衷于传播天主教；濒临海洋，地理位置优越。

思考：为什么在海上探险方面葡萄牙、西班牙走在西欧国家的前面？

（1）两国都是大西洋沿岸国家；

（2）两国都重视航海事业，掌握先进的航海技术，特别是葡萄牙（亨利王子）；

（3）两国人的宗教热情都强烈；

（4）两国都是专制主义中央集权的封建国家（方便利用国家力量支持探险活动）。

过渡：除了上述原因之外，其实此时开辟新航路还有其思想根源，那就是当时人文主义所倡导的冒险精神，使得人们热衷于探险，出现了一大批航海家。在葡萄牙、西班牙王室的支持下，这些航海家开始了探索世界的远航航行。

教师总结：以上五方面的条件，说明当时西欧人已具备了远洋航行的可能性。可见，人类社会所发生的历史事件、历史活动很多都是多重因素综合在一起的产物，我们要多从相关的政治、经济、社会、思想文化等多方面去考量与分析，才能做出合理而全面的史学解释。

案例分析：第一个子目“新航路开辟的原因及条件”，教师就注重探源“新、旧航路”的内涵性解释，方便学生从“时间、起点”等多个因素抓住其核心特征，也便于区分和理解。

（板书）二、新航路开辟经过

师生互动：阅读教材P36—37第二目“新航路的开辟”，完成表格（见表3-4）。

多媒体展示图片：

表3-4　新航路开辟简表

时间	国家	人物	航线
1487年	葡萄牙	迪亚士	沿非洲西岸向南航行、非洲南岸大西洋、印度洋（风暴角：好望角）
1497年	葡萄牙	达·伽马	印度

续上表

时间	国家	人物	航线
1492年8月	西班牙	哥伦布	横渡大西洋、巴哈马群岛、大西洋、美洲大陆
1519—1522年	西班牙	麦哲伦	欧洲、南美洲、美洲南端海峡、太平洋、印度洋、非洲、欧洲

归纳总结：西班牙向西走，越过大西洋（两个人，两个“伦”）；葡萄牙向南行，越过好望角。

问题情境6：欧洲航海家开辟了哪几条新航路？

自主学习：三条新航路的内容，包括①欧洲从海洋上直通印度的新航路；②欧洲通往美洲的新航路；③从欧洲出发经由大西洋、太平洋、印度洋回欧洲的环球航行的新航路。

过渡：谈到远洋航行，大家一定记得我国古代著名的航海家——郑和。哪位同学可以介绍一下郑和七下西洋的盛况？

回答之后，多媒体展示图片：

600年前的1405年，为了宣扬国威，加强与海外诸国的联系，中国人郑和率领27 000余人组成的庞大船队七下西洋，经东南亚、印度洋到红海和非洲，遍访亚非30多个国家和地区，巩固了海上丝绸之路，传播了友谊的种子，促进了经济贸易发展，增加了国与国之间的友好交流，为世界文明进步作出了贡献。

问题情境7：对比中西远航，完成表格（见表3-5），并结合所学的知识分析造成这种不同的原因。

表3-5　中西远航原因对比表

航海时间	15世纪早期	15世纪末16世纪初
国家	中国	西方国家
船队性质	皇朝特遣船队	私人航海探险队
经费来源	国库支付	股份公司和私人集资为主，也受王室赞助
航海目的	宣扬国威	寻找黄金，打破奥斯曼土耳其的束缚

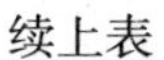
续上表

船队成员	官吏、士兵、水手、工匠	冒险家、投机商、水手、工匠
扮演角色	外交使者	殖民者、通商者、海盗
历史影响	宣扬了国威，促进了与亚非国家的友好往来，但对国家造成重大损耗	对人类历史进程产生了重大影响

自主学习：学生分别就表格内容发表自己的见解，并分析造成不同的原因。

教师总结：造成这种不同的主要原因是，西方资本主义正在兴起，资本主义发展迅速；中国封建制度衰落，资本主义发展缓慢。我们学习历史要经常运用联系式的比较法，它能把相关的历史事物有机地联系起来，便于我们从整体上提高历史的认知能力与思辨能力，从而形成并加深历史的联系性解释素养。

合作探究：开辟新航路如何影响人类以后的远洋航海进程？

问题情境8：阅读教材 P38 内容，归纳新航路开辟的结果。

（1）1497 年 卡伯特父子（英） 纽芬兰

（2）16 世纪 卡蒂埃（法） 拉布拉多半岛

（3）16 世纪 巴伦支（荷） 北冰洋

（4）1578 年 德雷克（英） 合恩角

（5）1642—1643 年 塔斯曼（荷） 环澳大利亚

教师总结：这些航海探险，正是在 15 世纪末新航路开辟的主要航线之外，进一步探索未知，开拓了北大西洋和南半球的海上航线，丰富了人类的地理知识；世界主要的大洋和大陆之间，通过海上航线建立了直接的联系。

教师：历史的车轮滚滚向前，21 世纪，中国如何打开国门，走向全球？我们不固守西方淘金者的老路，我们要开拓新时代中国特色的“新航路”——“一带一路”。

【我说故我见】有人将“一带一路”称作是“21 世纪的新航路”，你认为有道理吗？

学生畅所欲言……

教学设计3–2中的新航路开辟属于世界历史的重大事件。本课既注重引导学生从新、旧航路的概念出发，做出核心特征的内涵性的历史解释，又引导学生放眼世界，从与之相关的一切要素着手，全面分析新航路开辟的缘由及条件；尤其对与之相比更早的中国郑和远洋航行做了联系性的对比，更能深刻解析出二者不同的背景、目的，方便学生通过对比式的学习方法，加深对历史概念的明晰与阐释；最后，"一带一路"作为"21世纪的新航路"，又将国家的发展战略与新航路做类比，既能加强学生对内涵性解释的涵养，又能培养学生心怀天下的家国情怀。

三、本质性解释与历史教学

历史是由一定的人在特定的时间、空间进行的具体活动组成的，"它具体表现在人物、事件在时间轴上的不可再现、不可重复的独特性"。① 确定这些具体的历史事实与现象是进行历史解释的基础，也可以看成历史解释的开始。但在历史阐释的过程中，除了对个别事实的单个解释，更多的则是对包含若干小事实的重大事件或者是特定时期的某种变化趋势进行综合的阐释，抑或透过历史现象和历史事实，弄清事物发展的轨迹，做出本质性的抽象概括和分析认知，就是本质性的历史解释。本质性的历史解释的形成，有助于我们从浩瀚的历史事实中掌握规律、洞悉真理，从而评判、指导现实社会生活中的问题。例如，普通高中教科书历史（必修）《中外历史纲要（下）》第四单元"资本主义制度的确立"里的第8课"西欧的思想解放运动"，就通过14—18世纪欧洲历史上的三大思想解放运动，剖析人文主义思想深化与发展的脉络，可以作为本质性历史解释的一个范例。

教学设计 3–3

西欧的思想解放运动 ②

一、课标内容

通过了解文艺复兴、宗教改革、启蒙运动与资产阶级革命的历史渊源，认识资产阶级革命的发生和资本主义制度的确立是近代西方政治思想理念的初步实现。

---

① 周建漳. 历史哲学［M］. 北京：北京大学出版社，2015：45.

② 该课例作者：深圳市福田中学邓茹老师。

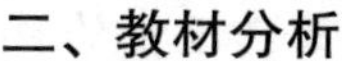

二、教材分析

“西欧的思想解放运动”是普通高中教科书历史（必修）《中外历史纲要（下）》第四单元“资本主义制度的确立”第一课的内容。第三单元“走向整体的世界”讲述的是新航路开辟后世界格局发生了变化，世界日益联系成为一个整体。在此基础上，随着资本主义萌芽的出现和发展，西欧首先在思想文化领域发生变革，它使欧洲漫漫的长夜出现了黎明和理性的光辉，使欧洲近代科学技术和文学艺术进一步摆脱了封建神学和教会的束缚和影响，呈现出了繁荣的局面。它波及全世界，在政治上产生了巨大的影响，不仅为美国独立战争起了动员作用，还为法国大革命作了充分的思想动员，并影响了美国的政治制度，因此本课在普通高中教科书历史（必修）《中外历史纲要（下）》有非常重要的地位和作用。

三、学情分析

授课对象为高二学生，经过初中及高一的学习，学生已经具有一定的历史基础知识储备，智力得到很大发展，思想活跃，获取知识的欲望强烈，但又缺乏对于历史知识全面、系统的认知，不能从整体上感知历史，也不能够透过历史现象认识历史发展的规律和本质。如果能在可靠的史料基础上，注重课堂合作探究、归纳分析、问题启发，那么，本课繁多的内容，枯燥乏味的专业术语、名词概念就能迎刃而解，也便于学生形成本质性的历史解释。

四、教学目标

1. 唯物史观：学生能理解唯物史观在西欧思想解放运动中的体现，思想解放运动（社会意识）的出现与深化都是社会存在的反映。

2. 时空观念：学生能探寻西欧三大思想解放运动发生在14—18世纪的欧洲的背景，说出意大利、法国、德国等国的思想家各自的思想主张并找出其共性。

3. 历史实证：学生能对14—18世纪西欧主要思想家的不同言论材料进行辨析和归纳，以便发现其本质特征并对之进行解释。

4. 历史解释：学生能概述并表达西欧思想家的思想主张并对三大解放运动进行本质性的历史解释。

5. 家国情怀：西欧思想解放运动是社会政治经济发展的产物，是人类文明精华积淀之所在，更是近代资产阶级为之奋斗的成果。这些成果不仅属于其个人和那个时代，更属于世界、属于全人类。所以，通过本节的学习，学生可以培养人文意识，强化法治观念；关注社会进步，培养坚强的意志；树立科学精神，敢于怀疑；

勇于创新，不断追求真理；领悟先进思想对人类社会进步的巨大推动作用，积极汲取思想精华，为我国的民主政治建设提供借鉴。

分析：

西欧思想解放运动作为人类历史上重要的事件，它不是孤立发生的。教师不仅仅要关注各个思想家的个性的思想主张，更多的是要概括其共性，从文艺复兴打破以神为中心、突出人的价值的“人性”到宗教改革提倡教徒自己阅读《圣经》的“人本”，再到突出人独立思考的理性，强调天赋人权、自由平等、三权分立的“人权”，真正探寻到了西欧思想解放运动的本质性的历史解释。

五、教学方法

教法：讲授法、情境教学法、探究教学法、比较法、图表法。

学法：接受性学习法、探究性学习法、合作性学习法、自主性学习法。

六、教学重点

孟德斯鸠、伏尔泰、卢梭等启蒙运动思想家的主要观点及启蒙运动的影响。

七、教学难点

启蒙运动与文艺复兴的区别与联系。

八、教学媒体

多媒体、图片。

九、课型

综合课。

十、课时

1 课时。

十一、教学过程

（一）导入新课

课件展示《麦哲伦航海记》的作者毕加费塔的名言：“民众共同的想法是已经从我读过的许多书中知道许多事情，同样也从各种不同的人中了解了许多事情……去经历和亲眼看看那些事物，以便我可能因此使自己得到一些满足，以便我可能为后代赢得一些名声。”

教师提问：这句话能提示我们，麦哲伦的航行受到了什么思想的鼓舞？

学生回答：冒险主义。

教师讲解：全球航路开辟的动因之一就是冒险精神，它推动了航海家大发现的事业。而正是地理大发现把人的注意力从“天上”转移到人间，追求财富、建功立业与现世享受的人生价值观念逐渐取代了中世纪一切为了来生和禁欲的观念。雄心勃勃、勇于献身被肯定，胆识超群、坚忍不拔是美德，“寻求未知世界”成为激励人们脚踏实地地干一番事业的强大动力，追求新知、新鲜、新奇事物，崇尚自然和科学的理性精神日益成为时代的主旋律。这节课，我们就来学习《西欧的思想解放运动》。

（二）文艺复兴

1. 含义。

什么是文艺复兴？

14—17世纪兴起的以学习和恢复希腊罗马古典文化为号召，实质上却是创立符合新兴资产阶级需要的新文化的一次思想解放运动。

2. 兴起。

【合作探究1】兴起的背景是什么？

经济基础：意大利最早出现资本主义萌芽；

阶级基础：新兴资产阶级追求现世幸福生活；

文化基础：意大利保留了古希腊古罗马文化的遗存。

3. 核心。

人文主义：以人为中心而不是以神为中心，提升人的地位，肯定人的价值和尊严；反对禁欲主义，抨击教会腐败和守旧思想，崇尚理性；重视发挥人的才智和创造力，追求现世社会的幸福生活，提倡探索人与自然的奥秘，体现了资产阶级为创造现世的幸福而奋斗的乐观进取精神。

4. 代表人物和作品。（见表3-6）

表3-6　文艺复兴代表人物及作品一览表

人物	类别	主要成就	荣誉称号
但丁	诗人	《神曲》	文艺复兴的先驱
乔托	画家	通过壁画刻画人物复杂的个性	欧美绘画之父
彼特拉克	诗人和学者	提出以“人学”对抗“神学”	人文主义之父
薄伽丘	文学家	《十日谈》	
达·芬奇	画家	《蒙娜丽莎》《最后的晚餐》	文艺复兴时期的巨人
米开朗琪罗	雕刻家、画家、建筑师	《大卫》	
拉斐尔	画家和建筑师	《西斯廷圣母》	

5. 影响。

学生甲：文艺复兴唤醒了对人性的尊重，意识到了人的价值，并矢志不渝追求自由和真理。

学生乙：文艺复兴解开了人的思想束缚，在一定程度上冲击了封建秩序，解放了长期被宗教戒律压抑和禁锢的人性，使人们开始更多地关注人本身与现世世界。

教师总结：文艺复兴的伟大在于人的精神觉醒，它是欧洲人从以神为中心过渡到以人为中心的一次思想解放运动，这是其最本质的特征与解释，可以说，它在思想上为新时代的到来开辟了道路。

（三）宗教改革

1. 含义。

16 世纪马丁·路德领导的一场反对罗马天主教会的改革运动。

2. 兴起。

1517 年马丁·路德《九十五条论纲》揭开了序幕。

【合作探究2】兴起的背景是什么？

经济基础：德国资本主义经济进一步发展；

有利条件：文艺复兴解放了人的思想；

政治基础：罗马天主教会腐败的统治。

3. 内容。

因信称义，人人平等，简化宗教仪式，制定“教随国定”原则。

4. 结果。

（1）形成了路德新教、加尔文教和英国国教；

（2）进一步解放了人们的思想，传播和发展了人文主义；

（3）促进了新教国家资本主义经济的发展；

（4）推进了欧洲民族国家的形成和文化教育事业的发展。

（四）近代科学的兴起

1. 兴起。

【合作探究3】兴起的背景是什么？

经济基础：资本主义经济进一步发展；

有利条件：文艺复兴和宗教改革的深入发展。

2. 内容。

哥白尼“日心说”、牛顿“万有引力定律”、近代光学、热学和解剖学等的巨大进步。

3. 影响。

形成了重视经验和事实的理性化思维方式，确立了通过观察、实验、分析、归纳和综合等基本途径发现自然规律的科学方法。

促进了思想解放，有助于进步史观的形成和唯物论与辩证法思想的发展，推动了科学世界观的形成。

教师总结：正是近代自然科学的兴起，人类理性化思维逐渐形成，将人文主义向前进一步推进，人越来越认识到人自身的重要性，人如何维系自身的独立思考和判断，才有了启蒙运动。

（五）启蒙运动

1. 含义。

什么是启蒙？

“启蒙”在法文中即为光明、智慧之意，是直接从光（light）一词派生出来的。启蒙思想家认为：过去的时代在天主教会和世俗封建主的统治下是迷信和无知的黑暗时代，而启蒙运动就是要从黑暗进入到智慧和光明的时代，这才是“启蒙”的本质含义和理解。

2. 性质。

它是17、18世纪欧洲资产阶级在思想领域里展开的反对封建专制统治和教会思想束缚的思想解放运动。

3. 兴起。

【合作探究4】启蒙运动的背景是什么？

经济基础：资本主义的进一步发展；

阶级基础：资产阶级力量的壮大；

根本原因：封建专制统治成为资本主义发展的巨大障碍；

思想基础：近代自然科学的迅速发展和文艺复兴与宗教改革运动的推动。

教师讲解：科学革命尤其是牛顿力学体系的建立，是人类理性的产物。启蒙思想普遍把自然科学发现中的理性原则运用于社会科学，确立人类社会同样存在简洁的客观规律的信念，从而将一切置于人类理性的审视之下加以考察。这就是启蒙运动的思想核心——理性主义。

4. 核心。

理性主义——“思维着的悟性”，指人的思考及认识、判断和理解事物的能力。凡事都要以人的思维去判断，而非依赖天意或神的旨意。其特点有：冷静的态度、全面的认识、详细的分析、后果的预知、自信与勇气、各种计划方案等。

教师：理性主义是对人文主义的继承和发展，为什么？

学生：从肯定人性、尊重人的价值发展到提倡科学与自由平等。不满足于对人性的尊重，还要求获得人本身的解放。

5. 概况。

启蒙运动于17世纪兴起于英国，18世纪时在法国达到高潮。

案例分析：此教学部分，教师首先将“启蒙”这一含糊的概念具体化、本质化，从而概括出“启蒙运动”的含义、性质和核心，便于学生理解和把握；其次，从当时的社会背景引导学生探索“启蒙运动”的原因、兴起于英国和高潮于法国的独特的背景，不仅有助于学生养成从时空观念分析历史的思维，而且便于学生知晓“一定时期的思想文化是一定时期的社会经济和政治状况的反映”的唯物史观，更便于学生从纷繁芜杂的历史现象中寻找出本质性的历史解释。

6. 内容。

（1）伏尔泰（1694—1778年）。

①生平简介：原名弗朗索瓦－马利·阿鲁埃，伏尔泰是其笔名，法国启蒙思想家、文学家、哲学家。伏尔泰是十八世纪法国资产阶级启蒙运动的旗手，被誉为“思想之王”“法兰西最优秀的诗人”“欧洲的良心”。

②代表著作：《哲学通信》《路易十四时代》。

材料一：“难道农民的儿子生来颈上戴着圈，而贵族的儿子生来在腿上戴着踢马刺吗？……一切享有各种天然能力的人，显然是平等的。……除了法律之外，不依赖任何别的东西，这就是自由人。”

“我不同意你说的每一个字，但是我愿意誓死捍卫你说话的权利。”

——伏尔泰

③思想主张。

教师：材料体现了伏尔泰的什么思想？有何进步意义？

学生：其思想包括抨击天主教会；倡导君主立宪制；提倡“天赋人权”；法律应以人性为出发点，法律面前人人平等。他的思想对反对封建专制和封建等级制度起了进步作用。

（2）孟德斯鸠（1689—1755年）。

①生平简介：出生于法国波尔多市附近的拉勃烈德城堡一个达

官显贵之家，自幼受过良好教育。孟德斯鸠博学多才，对法学、史学、哲学和自然科学都有很深的造诣，曾经撰写过许多有关论文。

②代表著作：《波斯人信札》《论法的精神》。

材料二："政治上的自由是公共自由，要保障公共自由，就应该避免把权力委托给一个人、几个人或少数人。因为一切有权力的人都容易滥用权力，这是万古不易的一条经验。为此，提出一条原则，要防止滥用权力，就必须用权力来制约权力，形成一种能联合各种权力的政体，其各种权力既调节配合，又相互制约，即权力要分开掌握和使用。"

——孟德斯鸠

③思想主张。

教师：材料体现了孟德斯鸠的什么思想？有何影响？

学生：其思想包括批判天主教和封建制度。他主张天赋人权，自由平等；三权分立，君主立宪。他的思想否定了封建专制制度的合理性，奠定了资产阶级有关国家的法律理论基础，对资产阶级立法规范起了积极作用。

（3）卢梭（1712—1778 年）。

①生平简介：出生于日内瓦一个钟表匠家庭，幼时家境贫寒，做过仆人、学徒兼杂役，通过自学掌握了丰富知识。卢梭是一位激进的民主主义者，他的思想精华和基本原则是"人民主权"思想。他坚持自然神论，反对无神论，唯心主义是他的哲学思想的主要倾向。

②代表著作：《社会契约论》。

材料三："人人享有自由平等的权利而不论其出身。人们应自由订立社会契约，组成国家。社会应有共同意志，人人遵守，社会契约就是公共意志的体现，代表所有人的权力与自由。"

"一切权力属于人民，当人民的权力被篡夺并被应用来压迫和奴役人民时，人民完全有权力举行起义，有权力用暴力来消灭篡权者。"

——卢梭

③思想主张。

教师：材料体现了卢梭的哪些思想？有何影响？

学生：他的思想包括"天赋人权""社会契约论"、人民主权。

他的思想批判了封建专制制度，对资产阶级革命和近代民主制度的确立产生了巨大影响。

教师："天赋人权"和"人民主权"有何区别？

学生：前者主要指人的自然权力，如生命、安全、言论、信仰、财产、受教育等。后者主要指人的政治权力（民主权力），如选举权与被选举权，决定国家重大事务的权力。

【合作探究5】法国启蒙思想家的共同点是什么？

反对君主专制，提倡资产阶级民主；主张天赋人权、自由平等；反对特权等级；提倡理性、主张实行法治；提倡科学……

教师总结：他们思想的革命性就表现在"对未来社会的构思和设想"：他们否定了原来的神学世界观以后，提出了"君主立宪""三权分立""社会契约"等新的国家运作方案。他们通过自己的思考、运用自己的智力去重新认识、判断和理解社会、构思社会，这就是所谓的"理性"，也是他们所兴起的"启蒙运动"最本质的内涵与解释。也就是说这次思想解放运动把西方的人文精神大大推进到了"理性时代"，启蒙思想中闪耀着美丽的"理性之光"，这也是与文艺复兴相比较，最重大的进步！

（4）康德（1724—1804年）。

①生平简介：出生于普鲁士，德国哲学家、思想家、德国古典哲学创始人。他被认为是对现代欧洲最具影响力的思想家之一，也是启蒙运动最后一位主要哲学家。其一生深居简出，终身未娶，过着单调刻板的学者生活，直到1804年去世为止，从未踏出过出生地半步。

②代表著作：《纯粹理性批判》。

材料四："启蒙运动就是人类脱离自己所加之于自己的不成熟状态。不成熟状态就是不经别人的引导，就对运用自己的理智无能为力。……要用勇气运用你自己的理智！这就是启蒙运动的口号。"

——康德

③思想主张。

教师：材料体现了康德的哪些思想？有何影响？

学生：强调人的重要性，主张主权在民，相信自由、平等的天赋人权，法律面前人人平等；相信主权属于人民，自由、平等是人生来就有的权利；坚持人应该自律，所有的自由和平等都只能是在法律范围内的。他相信主权属于人民，自由和平等是人生来就有的权利，但同时坚持人要自律，不能为了个人的自由而妨碍他人的自由；自由和平等只能在法律范围之内。

分析：此教学部分为法国启蒙思想家思想主张的介绍。伏尔泰倡导“天赋人权”、法律面前人人平等；孟德斯鸠提出了“三权分立”的学说；卢梭阐述了“天赋人权”“人民主权”和“社会契约”的学说；康德强调“人非工具”“自由和平等是人与生俱来的权利”等。尽管他们各有各的思想倾向性，但总体上有着共同的本质特征和核心：崇尚理性；反对教权主义和专制主义；提倡科学、自由、平等和法治；努力构建一个民主、科学、自由、平等的新时代。这就是他们运用自己的理性，要求打破一切外在权威，突出人权，构筑“理性王国”。这正是对“启蒙运动”最本质的解释。

7. 影响。

（1）从对资产阶级革命时代的影响来看，进一步解放了人们的思想，冲击欧洲的封建专制统治。启蒙运动所批判和主张的内容，为资产阶级取得统治地位、建立资本主义政治制度做了思想和理论上的准备。

（2）启蒙运动的实际指导意义：

首先，为法国大革命做了充分的思想准备；其次，启蒙运动对欧洲其他国家和美洲的影响，启蒙运动所宣传的天赋人权、三权分立、自由、平等、民主和法制的思想，推动了资产阶级的革命和改革，成为近代资本主义社会的立国之本；最后，启蒙运动的影响远远超出了欧洲范围，极大鼓舞了殖民地和半殖民地人民争取民族独立的斗争。

（3）对整个人类社会的影响，启蒙思想成为人们追求解放的精神武器，在人类历史发展进程中发挥了重要作用。

【合作探究6】启蒙运动的思想与文艺复兴时期倡导的思想有什么相同和不同？（见表3-7）

①相同：都注重人的价值；都是资产阶级反封建的思想；为资产阶级取得政治、经济上的统治地位做了思想准备；他们追求的所谓人类利益都是资产阶级的利益。

②不同：启蒙运动是文艺复兴运动的继承和发展。

表3–7　文艺复兴与启蒙运动比较表

	背景	内容	影响
文艺复兴	是资本主义萌芽的产物 主要反对教会对人的束缚	提倡“人性”，旨在摆脱天主教神学的束缚，强调追求现世的幸福	推动科学事业的发展，引导了欧洲范围内的宗教改革浪潮
启蒙运动	是资本主义发展的结果 对世俗的君主专制制度提出了批评	提倡“理性”，旨在反对专制、教权和封建特权，追求政治民主、权力平等、个人自由和法治社会	打击了专制主义的世俗统治，引导了欧洲乃至世界范围内的资产阶级革命的浪潮

教师总结：在资本主义经济发展，资产阶级力量壮大，科技进步，以及文艺复兴和宗教改革的影响下，启蒙运动应运而生。它以“理性”这一本质为核心，将矛头指向天主教会和封建制度。在伏尔泰、孟德斯鸠、卢梭、康德等先哲的倡导和宣扬下，它迅速从英国发展至法国，再由法国扩散至欧洲各国，并影响到亚洲和美洲，其影响之大，主要体现在对资产阶级革命和改革以及殖民地半殖民地民族解放运动两方面。启蒙运动并非凭空产生，追溯根源可知其与文艺复兴关系莫大，既有联系，又有区别，它把西方人文主义关注的视角由“人性”上升到“人权”，从本质上解放了人的心灵，宣扬了人的理性，人类才步入了今天这个思想解放、行动自由的现代社会。我们在历史学习中，也要剖开各种表象，探究本质，抓住根本，养成本质性解释的习惯意识。

教学设计3–3最后一部分的教学设计，突出体现了教师对“启蒙运动”的深刻的、本质性的历史解释：首先，探源启蒙运动作为社会舆论，它的本质任务是启发民智、推动革命进程；其次，启蒙运动作为资产阶级的第二次思想解放运动，它的思想辐射是世界范围的，它的自由、平等、民主、法治等光辉思想早已成为人类社会的普世价值观；再次，启蒙运动将西方人文主义的思想进一步推向前进，教师透过思想起源与变革的现象轨迹，抓住了要害，抓住了本质，那就是人类社会的自我认知不断地在深化，由“人”到“人性”再到“人权”，这是对启蒙运动的本质性的历史解释。

四、联系性解释与历史教学

历史联系性解释主要是对与一个历史事物相关的其他因素进行发散式的解释与说明。历史事件不是封闭而孤立的，整个世界就是一个普遍联系的有机整体，“叙事时，不能仅要叙述某一件事，也要叙述相关的事……不仅要叙述事实的本身，也要叙述其渊源、原因、发展、影响；不仅要叙述历史的整体演进，也要叙述以往、现在、未来三者之间的关系”①。叙事都需如此，那么进行历史解释则更要求我们要跳出狭隘而局促的视野，借助整体史观，从历史大格局中纵、横分析相关联的一切要素，以便掌握历史的全貌、认知整体历史，从而形成全面而立体的联系性解释，探讨历史事实之间的关系及意义。例如，普通高中教科书历史（必修）《中外历史纲要（下）》第三单元“走向整体的世界”第7课“全球联系的初步建立与世界格局的演变”一课，地理大发现作为人类历史上划时代的重大活动之一，它的出现不是孤立的、偶然的，它的影响也不是单一的、局限的。培养学生客观的、全面的、横贯东西的历史联系性解释素养，此课非常适合。

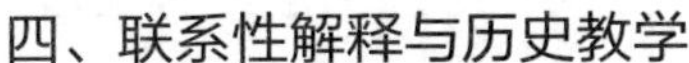

全球联系的初步建立与世界格局的演变②

一、课标内容

通过了解新航路开辟所引发的全球性流动、人类认识世界的视野和能力的改变，以及对世界各区域文明的不同影响，理解新航路开辟是人类历史从分散走向整体过程中的重要节点。

二、教材分析

“全球联系的初步建立与世界格局的演变”这一课紧紧承接在“全球航路的开辟”之后。正是新航路的开辟，使人类第一次建立起跨越大陆和海洋的全球性联系，初步形成了全球性的交通网络，很好地彰显了历史事件之间无处不在的历史联系性。

---

① 张克州，何成刚，康琪. 历史解释：内涵、任务及方法：基于研究文献的阅读梳理［J］. 中学历史教学参考，2017（21）：4-7.

② 该课例作者：深圳市福田中学邓茹老师。

三、学情分析

本课针对的是高一学生。由于新航路的开辟是初中世界历史学习的重要内容之一，高一学生对新航路开辟的史实有大致的了解，有初步的自主探究和合作学习的能力，可以充分发挥其主动学习、参与课堂的优势，但历史思维不是很完整，没有形成缜密的历史思维体系，历史横纵线条联系式的学习方法还不是很熟练，因此有必要打开学生的发散式思维，运用整体史观，构建联系性的历史解释。

四、教学目标

1. 唯物史观：学生能了解唯物史观在全球联系初步建立过程中的作用，知道生产力的发展是推动新航路开辟、人类走向整体的根本动力。

2. 时空观念：学生能说出全球联系初步建立的时间和地点上的体现。

3. 历史实证：学生能概括不同文献史料并对之进行辨析，以便形成全面的、立体式的联系性解释。

4. 历史解释：学生能概述并表达全球联系初步建立的相关联系性的解释。

5. 家国情怀：学生能体会全球联系初步建立是人类文明从“区域史”走向“世界史”的起点，是资本主义从西欧走向全球殖民扩张的开端。

分析：

教科书内容包含三个子目：第一目“人口迁移与物种交换”，分别从人口、动植物、病原体等视角分析了全球联系初步建立的史实。第二目“商品的世界性流动”，讲述了新航路开辟后海洋贸易中心的变化以及随之而来的跨洲白银贸易。第三目“早期殖民扩张”，从积极和消极两方面探讨了新航路开辟的影响。结合《课程标准》就会发现，凸显欧洲人开辟新航路后人类认识世界的视野和能力改变，人类由分散到统一、由隔绝到整体这个立意才是本课的核心目标，注重从全球整体的角度建构新航路开辟后的影响而形成联系性的历史解释才是重中之重。

五、教学方法

教法：讲授法、情境教学法、探究教学法、历史比较法。

学法：接受性学习法、探究性学习法、合作学习法；引导学生自主学习；通过阅读史料，分析历史问题。

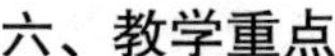

六、教学重点

新航路开辟的影响。

七、教学难点

全球联系初步建立与世界格局演变的意义。

八、教学媒体

多媒体、图片。

九、课型

综合课。

十、课时

1课时。

十一、导入新课

教师提问：上节课我们讲述了“全球航路的开辟”，得知新航路的开辟是多重因素和多种可能性条件综合在一起的历史必然结果。作为人类历史重大的事件，新航路的开辟，给我们人类社会带来哪些深远而持久的影响呢？这节课，我们就来学习“全球联系的初步建立与世界格局的演变”。

十二、教学过程

展示图片——“马铃薯的前世今生”

教师：马铃薯，是现代社会各个国家餐桌上的常见饮食，那么它的原产地大家知道吗？

学生：美洲。

教师：何时传入我们亚洲、传入我们中国的？

学生1：新航路开辟后。

学生2：1500年后。

教师：是的，马铃薯输入亚洲必须借助洲际间的贸易，或者说必须要在欧洲人发现美洲之后，这得益于新航路的开辟。

自主学习：阅读教材第一子目结合“历史纵横”，概括全球联系是如何一步一步初步建立的。

学生1：新航路的开辟促进了世界各地人们的相互往来，推动了人口的迁移。

学生2：人口迁徙促进了世界动植物的大交流。

学生3：人口和动物的全球流动也导致了各种疾病的传播。

教师总结：综上，新航路的开辟，使世界打破了孤立隔绝的状态，日益联系成为一个整体，首先表现在人口在世界范围内的流动，随之而来的就是物种交换带来各种文明的相互碰撞，当然也伴随着负面的效应——各种疾病的传播，这是全球联系初步建立的最直接的表现。再次，就体现在更频繁的经贸活动领域。

过渡：新航路的开辟对人类历史进程产生了重大影响，那么具体有哪些影响？

问题情境1：阅读教材第二、第三子目，归纳新航路开辟对全球联系的全面影响。

1. 对欧洲国家：

①葡萄牙人一度控制欧洲和印度等东方国家的贸易，成为欧洲最富有的国家之一。

②西班牙人在美洲也掠夺大量的黄金白银，成为欧洲富国。

③荷兰、英国、法国等欧洲国家在葡萄牙和西班牙之后加入海外探险的行列，开辟欧洲前往世界各地的航路。随着新航路的开辟，欧洲人发现了许多以前根本不知道的地方，他们把这个过程称为“地理大发现”。

材料一：由于新航路的开辟，东西两半球的不同文化圈的大汇合，加速了人类从传统农耕文明向现代工业文明转变的过程……没有了美洲贡献的大量金银与物质财富，没有北美的自由移民垦殖区，西方资本主义的发展将会缓慢得多，英国也不可能成为发动工业革命的国家……没有把世界连成整体的地理大革命，也不可能出现推动否定旧传统的思想解放运动。

——《全球通史》

材料二：美洲的发现，绕过非洲的航行，给新兴的资产阶级开辟了新的活动场所。东印度和中国的市场，美洲的殖民化，对殖民地的贸易、交换手段和一般商品的增加，使商业、航海业和工业空前高涨，因而使正在崩溃的封建社会内部的革命因素迅速发展。”

——《共产党宣言》

2. 对世界：世界市场的雏形开始出现，结束了世界彼此孤立的状态，日益连成一个整体。

①各地文明开始会合交融：新航路的开辟，加强了欧洲同亚洲、非洲以及美洲等地的联系，逐渐结束了各地相互孤立的状态。各地文明发生接触与碰撞，开始了会合交融，日益连成一个整体。

②世界贸易范围的扩大：新航路开辟之后，贸易范围空前扩大，数量和品种也急剧增加，世界市场的雏形开始出现。

3. 导致欧洲社会的重大变革："商业革命""价格革命"促进了资本主义的发展。

①贸易中心发生转移。新航路的开辟，大大推动了欧洲商业的发展，贸易中心由原来的地中海区域转移到大西洋沿岸。

②葡萄牙和西班牙对外殖民扩张。葡萄牙和西班牙率先在世界各地建立殖民据点，把殖民地的大量黄金白银掠回欧洲。所有这些都加速了西欧封建制度的解体，促进了资本主义的发展。

材料三：新航路的开辟以无可辩驳的事实证明了"地圆学说"的科学性，对于自然科学的发展和全新宇宙观的形成具有重要意义；它直接冲击了神学理论，沉重打击了教会的权威，证明了人具有认识自然界的伟大力量，把人的注意力转移到现实世界中来，激发了人民探索科学的热忱，自然科学研究成果不断涌现。

——人民版必修二

4. 就人类思想而言：极大地冲击了西欧的思想文化领域；证明了"地圆学说"的正确性，直接冲击了神学理论，打击了教会迷信。

问题情境2：教材所涉及的影响基本都是从正面进行肯定，事物往往有其两面性，那么新航路的开辟有没有消极方面的影响？

自主学习：学生自由发表见解。

总结：欧洲殖民者对亚洲、非洲和美洲进行殖民活动，将大量财富运回欧洲并转化为资本，造成殖民地人民的极端贫困和落后。

课堂小结：世界是联系的，人类历史上的重大活动——新航路的开辟也不例外。它的兴起有着深刻的经济根源和社会根源，是多重因素相互联系在一起的产物。它的结束也带来了深刻而广泛的影响：西欧封建制度衰落和资本主义发展，人类开始由封建社会向资本主义社会过渡；欧洲国家开始对亚、非、美洲进行政治控制、经济剥削和文化侵略，改变了东西方关系；各大洲间的相对孤立的状态被打破，世界由地域性走向真正意义上的统一，人类终于迎来了彼此相互依存、联系日益紧密的近代社会。

新航路开辟后，人类通过海洋加强了各陆地之间的联系。继西班牙、葡萄牙之后，荷兰、英国、法国等西方国家纷纷加入殖民扩张的行列，殖民者一方面从东方攫取财富、劳动力；另一方面倾销其工业品，初步构建起世界范围的商业贸易链接。伴随着西方国家的殖民活动，东方落后地区被迫纳入殖民体系，全球范围内出现了东方从属于西方的格局。从西、葡探路的个别事件，到区域（西方与东方）与世界范围内的活动，从经济领域的活动到政治领域殖民、侵略，再到思想文化领域诸如理念、物种、疾病、人口等领域的传播与交流，从消极负面到积极正面等全方位进行由点到线、由线到面的发散式联系性分析与解释，引导学生放眼世界，从与之相关的一切要素着手，从微观到宏观，全方位立体的角度来审视新航路开辟后世界格局的新变化。

五、规律性解释与历史教学

历史的车轮滚滚向前。康德曾说过："历史在运动中有规律地前进。"历史发展是有规律可依循的，历史规律也是客观实在的，它是指历史发展过程中多次出现的、具有表象相似性或本质共同性的历史现象及其内部和外部的本质联系。历史规律是人们在历史中探究归纳的，多少避免不了主观因素的影响。规律性解释是指对历史事物发展过程中所体现的具有规律性的历史特性的历史阐释。规律性解释主要表现在历史事物的特性具有普遍的特征，具有历史绵延长久的特征。在中学历史教学中，规律性的解释是借助历史唯物主义的基本原理进行解析的，即符合历史唯物主义基本原理的历史事物特性，即具有规律性的特征。例如，普通高中教科书历史（必修）《中外历史纲要（下）》第四单元"资本主义制度的确立"里的第9课"资产阶级革命与资本主义制度的确立"，就可以依凭资产阶级革命和资本主义制度的一些共通的特征来讲解，从而得出关于资产阶级革命及其制度的规律性的历史解释。

教学设计 3–5

资产阶级革命与资本主义制度的确立 ①

一、课标内容

通过了解文艺复兴、宗教改革、启蒙运动与资产阶级革命的历史渊源，认识资产阶级革命的发生和资本主义制度的确立，是近代西方政治思想理念的初步实现。

① 该课例作者：深圳市福田中学邓茹老师。

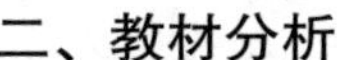

二、教材分析

“资产阶级革命与资本主义制度的确立”属于普通高中教科书历史（必修）《中外历史纲要（下）》第四单元“资本主义制度的确立”里的一课，它承续着“西欧的思想解放运动”，是启蒙运动思想理念的实践。与初中只是泛泛而谈各个国家资产阶级革命不同的是，本课全面涵盖了有代表性的资产阶级革命，方便学生从人类政治文明演进的共同特征去探讨资产阶级革命的规律性解释。

三、学情分析

因为授课对象是高二学生，学生综合性历史思维和分析问题的能力逐渐提高，对历史资料的解读更理性、更全面，容易找到各国资产阶级革命发生原因的共通性，包括各国资本主义制度核心特征的相似性。

四、教学目标

1. 唯物史观：学生能了解唯物史观在资产阶级革命进程中的重要体现，知晓历史发展的根本动力是生产力的发展，并由此决定了历史发展总方向是进步的，即人类政治文明从专制、独裁向民主、法制的方向发展与进步。

2. 时空观念：学生能说出各国资产阶级革命进程中的重要事件及相关史实。

3. 历史实证：学生能搜集并概括出资产阶级革命爆发的史料和原因，以便对资产阶级革命形成客观的、规律性的解释。

4. 历史解释：学生能从共性的视角，概括并表达资产阶级革命的规律性的解释。

5. 家国情怀：学生能认识到资产阶级革命是世界近代史的重要组成部分，它推动人类走向民主、自由、法治、平等的文明过程；引导学生从是否顺应历史发展趋势、是否推动社会进步的高度来评价历史事件，培养学生规律性的历史解释素养。

分析：

本课中的课前系统部分体现出了人类社会历史发展的整体性，教师把“资产阶级革命与资本主义制度的确立”置放在了整个政治史文明中去考察，总体印证了人类社会的历史不断向前发展，不断从专制、独裁走向民主、法治的规律性，从而便于学生从宏观历史视野出发形成规律性的历史解释。

五、教学方法

教法：讲授法、情境教学法、探究教学法、比较法、角色体验法。

学法：接受性学习法、探究性学习法、合作学习法；引导学生自主学习；通过阅读史料，分析历史问题。

六、教学重点

资产阶级革命爆发的背景。

七、教学难点

资产阶级革命的进程和影响。

八、教学媒体

多媒体、图片。

九、课型

综合课。

十、课时

1课时："资产阶级革命与资本主义制度的确立（一）"。

十一、板书

（略）

十二、教学过程

导入：教师展示幻灯1——伏尔泰论述。

材料一：如当你睡觉到第二天醒来时，你的财产还和昨天一样，没有丝毫变动；你不会在半夜三更从你妻子的怀抱里或从你孩子的拥抱中被人家拖出去押入城堡，或流放沙漠；当你若有所思，你有权发表你的一切想法；当你被人控告，或写了闯祸的文章，只能依照法律来裁判等等。

——伏尔泰《哲学通信》

教师：伏尔泰认为人的"自然权利"有哪些？

学生1：财产权。

学生2：言论自由权。

学生3：法律面前人人平等。

教师：对，这是我们上节课学习的启蒙运动的核心观点，大家掌握得不错。那么，当一个国家出现了专制的状况，威胁到了人的自然权利的时候，我们应该怎么做呢？又有哪些理论可以为我们提供政治保障呢？我们再来看一则材料。

教师展示幻灯2——孟德斯鸠论述。

材料二：当司法权和行政权为同一个人或同一机构独揽时，就没有自由的存在……如果司法权不与立法权和行政权分离，自由同样将没法存在。如果由同一个人或同一个机构（无论这个机构是由显要人物还是贵族还是平民组成）同时掌握以上三种权力，一切都将化为乌有。

——孟德斯鸠《论法的精神》

学生：三权分立。

教师：好，可以说，正是启蒙运动时期法国启蒙思想家们所提出的“民主、自由、平等、法治”“天赋人权”“人民主权”“分权制衡”等这些核心的理性精神，日益为更多人所认可和接受，逐渐汇聚成巨大力量，最终变革了社会的性质，推动了我们人类历史的文明进步。本节课我们就来探索资产阶级革命发生的背景和过程以及资本主义制度的确立。

教师展示：幻灯3——欧洲地图。

教师：学习任务一——勾勒英国、美国、法国资产阶级革命的时间轴。我们按照四个大组抽签来决定你们所负责的国家，找出各自国家爆发资产阶级革命的原因和过程，有一组是负责归纳总结三国资产阶级革命的共性或者是规律性的。首先是英国。

小陈老师：大家好，我是小陈老师，我们组讲解的是英国资产阶级革命。英国在近代的崛起始自什么事件，你们知道吗？

学生：新航路开辟，世界贸易中心转移到大西洋沿岸。

小陈老师：非常好。同时，英国农村出现了经营具有资本主义性质农场的一批被叫作“新贵族”的人，他们与资产阶级利益是一致的，都要求铲除阻碍资本主义发展的封建制度。他们紧紧围绕议会，展开了与专制王权的斗争。

小陈老师展示幻灯4——英国时间轴。

小陈老师：请大家准确填写英国资产阶级革命进程中1640、1649、1660、1688关键年份发生的大事件及国王的处境。

学生1：1640年，英国资产阶级革命开始，专制王权受到挑战。

学生2：1649年，国王查理一世被处死。

学生3：1660 年，斯图亚特王朝复辟，迎回国王。

学生4：1688 年，光荣革命，邀请国王。

小陈老师展示幻灯5（内容见下则材料）。

材料三：新国王是由议会创造出来的，没有议会就没有国王的王位。这就把近100 年来困扰英国不休的主权问题解决了：既然议会创造了国王，主权当然在议会。光荣革命还留下深刻的历史遗产：制度变迁可以用非革命的手段完成。从此以后……和平和渐进的改革成为英国历史发展的特色。

小陈老师：我们再结合上面这则材料来理解“光荣革命”的含义。

学生：光荣革命是一场不流血的革命，最主要是因为国王权力的来源从神授转变为民授。

小陈老师：从此之后，在英国，“君权神授”被否定，“议会至上”原则被确立，国王逐渐处于“统而不治”的地位。英国资产阶级革命最终以和平手段把英国改造成君主立宪制国家，为英国开辟了和平渐进的发展之路。这就是我们小组就英国资产阶级革命的讲解，谢谢大家！

教师总结：很好，小陈老师这一组讲解得非常流畅。可以说，英国的“光荣革命”让人们相信，政府的存在是为了保护公民的权利和自由，殖民者把这样的理念也带到了新大陆。下面有请美国组的小老师——TAB 老师。

TAB 老师展示幻灯6——北美13 个殖民地地图。

TAB 老师：17—18 世纪30 年代，英国在北美大西洋沿岸拥有13 块殖民地。18 世纪中叶，英国对北美13 块殖民地进行种种限制和剥削。这种情况之下，北美地区的民族意识逐渐觉醒，纷纷要求摆脱英国的殖民统治。大家还知道其他的一些动因么？

学生1：启蒙思想在北美殖民地的传播，潘恩《常识》的小册子。

学生2：与此同时，北美地区资本主义经济有所发展。

TAB 老师：这些因素综合在一起，北美独立战争终于打响了，哪位同学说一下基本的过程？

学生1：1775 年，莱克星顿枪声，北美独立战争开始。

学生2：1776 年，《独立宣言》发表。

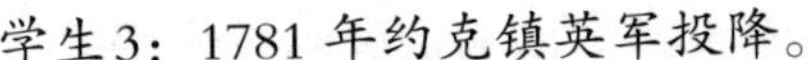

学生3：1781年约克镇英军投降。

学生4：1783年英国承认美国独立。

TAB老师：美国独立战争是一场资产阶级革命，它促进了欧洲国家的资产阶级革命，又为拉丁美洲独立战争提供了先例。

教师总结：美国的独立战争深受法国启蒙思想的影响，而它的成功与独立又促进了法国大革命的爆发，有请法国组的小张老师。

小张老师：展示幻灯7——17—18世纪法国地图和"层层压迫下的法国农民"图片。

小张老师：以上图片反映出18世纪法国在欧洲大陆仍然实行专制统治，专制统治越来越成为法国资本主义发展的障碍。哪里有压迫，哪里就有反抗。法国人民的反抗可以从哪里找到理论依据？

学生1：启蒙运动。

学生2：美国独立战争的刺激。

小张老师：那么，法国大革命历经了哪些重要的事件呢？

学生1：1789年，攻占巴士底狱，法国大革命爆发。

学生2：1789年，《人权宣言》发表。

学生3：1799年，拿破仑政变，建立军事独裁统治。

学生4：1804年，《拿破仑法典》。

小张老师：尽管拿破仑帝国在1815年覆灭了，但法国大革命沉重打击了欧洲其他国家的封建制度，革命的原则也随着拿破仑的军队传播到欧洲各地。

教师总结：大家讲解的都很清晰。通过对英国、美国、法国资产阶级革命的学习，大家能否发现这几个国家都有着某种相似的背景或者共同的影响呢？有请第四组的小李老师。

小李老师：方才三组同学都是从各自国家的国情的角度论述了资产阶级革命爆发的背景。我们第四组同学边记录边整理，发现了一些规律性的历史因素：

（1）革命的性质：资产阶级革命都是资产阶级在政治上领导的，通过暴力方式旨在推翻专制、实现政治民主化的运动。

（2）革命的背景：政治上，封建专制日益严重（美国除外），导致阶级矛盾尖锐；阶级上，资产阶级（新贵族）形成，力量壮大；经济上，资本主义的发展受到封建专制的阻碍；思想上，启蒙思想的宣传与传播。

（3）革命的影响：英国、美国、法国资产阶级革命都确立了资产阶级的统治地位，都有利于本国资本主义的发展；都对世界历史产生重大影响，促进了世界资产阶级革命进程；英国和法国推翻了本国的封建统治，美国推翻了殖民统治。

教师总结：综上，大家能明白，虽然各国资产阶级革命的爆发有它的个性特色，但更多的还是与其他国家的革命历程相类似，有着近代制度文明的共同历史特征。可见，把握历史发展的趋势与规律是多么的重要。

教师：英国、美国、法国不仅爆发资产阶级革命的背景有着共通的规律性，它们在革命过程当中也都颁发过类似的资产阶级性质的法律文件，都有哪些呢？

教师展示幻灯片8——法律文件（如图3-1所示）。

教师：学习任务二——梳理英国、美国、法国资产阶级革命的法律文件。

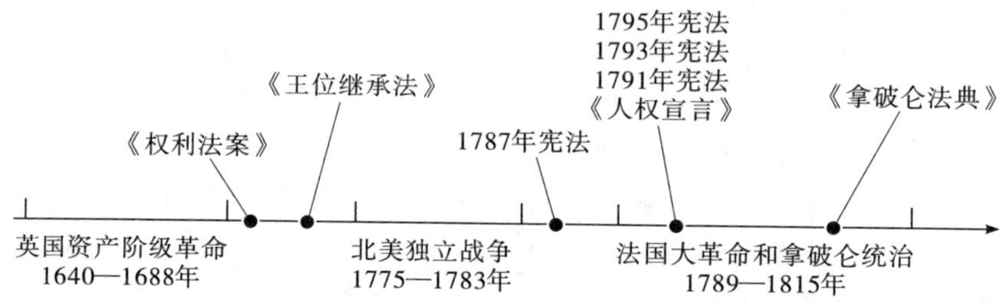

图3-1　英国、美国、法国资产阶级革命的法律文件

教师：不错，作为资产阶级革命的重要成果，英国的《权利法案》、美国的《独立宣言》和《1787年宪法》、法国的《人权宣言》和《拿破仑法典》一样，都是资产阶级革命中为推进革命进程、彰显革命精神、保证革命果实而用文字固定下来的重要文件，也是人类社会共同的精神财富。那么这些文件体现出不同的国家各自建立了何种形式的资本主义政治制度呢？

学生1：英国——君主立宪制。议会主权、王权受限；建立责任内阁制，内阁掌握行政权，受议会监督，对议会负责。

学生2：美国——共和制。联邦制国家，联邦政府拥有最高权力，各州政府拥有一定的自治权；确立“三权分立”原则，国会、总统和最高法院分别掌握立法权、行政权和司法权，彼此制约。

学生3：法国——共和制。经历了共和制和君主制的多次反复，最后确立了三权分立的共和制度。

教师总结：是的，英国、美国、法国的资本主义政治制度尽管有些许的不同，但都设立了“议会”这个重要的立法机构，都是资产阶级代议制的体现，都有权力的分权与制衡，都具有反专制的意义，都大大推动了人类民主、自由、平等、法治的进程。这些核心特征和影响是共通的，也能说明资产阶级在革命后建立的政权有很大的相似性，有着某种规律性可依循。

教学设计3–5可以说真正体现了规律性的历史解释素养：从教学立意上，始终围绕“革命”的主线，两个教学任务都紧紧围绕资产阶级革命，中心突出、层级鲜明；而且从革命的概念到革命爆发的相似背景再到革命后资本主义政治制度的确立都能彰显出历史发展过程中有迹可循的一面，学生知晓了资产阶级革命进程中的共同特征，有助于他们对知识进行模仿式、迁移式的学习，便于学生对历史事件的分析遵循一定的思维步骤，从追根溯源、理清脉络、诠释因果、洞察趋势、解析特点、说明影响等角度进行规律性的历史解释，这样学习历史、分析历史、阐释历史更事半功倍。

第二节 历史解释素养的角度与教学设计

历史解释素养还可以从不同的层面来体现，如时间意识中的历史解释素养、区域层面的历史解释素养、历史人物层面的历史解释素养、历史延续性与变迁层面的历史解释素养等。

一、以时间意识解释历史

“对历史学家来说，一切以时间为开始，一切以时间为结束，这是一种数学的和造物主的时间，是推动人、强迫人和外在于人的时间。”[①] 时间，在历史领域从某种意义上说对历史具有本体论的意义，有什么样的时间观就有

① 布罗代尔. 资本主义论丛［M］. 顾良，张慧君，译. 北京：中央编译出版社，1997：198−199 .

什么样的历史观。各种历史事件都潜伏在时间长河中，也只有在时间的范围内，事件才变得清晰可辨。因此，历史教师要想帮助学生理解历史现象并形成历史解释，就需要渗透时间意识。

那么，什么是时间意识？安徽省六安中学盛刚老师的说法是：时间意识是一种时间感，是一种生活在实践之中的意识，指学习者能够意识到自己身处于时间坐标之中的主观感知。[①] 要在教学中渗透时间意识，教师可以借助具体时间、时序、时段来串联历史，将纷繁芜杂的历史事件和深奥的历史概念变得可触可及，进而推动学生形成自我认知和客观理性的评判。现以解读“现代化”的教学设计（见教学设计3–6）为例来说明。

教学设计 3–6

现代化概念解读[②]

学习环节1——以问诱思

教师：现在是我们2018学年的第一学期，请大家猜猜看，学期和学年这2个名词是何时出现？

学生1：新中国建立后。

学生2：鸦片战争后。

大部分学生摇头，表示不清楚。

教师展示材料：

材料一：1902年，《钦定小学堂章程》第一次以官方文本的形式公布了学期设置的相关要求：“每年以正月二十日开学，至小暑节散学，为第一学期；立秋后六日开学，至十二月十五日散学，为第二学期。

——节选自《清末民初学校时间管理》

教师：学期和学年实际上是一种学习时间的产物。古代的中国人最初的时间安排其实并非如此严谨，那么，当时人们的学习时间是怎样规划的呢？后来又发生了什么变化呢？让我们穿越时空来感受时间的文化。

---

① 盛刚．“时间意识”的培育路径初探：由一道选择题的解答说起［J］．中学历史教学．2018（8）：30–32.

② 该课例作者：佛山市顺德华侨中学文苑老师。

（设计意图：以贴近学生学习环境的概念诱发学生的思考）

学习环节2——依次呈现图文材料，以追问促思考

图 3-2　日晷图①

图 3-3　漏壶计时器②

材料二：在农耕时代，尽管不同地区的人们的计时方式会随着自然环境的差异而不同，但不管是更鼓、滴漏还是日晷计时，基本上都是按照观察自然的运行而进行的。而时间运行机制上，人们的时间观更是“顺自然而起念的”，农耕文明下人们的时间观基本上都是严格按照四时运转的，二十四节气表就是一个典型的例子，而在一天之中人们基本上都是“日出而作日落而息”。可以将农耕文明的时间观称为“自然时间”。

——改编自《从自然时间到商品时间——农耕文明到工商文明时间观的嬗变》③

教师：从这则材料中，我们可以看到中国农耕文明下的时间呈现一种自然随意性，是一种无序的、模糊的、持续的内在循环观。在这种循环的时间观下，古代中国人的学习时间呈现怎样的特点呢？我们往往会听到“只要功夫深，铁杵磨成针”“业精于勤，荒于嬉”“十年苦读”这些词句，它们可以反映出古代学子的勤奋，但也在一定程度上反映出古人视学习为周而复始的过程，其学习时间缺乏精确性和计划性，体现了欠规划和低效的特点。

与农耕文化遥相呼应的是西方传统的海洋文化，海洋文化下的时间又会有怎样的特质？让我们一起来阅读下列这一则材料。

---

① 日晷本义是指太阳的影子。现代“日晷”指的是人类古代利用日影测得时刻的一种计时仪器，又称“日规”。日晷在圆形的石板中间竖立铁针，石板周围刻着时辰标记，随太阳的东升西落，铁针的影子就能指示出时间来。

② 铜壶滴漏，即漏壶。它是中国古代的一种自动化计时（测量时间）装置，又称刻漏或漏刻。

③ 张海燕. 从自然时间到商品时间：农耕文明到工商文明时间观的嬗变［J］. 新东方，2012（5）：22–26.

材料三：西方文化很早就具有时间分割的思辨理念，他们把时间看成一条伸向未来的道路，并且把这条道路分成各个独立的部分，强调时间的利用性与工具性。他们擅长对时间进行精确安排，每件事都用事先计划好的时间来处理，精确而有效率。不会安排好自己时间的人，就常被看作是傲慢或不负责任。

——《文化视角下的中西时间观——线性与循环时间观比较分析》①

教师：从材料三我们可以看出，西方的时间观呈现了一种线性的时间观，也可以叫作一元制时间观。在这种时间观下，西方人不再完全屈从于自然，而更注重对时间的安排和控制。在中国传统的计量时间观念中，把1日划分为12时辰。在西方传统的计量时间观念中，则将1天划分为24小时。

后来，随着机器大工业的兴起，西方人的时间观也发生了颠覆性的转变，这种人工控制的时间观在技术上通过时钟来表征，“时钟时间”一律按照小时、分钟、秒、微秒甚至更精确的方式来计算，无论在工厂或在学校，人们都逐渐变成时间的主人。

那么谈及我们自身，我们的时间观是否会改变，我们的学习规划是否会发生变化？让我们一起来看这一组材料。

材料四：1879年，在由美国天主教圣公会创办的圣约翰书院中，几乎所有的学生生活都没有逃离被时间切割的命运。徐善祥回忆称：“全校学生清晨6点半闻钟即起，至楼下盥洗后，7时入操场，做半小时集体哑铃体操，8时至聚集点名早祷，8时半早餐，9时上课，午12时午餐，下午1时又上课，4时下课。凡遇星期一、三、五下午4时半至5时半，群至操场参加军式操演。下午6时晚餐，7时至9时温习自修，9时半均须熄灯就寝。”

——《早期教育现代化进程中的规训与抵制：以清末民初学校时间管理为例》②

材料五：

① 闫春宇．文化视角下的中西时间观：线性与循环时间观比较分析［J］．科教导刊（上旬刊），2010（9）：238-239.

② 王红雨，闫广芬．早期教育现代化进程中的规训与抵制：以清末民初学校时间管理为例［J］．四川师范大学学报，2016（4）：90-96.

表3-8　民国八年（1919）明德学堂的理化科课程每周教授时间表

课程名	第一学期	每周时数	第二学期	每周时数	第三学期	每周时数
伦理	人伦道德之要旨	一	人伦道德之要旨	一	人伦道德之要旨	一
教育	——	——	教育原理	二	教育原理，教授法	二
算学	数学代数	七	代数、几何	五	几何、三角术	五
物理	力学、水学、气学	六	音学、热学、光学、实验	六	光学、电学、磁气学实验	六
化学	无机化学	六	无机化学实验	六	有机化学实验	六
生物	生物大意	二	生物大意	二	——	——
地文	——	——	——	——	天文、地文、地质	二
东文	讲读会话	六	讲读会话、文法	六	文法	六
体操	柔软	六	器械	六	兵式	六

表3-9　民国八年（1919）明德学堂的博物科课程每周教授时间表

课程名	第一学期	每周时数	第二学期	每周时数	第三学期	每周时数
伦理	人伦道德之要旨	一	人伦道德之要旨	一	人伦道德之要旨	一
教育	——	——	教育原理	二	教育原理、教授法	二
博物	植物、动物、矿物	十二	植物、动物矿物、实验	十	植物、动物矿物、实验	十二
生理	——	——	人身、生理、卫生	三	人身、生理、卫生	三
化学	无机化学	二	无机化学、有机化学	二	——	——

教师：请各小组合作讨论，思考材料四和材料五这两则材料反映的新式学堂中的学习时间规划出现了怎样的变化？

学生1：学生学习的时间开始紧凑有序。

学生2：民国八年的时候，教学按照学期、周的规划展开了具体的安排。

教师乘势追问：请大家再思考一个问题，与旧式教学相比，新式学堂中的时间规划和内容发生变化的因素有哪些？

学生可以得出西方列强入侵下西学思想的传播、中国政府的官方措施、爱国人士的推动等答案。

教师：综上所述，我们从材料中可知古今中外的时间观的差异以及受到西方工业文明冲击后我国时间观的转变。实际上，人与时间关系的改变一定程度上反映了社会的变迁。从晚清民国学习的时间规划和内容，我们也可以看到中国教育走向了早期现代化的过程。

那么，我国教育的早期现代化道路发展如何，请看下面一组材料。

材料六："时""分""秒"的概念似乎更与乡村教育无缘，因为在乡村里，时间算得再准也没有用处……乡下人计时间是以天和月做单位的，并不以分或小时来计算。

尽管政府与教会在新式学校中以"星期"为手段而建立起了一种统一性的教化时间，但这种结果并未在农村地区收获功效，"我们（学生）根本不知道什么叫礼拜天……即便是在位于教育改革中枢地区的北京宛平，也依然行走在旧有的农时轨道上。

——《早期教育现代化进程中的规训与抵制：以清末民初学校时间管理为例》①

教师：根据材料六，你得出什么结论？

学生：新式的学习时间规划没有在农村实行。

教师：新式时间规划在城市和农村的两种不同境遇体现了我国

① 王红雨，闫广芬. 早期教育现代化进程中的规训与抵制：以清末民初学校时间管理为例［J］. 四川师范大学学报，2016（4）：90-96.

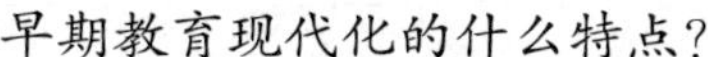

早期教育现代化的什么特点？

学生：不平衡性，可以看出当时社会有两种时间规划。

教师：为什么新式时间规划没有在农村得以实行？

学生通过讨论，容易得出以下结论：新式时间规划与农村社会格格不入，难以推广，因为清末民初时期，我国依然是农业社会。

教师：回答正确。新式时间规划是西方近代工业文明的产物，而近代中国的乡村社会依然处在农耕阶段，时空的不同步本身就形成难以逾越的鸿沟，新时间规划必会遭到传统社会的抵制，可见教育的现代化发展道路并非一帆风顺。任何生硬的移植和改变都是不切实际的。那请大家一起回答，在推广新生事物时，我们应该遵循什么原则？

学生：实事求是。

教学进行到此，已接近尾声。

教学设计3-6旨在从生本意识出发，对中西时间观的变迁情况进行探讨。首先，教师通过展示文字和图片材料，引导学生得出中国古代农耕文明和西方传统海洋文明在时间观的差异。其次，教师展示材料四和材料五两则材料，引发学生思考中国传统旧式教学转向新式教学的原因。同时使学生认识到人与时间关系的变化折射出的正是早期教育的现代化过程。最后，通过描述新式时间规划在中国城市和农村的两种不同境遇，让学生理解我国早期教育现代化的不平衡性。

总之，教学设计3-6将中西时间观和不同时段下中国学子的学习时间规划坐标化，使学生理解人与时间关系的改变一定程度上能够反映社会的变迁，培养学生联系时序进行思考的意识，在展示新旧学习时间规划冲突的材料时，也引发了学生更深的思维，形成了自身对历史的推演、分析和评判。

二、从区域看历史

区域地理对人类发展影响深远，很多地区和国家的文明都与区域地理有直接的关系。在中学历史教学中，我们可以从区域发展看人类历史发展和总体趋势。也可以通过研究具体地理空间范围内发生的事件来解释历史。下面举一个教学片段（见教学设计3-7）具体说明。

教学设计 3-7

“小”镇江决定“大”命运

——再探“以区域看历史”

学生阅读“鸦片战争形势示意图”。

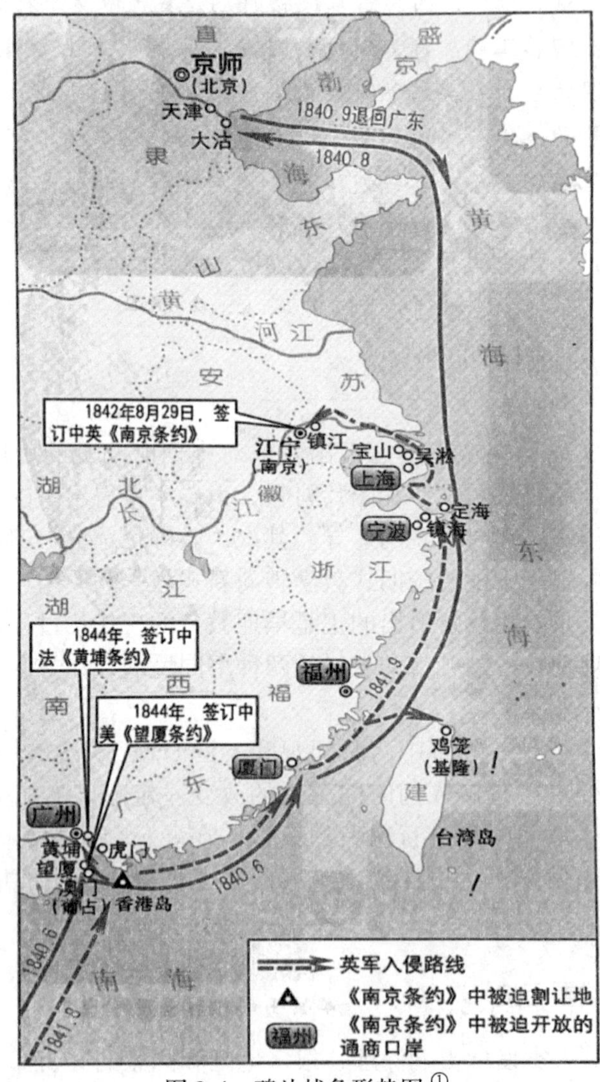

图 3-4　鸦片战争形势图[①]

① 中国历史地图册：第三册［M］，北京：中国地图出版社，2018：4.

教师在黑板上写"镇江失守，道光签约"八个字。

教师：大家通过读图，已经把握了第一次鸦片战争的情况，这次战争从1840年6月英国舰队抵达广州算起，到1842年中英双方签订《南京条约》为止，共持续了两年零两个月。细心的同学可能会发现，在镇江被英军攻占前，英军已经在我国东南沿海取得了很多次战役的胜利，那为什么在镇江被占领后，道光帝才与英军谈判，签订《南京条约》?

展示材料，引导学生关注材料中"镇江""京杭大运河""漕运"三个词。

材料一：从历史大势和全局看，元、明、清三朝只有将首都设在北京才是最正确的战略选择，才能最大限度维持稳定和安全。可以毫不夸张地说，没有大运河保证漕运，北京就不可能成为元、明、清三朝的首都；没有大运河，元、明、清的统一就无法维持和巩固。

——《大运河历史与大运河文化带建设刍议》①

材料二：镇江位于大运河与长江的交汇处，1842 年7月被英国军队占领，守兵死亡惨重……镇江的地理位置使之掌握了国家的钥匙，这里是输往北京的赋税和粮食的必经之道。

——《明清京杭大运河的历史变迁 ——以西人的观察为视角》②

教师：通过以前的学习，我们已经知道了京杭大运河？现在请通过视频内容，回顾一下相关知识。

播放"京杭大运河"的剪辑视频。

教师总结：通过观看视频，我们得知京杭大运河开挖于春秋，至隋炀帝时期，大运河的开凿才使中国的南北水运从无到有，也使南粮北调成为可能。元朝是第一个把首都迁到北京的统一王朝，由于它的大后方在蒙古高原，不能离自己的大后方太远，更需要解决南粮北运问题，于是就有了今天的京杭大运河。

满清入关后，在更为有效的运河管理制度下，京杭大运河成为清王朝的经济生命线。而运河沿线的城市，如苏州、杭州、南京、扬州、淮安、济宁、德州等在大运河的"黄金水道"时期，是不折

① 葛剑雄．大运河历史与大运河文化带建设刍议［J］．江苏社会科学，2018（2）：126-129.

② 尹桂霖，余清良．明清京杭大运河的历史变迁：以西人的观察为视角［J］．运河学研究，2018（2）：134-158.

不扣的财富之都。

材料三：镇江自古地势险要，战略位置突出，地处江南两大经济中心之间，其左前方是商品经济繁荣的苏杭经济带，右边是政治、经济地位都比较突出的中国南方的封建大都市——南京，商业发展有其特殊的优势……永乐迁都前，南京是全国的中心市场。迁都后，南京成为江南的区域中心市场，然而不管是前者抑或后者，作为南京市场的延伸，镇江沟通了江南与长江中上游地区的经济联系……明清以来，随着商品经济的发展，镇江与南京之间政治军事的密切联系加强了它们之间的经济往来。

——《明清时期的镇江商业》①

教师：请大家合作讨论回答之前的问题。为什么镇江失守，道光帝才与英军谈判，才签订丧权辱国的《南京条约》?

学生：镇江一旦陷落，太湖流域便无险可守，门户洞开，同样，自南而北，直接威胁到江都，再溯长江而上，南京乃至两湖平原，都在英军攻击范围之内。就像我们刚才第一则材料所说的，英军占领镇江后，便把京杭大运河拦腰切断，南北交通大动脉由英军控制，漕运不能正常进行……

教师表示赞同，展示材料四，进一步引发学生思考。

教师：那镇江战役中我军表现如何?是弃城投降还是奋勇杀敌?

材料四：城陷之日，死者前锋校三员、领催三名、前锋十三名、马甲四十六名。远近闻之，俱为陨涕。闻贼之陷城也为六月十四日，天将午，火箭齐发，东、西、北三城楼俱被焚烧，贼乘势攀路。他守军以千数皆震慑，独青州兵奋勇格杀，至血染刀柄，滑不可持，尚大呼杀贼。

——《鸦片战争中镇江抗英的史料》②

教师：有数据统计，中英镇江之战，实际是2400人对1.2万人，镇江军民虽浴血奋战，但以古老的冷兵器和传统的战术对待世界第一强国的坚船利炮，镇江的沦陷几乎是注定的，守军全部战死，海宁副都统海龄自焚殉国……

① 戴迎华. 明清时期的镇江商业［J］. 江苏大学学报（社会科学版），2007（3）：38-43.

② 骆承烈. 鸦片战争中镇江抗英的史料［J］. 历史研究，1978（4）：62.

教学设计3–7旨在从学生问题出发，教师在考虑到“两次鸦片战争”一课基础知识较易掌握的前提下，在教学设计上对教学目标进行弹性设计，适时调控教学活动，调整教学进度，充分讨论镇江、京杭大运河、道光帝签约这三个要素之间的关系。

首先，教师安排学生阅读“鸦片战争形势示意图”，启发学生思考为什么英军占领镇江，道光帝才签订《南京条约》这一问题，引发学生关注镇江失守和清王朝签约的内在联系。

其次，教师通过展示“京杭大运河”的视频素材，让学生再次系统已有认知，理解京杭大运河对满清王朝的重要性。

最后，教师展示材料，让学生关注镇江，帮助学生从区域空间角度理解镇江对清王朝命运的重要性，并形成自己的解释……

综上，该教学片段设计通过发散式、联系性的分析与解释，深入浅出地揭示了镇江这一具体区域在中国历史上的重要性；同时，潜移默化地培养学生联系具体地理空间，思考历史事件的意识；而通过介绍镇江官兵奋勇杀敌的史料，学生产生家国情怀的共鸣，思维得到了进一步的延伸。

三、从人物看历史

以人物创设情境，可促使抽象历史具体化。在教学实践中，不少教师越发清晰地认识到一个问题，那就是很多历史结论虽具有权威性，但却远离学生的现代生活。学生因为与历史的疏离，难以产生真切的感悟。部分教师的做法是，以人物创设情境来探究一些历史问题。现以教学设计3–8进行具体说明。

教学设计 3–8

宗法制影响解读[①]

在解释古代宗法制的影响时，考虑到学生对该概念的陌生感和这一概念的重要性，教师展示了南戏《杀狗记》中的人物故事，以层层的设问推进了学生的理解。

材料：东京人孙华、孙荣兄弟俩，父母双亡。兄孙华是个纨绔子弟，与无赖柳龙卿、胡子传结为酒肉朋友，终日在外面花天

① 该课例作者：佛山市顺德华侨中学文苑老师。

酒地，吃喝玩乐。弟孙荣知书识礼，见兄长不思上进，便屡加劝谏。因柳、胡二人从中挑拨，孙华不仅不听劝谏，反而将孙荣逐出家门。大雪天，孙华与柳、胡喝醉酒后半夜回家，途中跌倒在雪地上，柳、胡不但不救，反而窃取了孙华身上的羊脂玉环和宝钞，扬长而去。幸遇孙荣经过，将孙华背回家中。而孙华不但不感兄弟救命之恩，醒来后不见了身上的玉环和宝钞，反诬孙荣偷去，便把孙荣又赶了出去。孙华的妻子杨月贞屡劝不听，便杀了一条狗，伪装成死尸放置门外。孙华深夜归来，大惊，急忙去找柳龙卿、胡子传，柳、胡推脱不管。孙荣却不记前恨，帮他把“尸首”埋掉，使孙华深受感动，于是兄弟重新和好。

——选自《杀狗记》①

学生在看完材料后，七嘴八舌议论起来。他们大多对孙荣的遭遇产生同情，对后来的结局感到诧异，很多人对哥哥孙华产生厌恶心。

教师意识到学生大多以第一感觉为出发点，还没有形成理性的分析，就乘势问道：“在这出戏的前半段里，弟弟被逐出家门和在破窑内安身的悲惨遭遇在古代中国是常态化还是个例？哥哥孙华将弟弟孙荣赶走是否合理？”

学生开始争论合理与不合理的问题，但经过巡查，我发现，他们仍然没有形成科学的解释。我就在黑板上写了两个字“兄长”。

“喔，我懂了。”讲台下开始有学生跟上了我的思路，并开始跟周围同学分享他的理解。

教师继续解释道：“孙荣和孙华两兄弟，谁是家中的主角？谁可以获得家庭的主要控制权，包括主要财产的分配？”

学生：“兄长。”

教师：“对，在中国封建家庭内部，长兄如父，长嫂如母，家庭财产主要由长兄继承。家庭财产之分就是导致哥哥将弟弟逐出家门的重要原因。”

教师接着把黑板上的“兄长”二字擦掉，写了“嫡长子”三个字，解释道：“嫡长子是正室所生的第一个儿子。根据宗法制原则，嫡长子才可以合法继承财产，甚至王位。”“再举一个例子”，

① 元代南戏作品，全名《杨德贤妇杀狗劝夫》，是一部含有教化功能的戏曲作品。

教师展示李世民的画像，说“李世民发动玄武门之变，杀死皇太子李建成，逼父皇李渊退位。其中李世民杀死皇太子李建成违反了什么制度？”学生此刻能够答出“宗法制”。

接着，教师引导学生再细读材料，同时说道：“我们可以看到，《杀狗记》又名《杨德贤妇杀狗劝夫》。我们从材料中可以看出贤妻杨月贞的智慧，但是，她作为家中的女主人，为什么要靠杀狗才能唤醒丈夫，而且还要神不知鬼不觉？”

学生1：“因为她丈夫不听话，不听劝。”

学生2：“因为孙华脾气太暴躁。”

教师解释道：“大家说的都是表面现象。实际上，女子在古代社会的地位比较低下，封建女教宣扬三从四德，妇容妇功，贞洁孝悌，夫为妻纲，给女性套上重重精神枷锁。在封建社会，女性的人生价值几乎全部体现在婚姻家庭中，女性只能做男性的依附，不可具有独立的意识和人格。你们还能不能举出其他反映男尊女卑的例子？”

学生1：“女性不能上家谱。”

学生2：“过去女人出嫁后只能随夫家的姓。”

教师赞许道：“你们的知识面很广。在过去古代中国，女性是不能入本姓族的谱，而是记入丈夫姓族谱。入谱也仅仅是附庸式地记入，只记姓，不记名，如李氏、王氏。至于对女性的称呼，也比较特殊，比如一女子出嫁前娘家姓刘，而她夫家姓王，那么她在嫁到夫家后一般会被人叫作王刘氏，一直到她死后墓碑上也只会刻上王刘氏。相对于过去的女性，今天的女性成为独立的主体活跃在社会各个领域，同男性一样拥有平等的权利，这种平等体现在政治、就业、教育、婚姻家庭等各个方面，所以，现在的女同学是幸福的……”

教学设计3–8通过选取人物，创设历史情境，就把宗法制的特点和宗法制的影响具体化了，使学生易于理解，并在学习中培养了历史解释素养。

历史需要经过阐释才能更好地被理解。但是，具体到教学中，我们就会发现，中学生既没有一定的理论史学基础，又没有相应的生活阅历，要让他们真正理解复杂的历史，可谓是困难重重。面对这样的情况，教师应当采取一定的方法进行历史解读，在历史中“寻”人，在课堂上“引”人，拉近学生与历史的距离，化抽象的历史为真切的感悟，以达到增进学生理解，构建学生自我认知、培养学生形成理性诠释历史能力的最根本目标。在教学活动中，教师要将“寻”人之路进行到底。

四、从国家与民族看历史

自1648年威斯特伐利亚体系建立以来，“民族国家”作为一个个政治实体登上历史舞台。一战之后，随着凡尔赛—华盛顿体系的建立，“民族国家”的概念向外扩展，中华民族的概念出现，中国开始从“文明国家”转向“主权国家”。中国民族国家的形成，其主权性、民族性、公民性都是伴随着西方殖民侵略而应激逐步出现的。也就是说，把中国纳入近代世界体系的鸦片战争，是中国形成“民族国家”的原始起点。民族的概念也来自于西方，“中华民族”概念的出现恰恰是来自于孙中山等革命派。黄兴涛指出“中华民族是20世纪初现代民族意识和国家意识生成之后，特别是清王朝临近崩溃之际和最终覆亡之后，在中国逐渐产生发展起来的具有政治、社会文化符号意义的民族观念凝结物”。历史教育担负着对国家、对民族的一种凝聚和认同，历史解释是在对过往历史事件、历史叙述的一种解释，对事件的解读有助于我们形成对国家民族文化一种高度的认同。在历史解释中形成怎么样的史观，对学生的人生观、价值观的形成具有重要的意义。

普通高中教科书历史（必修）《中外历史纲要（上）》第17课是“国家出路探索与列强侵略的加剧”。教学设计3–9就是这一课中的教学片段“三、边疆危机与甲午中日战争”。在这一教学设计中，教师积极引导学生参与课堂学习，通过学生介绍英雄卡上英雄们的生平与壮举，让学生们身临其境地感受甲午战争中这些仁人志士敢于担当、勇于担当的民族自觉意识，引导学生积极思考甲午战争的深刻影响，激发学生“天下兴亡，匹夫有责”的责任意识、在民族危亡大义之下的担当意识。

教学设计 3–9

边疆危机与甲午中日战争①

一、从甲午英雄卡看海战

教师：1890年日本爆发经济危机，社会动荡，政局不稳。1894年朝鲜爆发东学党起义，日本为了转嫁危机于中国而借机大举派兵进入朝鲜，并在清政府运兵船驶往朝鲜之时悍然偷袭，于丰岛海面挑起了甲午中日战争。为了拱卫我国海疆乃至整个国土安全，清朝

① 该课例作者：深圳市龙华区大浪实验学校郭玉珊老师。

将士们面对国难不畏牺牲，与敌人展开了奋勇的斗争。下面老师想邀请两位同学分享一下昨天晚上完成的甲午战争英雄人物卡，看看大家为哪些甲午英雄所感动。

学生1：我向大家介绍的甲午英雄是邓世昌，广州番禺人，他18岁进入福州船政学堂驾驶班学习，31岁赴英国考察，39岁任致远舰管带。在甲午中日战争中，他指挥致远舰奋勇作战。在日舰围攻下，致远舰多处损坏燃起大火，船身倾斜，但邓世昌不畏死亡，驾舰全速撞吉野舰，决意与敌同归于尽，最后壮烈殉国。在面对艰难的情况邓世昌不肯放弃，不畏牺牲，顽强斗争，这种永不放弃和强烈的爱国情感让我敬佩不已。

学生2：我向大家介绍的甲午英雄是林永升，他是福建侯官人，14岁考入福州船政学堂学习轮船驾驶，24岁作为中国海军第一批留学生赴英国皇家海军学校深造，34岁任经远舰管带。在甲午战争中他驾驶经远舰，面对着日军四舰围攻，临危不惧、镇定自若，沉着指挥、英勇作战。在激战中，林永升发现有艘日舰受损严重便下令追击，击伤敌舰，但他自己最后却不幸中弹破脑而亡。

教师展示黄海海战英雄人物（见图3-5）：

图3-5　黄海海战英雄人物

教师：甲午战争中以黄海海战最为激烈，一批又一批的中国官兵悲壮赴难、不畏牺牲。致远舰管带邓世昌，在战斗的危急时刻毅然驾舰冲向日军主力战舰吉野舰，决意与敌同归于尽，壮烈殉国；经远舰管带林永升，指挥官兵誓死奋战，以一敌四，直至被弹片击中头部当场牺牲；海军提督丁汝昌从桅杆上掉下摔伤也要继续指挥奋战，后管带刘步蟾代替丁汝昌指挥定远舰英勇作战，重创了日本舰队旗舰松岛号。“超勇”管带黄建勋、“扬威”管带林履中在海战中因军舰中炮沉没，奋然蹈海，与战舰同存亡。除此之外，还有镇远舰管带林泰曾、靖远舰管带叶祖珪、来远舰管带邱宝仁，以及许许多多如图3-5一样的无名水兵，他们在海战中舍生忘死、奋勇抗敌，让人不禁肃然起敬。

问题：从他们的事迹中你能感受到中华民族怎样的民族精神？

学生：不屈不挠的爱国主义精神、斗争精神……

二、舰队覆灭，深思败因

教师：虽然中国官兵奋勇抗敌，但是最终这场战争中国还是战败了。1895年清政府被迫签订了继《南京条约》之后危害最为严重的《马关条约》。那为什么中国军民奋勇斗争，甲午战争却还是失败了呢？现在大家阅读课本P57-58填写《马关条约》的内容，并结合材料和课本内容，分析签订《马关条约》的影响。

材料：（刘公岛）岛中兵士，由珠岛日兵护送登岸……将舰中军器、台上炮位开一清账，交入日舰，不可遗漏一件。

——《威海降约》①

问题：完成表3-10后，根据材料和所学知识，《马关条约》的签订对当时的海防有什么影响？

表3-10 1895年《马关条约》

内容		影响
通商	开四口：杭州、苏州、沙市、重庆	深入内地+外资积压
设厂	允许日本在华设厂	资本输出
割地	割让台湾及其附属岛屿、澎湖列岛、辽东半岛	割让海疆
赔款	赔款2亿两白银 （三国干涉还辽，赎金3000两白银）	财政负债加重 列强瓜分狂潮

① 王勇. 威海降约［M］// 历代正史日本传考注·清代卷. 上海：上海交通大学出版社，201：319.

学生通过表格梳理总结《马关条约》的内容，结合课本并通过教师的引导从海防的角度分析《马关条约》的影响，突破重点。

教师：甲午战后签订的《马关条约》使得中国陷入极其深重的民族危机，半殖民地半封建化程度大大加深。在民族危机加深的时代背景下，国人民族意识觉醒，才有了后来的戊戌变法、清末新政、辛亥革命、五四运动等一系列努力。

教学设计3–9从介绍甲午战争中的英雄人物在战争中的英勇表现，引导学生分析为什么官兵努力拼搏，却惨败而签屈辱的不平等条约，进而分析近代以来海防的重要性，并让学生感同身受引起共鸣，增强主人翁意识，为国家民族的进步做出自己的努力。

五、从延续性看历史

如何突破单项知识点的孤立，通过加强历史解释重构学生历史思维的连续性，是我们历史教学中要达到的一个目的。延续性是历史的基本特征之一，古往今来，朝代、民族、英雄豪杰虽会消亡，但人类历史的延续性是一个知识积累的过程与传承。正如丁伟忠所说：“人类文明的世代相传，构成了人类历史延续性的主要内容。”也正如马克思所论述：“历史的每一个阶段都遇到有一定的物质结果。”人类文明的发展正是在一代一代继承中发展。注重历史解释的延续性，是尊重历史本身特质的客观结果，也能够有助于学生把不同时代的历史事件、人类文明连接起来。只有被理解的历史才是活的历史。

教学设计 3–10

“三国至隋唐的文化”科技部分①

一、课标要求

学生认识三国至隋唐时期思想文化领域的新成就。

① 该课例作者：深圳市福田外国语高级中学刘香儒老师。

二、教材分析

本课讲述了三国两晋南北朝直到隋唐时期的思想、宗教、文学、艺术、科技的新成就以及中外文化交流的情况，突出了这一时期中华优秀传统文化的继承与发展。本课设有四个子目：分别为思想领域的发展、文学成就、科技成就以及中外文化交流，四个子目为并列关系。今天我们重点分析科技部分。

三、学情分析

学生在初中阶段学习了“魏晋南北朝的科技与文化”，对于魏晋南北朝时期的科技有简单了解，但对魏晋南北朝时期科技产生的原因、特点和对后世及世界的影响需要强化。通过本单元的学习，学生对三国至隋唐五代时期的政治变迁、制度变革、民族交融、区域开发等知识已经了解，为本课的学习奠定基础。

相较于初中，高一的学生已具备一定的逻辑分析能力，教学中要引导学生透过文化成就的表现去认识其社会发展背景，探讨文化繁荣的原因及启示。对于初中已学的内容关键在于梳理其发展脉络，点明文化成就与社会发展之间的关系。在教学中注重从基础知识入手，深入浅出地说明，帮助学生理解分析，使他们的认知水平，思维水平有所提高。

四、教学目标

通过网络、图书等途径搜集有关三国两晋南北朝直到隋唐时期科技的资料，学生了解古代科技的各个领域的发明和发现。教师运用多媒体的展示和古今对比，落实知识并培养学生的概括能力，引导学生探究问题：认识这一时期数学、农学和地理学等在世界的领先地位；通过数字故事，学生感受到古代科技在人们生产生活中的应用。教师从学习中培养学生五大核心素养，学生归纳魏晋至隋唐时期思想文化发展的表现及文学艺术和科技成就，理解魏晋时期文化的特点及原因，体会社会发展对文化繁荣的贡献，进而理解社会存在与社会意识之间的辩证关系，有利于培养学生的历史唯物主义史观。学生通过了解三国两晋至隋唐文化的发展脉络，体会思想文化发展的继承与创新，源和流的辩证关系，有利于形成全面分析、比较、综合归纳问题的能力。通过历史文献、历史图片、历史实物等实证材料，学生进一步加深对魏晋南北朝至隋唐思想文化的感性认知及理性思考。学生感受中国古代文化的优秀，了解中华民族对世界文明的重要贡献，培养民族自豪感。

五、教学重点

三国两晋南北朝直到隋唐时期的伟大科技成就。

六、教学难点

三国两晋南北朝直到隋唐时期科技发明、发现的特点、影响和评价。

七、教学情景的创设

（1）借助现代化教学技术创设历史场景或情景。如：数字故事、图片、图表、文字记载等。

（2）语言描绘情景：运用语言的声调、节奏、情感描述情景，引导学生增加对知识的感知和理解。

（3）问题情景的设置：通过图片、视频等多媒体，还原历史现场，激发学生兴趣，明晰这一时期中西科技的区别；通过数字故事增强教学生动性，深入浅出的增强学生对这一时期科技成果的记忆。

八、教学过程

导入新课：通过古代战争场面和西方中世纪时期战争场面对比图片和材料，让学生感受到中国四大发明之一火药在欧洲最早的应用。

（一）火药

兴趣点：让学生思考最早的火药的发明者是谁。

火药的产生过程：

（1）古代在炼丹时偶然发现了火药。

（2）唐末始用于军事。

（3）宋朝广泛应用。

（二）传播

14 世纪，火药由阿拉伯人传入欧洲，使封建城堡不堪一击，靠冷兵器的骑士阶层日益衰落。

（三）影响

通过传播过程和一组材料的阅读总结影响：火药传入欧洲，使封建城堡不堪一击，骑士阶层日益衰落。

通过另一组材料，请同学们思考火药在中西方影响的区别。

（四）其他科技成就

（1）通过数字故事，让学生观察这一时期的科技成就特点之一是应用到了古代人民的生产生活中。

（2）活动环节：一站到底。

首先全班分为四个小组，抢答的方式回答数字故事中王老汉的生活涉及到哪些领域的科技成就，回答最多的小组有优先选择权。然后每个小组以1分钟计时的方式回答不同项目的内容：数学、天文、农学、医学。每组8个小题。

最后在每个小组回答完毕之后，进行总结。

九、学生活动

学生归纳魏晋至隋唐科技发展的表现并完成表格，完成情况见表3–11。

表3–11 魏晋至隋唐科技发展的表现

时期	表现	
魏晋南北朝	数学	祖冲之的圆周率
	农学	贾思勰的《齐民要术》
	地理学	裴秀的《禹贡地域图》
隋唐	建筑	赵州桥（石拱桥）
	印刷术	雕版印刷术（《金刚经》卷子）
	天文学	僧一行测量地球子午线长度
	医学	孙思邈《千金方》唐高宗编修《唐本草》
	火药	记载火药配方，唐末用于军事

十、教师总结

问题：这一时期我们在科技文化上领先世界的原因？

学生精彩发言后，教师引导学生归纳，并展示幻灯片。

教师：谢谢同学们的精彩发言。同时，他们也已经基本上为大家回答了前面的问题——概括隋唐文化的特点，并分析其原因。我

们一起来整理如下。

1. 特点

（1）全面繁荣。

（2）兼收并蓄。

（3）世界领先。

（4）影响深远。

2. 原因

（1）政治：国家统一，社会稳定，政治开明。

（2）经济：经济的繁荣和国力的强盛。

（3）文化：实行科举制度，推动教育发达。

（4）民族、对外关系：各民族、中外文化交流频繁。

（5）统治者的重视，奉行兼收并蓄、文明开放的政策。

（6）前代奠基作用，继承发扬了历代传统文化。

（7）交通的发达。

教学设计3–10通过表3–11的形式汇总本课全部的科技成果，总结归纳这一时期科技特点：领域众多、唐朝出现发展高峰、世界领先。

教师引导学生欣赏艺术作品，既体现历史核心素养的水平层次，又使学生理解它们背后所反映的时代风貌，培养学生形成社会存在决定社会意识的历史思维；在多元包容的文化发展中，在领先世界的科技成就中，在自由洒脱的书法绘画中，在充满自信的文学作品中培养学生的家国情怀，加强学生的文化认同。

通过教学设计3–10，我们知道中国古人为我们留下了丰厚的遗产，在现代化设备匮乏的时代，他们用自己的智慧创造了一个又一个奇迹，他们用汗水与智慧教给了我们自信、认真、用心的态度。这种联系的、多角度的理解和解释古代科技进步、文明传承内容，与我们今天的民族觉醒，自立、自强相结合，体现了中华优秀文化的传承与发展。

第四章　历史解释素养的发展性评价

新一轮基础教育课程改革把课程评价观的转变作为重要枢纽。《基础教育课程改革纲要（试行）》中明确提出："建立促进学生全面发展的评价体系。评价不仅要关注学生的学业成绩，还要发现和发展学生多方面的潜能，了解学生发展中的需求，帮助学生认识自我，建立自信。发挥评价的教育功能，促进学生在原有水平上的发展。"可见评价的目的就是为了促进学生的发展，教学需要发展性评价。

发展性评价是20世纪80年代才发展起来的，是一种以评价对象为主体、以促进评价对象的发展为目的的教育评价。发展性评价强调发展的连续性，重视对对象过去学习状况的考查，以促进学生未来的发展；注重评价对象的个体价值，提倡评价者与对象共同协商，确定评价目标；强调对学生多方面能力的评价；重视学习的过程，及时反馈，以促进发展为目标，重视形成性评价的作用。国内许多学者对发展性评价的内涵做了研究和阐释，比较有代表性的有：

王焕霞博士：发展性评价是一个内涵丰富、外延宽泛的思想体系，是一种具有开放架构的教育评价模式，是一个多维度与复调性相融的教育评价文化概念[①]。

吴刚平教授：发展性教育评价是以促进评价对象的发展为目的的评价，它是对当前教育评价思路的调整，表现为一种崭新的教育评价理念[②]。

郭志英博士：发展性评价是一个全新的本土化概念，还需要大量的研究与诠释；发展性评价的本质要求是"促进学生发展"，核心特征是"基于

① 王焕霞．发展性学生评价：内涵、范式与参照标准［J］．山东师范大学学报（人文社会科学版），2017（1）：105-110.

② 田莉，吴刚平．生存论视野下的学生发展性评价［J］．中国教育学刊，2008（9）：28-30.

过程、自我比较、提供诊断”①。

从以上诸位学者的论述可见，发展性评价并不是一种具体化的评价方法，“发展、理念和思想”是聚焦的关键词。因此，我们可以认为：历史解释素养的发展性评价是以学生的历史解释素养发展为目标，运用多元化的评价方式、评价手段进行评价的一种教学过程与教学理念。其本质是提升学科能力，促进学生的历史解释素养发展。

第一节　历史解释素养发展性评价的基本内容

历史解释素养的培养是一项长期且艰巨的任务，在对学生能力的提高过程中也会促进教师各方面的发展。历史解释的任务绝非帮助学生完美解答一个个历史问题，而是教会学生解释的方法以应对未来遇到的新问题。历史解释素养的发展性评价需要贯穿整个教学过程的始终，需要由传统的纸笔测试为主转变为过程评价为主。

传统学业评价的设计目标多是为了检测学生学科知识的掌握情况，纸笔测试则成为最重要的考查模式，纸笔测试对于客观知识的考查有很高的效率，可以清晰地反映出学生学科知识的掌握程度，但是纸笔测试也有很大的局限性，对核心素养所蕴含的内隐性要素，如态度、动机、价值观等层面的内容缺乏考查效力。因此，需要把历史解释素养转化为可观察的外显表现进行评价，学科专家们围绕核心素养建立了历史学科学业质量标准，这就为历史核心素养的评价提供了明确的参考体系。

学业质量标准主要是指学生在完成相应学段及学科内容后应达到的水平要求。专家指出，历史核心素养的评价标准分为四个水平等级（详见《课程标准》，历史解释素养也有相应的四个水平等级，其要求归纳如下，“水平一：能够辨别教科书和教学中的历史解释；能够发现这些历史解释与以往所知历史解释的异同；能够对所学内容中的历史结论加以分析。水平二：能够选择、组织和运用相关材料并运用相关历史术语，对个别或系列史事提出自己的解释；能够在历史叙述中将史实描述与历史解释结合起来；能够尝试从历史的角度解释现实问题。水平三：能够分辨不同的历史解释；尝试从来

① 李勇，郭志英．发展性评价再诠释［J］．天津市教科院学报，2018（2）：41-43.

源、性质和目的等多方面，说明导致这些不同解释的原因并加以评析。水平四：在独立探究历史问题时，能够在尽可能占有资料的基础上，尝试验证以往的假说或提出新的解释”①。

因此，我们对历史解释的发展性评价，也从以下几个层级进行水平测试。

一、从时间看历史的测评

历史承载的是过去的事物，它具有连续发展的特性。没有时间就没有历史，整个人类的发展史是由时间串联起来的，历史学科的知识结构具有较强的时序性。西方比较史学派认为历史研究必须遵循历史发展纵向规律，也就是所谓的“时间概念”，即以时间为依据探索历史由低级向高级发展的基本规律，遵循历史发展的“时序性”特征，对处在不同发展时段的历史现象做垂直性比较。

时间是构成历史的基本要素，而时序是历史事件或现象依次发生的序列。教师在教学中应注重对学生时序性观念的培养，进行合理的历史解释，这对于学生深化历史理解、提高历史学习效率起着重要作用。赵亚夫先生特别强调时序思维能力：“时序思维技能是历史推理的核心。没有强烈的年代学意识（指事件发生的时间处在何种时间顺序中），学生就不可能考查它们之间的相互关系或解释其因果关系。”② 如果学生不知道某史事发生的时间，或若干史事发生的先后次序，那么学生就无法真正理解史事本身或某些史事之间的关系，当然也就难以认识历史的前因、后果及其影响。

除了历史的发展演变本身与时序密不可分，人类对历史的认知与解释也是动态发展的。历史解释是暂时的而非永恒的。“历史由证据而来，也可由证据而被修改，所以历史是一个开放的、可供讨论的、不断更新延展的领域。”③ 随着材料的不断更新，从新的视角观察，就会出现新的说法和新的解释。

从目前的中学历史教学实际情况来看，首先是教材。以目前广泛使用的部编版《中外历史纲要》为例，现有教科书重新采用通史体例编写，用中外通史（2册）+选择性必修+选修的形式，相较于之前使用的专题史教科书（政治经济文化3册必修），这种通史体例更有助于学生时序意识的形成，且中国史和世界史各一册，可避免学生混淆中外历史。学生在学习历史

---

① 中华人民共和国教育部. 普通高中历史课程标准［S］. 北京：人民教育出版社，2017：56.

② 赵亚夫. 国外历史课程标准评介［M］. 北京：人民教育出版社，2005：50-51.

③ 於以传. 对中学历史学科育人价值及实践的再认识［J］. 课程·教材·教法，2012（11）：45-51.

课的过程中，是依据历史的时序推进，头脑中容易形成一条历史发展演变的时间线。当然，因为教科书内容有限，课时有限，教师在授课过程中容易突出时序的单一变化，而忽略历史发展演变复杂多面体的特征。因此，新教材的教学中，如何在时序变化的同时，将政治、经济、文化、社会生活等多种内容链接起来，让历史呈现出丰满的多元变化，是教学实践中需要重视的问题。

从教学实践来看，目前有肖海英、王亮等老师在从时间看历史解释方面进行了积极尝试。肖海英老师以共时态思维（当时）、昔时态思维（后世）和即时态思维（当世）的三维时态，以《中外历史纲要（上）》第9课“两宋的政治和军事”中的“王安石变法”这一目为例，将历史人物王安石放在三个时空维度所处的时代背景中以时空转换中的动态视角加以考察与评价，在此基础上，对复杂的历史事件和历史人物做出客观合理的评判。这对于帮助学生建构自己的历史人物观和形成多元的历史视角有重要意义①。王亮老师以《中外历史纲要（上）》第24课“全民族浴血奋战与抗日战争的胜利”中的1937年中国抗战史实为例，引导学生准确把握史事间的实际联系，从不同的史事之间找出实际关联，让学生明晰史事之间的先后顺序，进而理解全民族抗战的形成过程，培养其坚强的意志和团结合作的精神②。

根据前文四个等级水平要求以及结合教学实践，从时间角度来进行历史解释的四个水平等级大致如下。

水平一：能够意识到时间是历史发生的纵向坐标，能够梳理和罗列历史教科书中重大历史事件所发生的时间。

水平二：知道历史事件的发生有其先后顺序，并在解释历史的时候能将教科书中出现的历史人物、历史事件和历史情境置于当时的时代背景之下。

水平三：知道历史时间有不同的节奏和多元性，了解历史时间有公元前与公元，有古代、近代与现代，早期、中期和晚期，以及奴隶社会、封建社会、资本主义社会、社会主义社会和共产主义社会五个时期等分期方法。理解要想更为清晰和深刻地解释人类历史的不断进步与变化，需要拉长时间维度。在看待历史人物和历史事件之时，不能苛求其超越当时的时代。

水平四：在进行历史解释的时候，从对当时、对今天和对后世三个时间段的影响来进行。能够将历史上曾经发生过的事情同正在发生的事情相

---

① 肖海英. 三维时态在历史解释中的有效运用：以评价王安石为例［J］. 中学历史教学参考，2018（20）：34-36.

② 王亮. 三维时态在历史解释中的有效运用：以《伟大的抗日战争》中“1937年抗战大事记”为例［J］. 中学历史教学，2017（10）.

联系，以古鉴今，能够在看待当下现存的事物时从时间角度给以合理的历史解释，并用过去的人类发展过程中取得的经验教训为未来发展提供思路、参考、甚至是前进的方向。

二、从区域看历史测评

历史上发生过的任何事件、存在过的每一位人物，都是特定时间与空间的产物。所谓“时空”，包括“时间”与“空间”两个方面，相当于历史的纵、横坐标。以时间为历史纵坐标，反映的是某一事物不同阶段的发展演变过程；以空间为历史横坐标，反映的是历史事物发生的地理条件、位置、环境及活动的社会场所，构造的是历史的横断面。历史学科的所有知识是建构在历史时空基础上的，对历史的解释也必须从时空观念的角度出发。而在常见的历史教学实践中，任课老师与学生往往容易重视历史的时序而忽视从空间区域角度来认识和解释历史。如果学生缺乏空间意识，历史便只会成为按照时间罗列起来的一个个毫无生气的事件。没有空间要素，无法建构起事件、人物、现象之间的关联，更无法解释清历史上的变化与延续、统一与多样、局部与整体。

当前的中学教科书中，就有数量不少的历史地图来配合使用。其长处是能相对直观地说明和解释历史现象发生的空间（地理）位置和地理环境。这种功能是其他历史解释方式无法取代的。在用历史地图解释历史方面，前人已做出很多努力，取得丰硕成果。谭其骧先生主编的《中国历史地图集》八卷本，用精准的地图语言对中国古代历史做了独具一格的“解释”，堪称以地图语言解释历史的典范之作。①

有些历史事件发生的地点名称已经发生了变化，授课中强调历史事件发生的区域空间意识，增加对有重要意义的历史地点的解释，将有助于学生理解历史事件的发生及某些历史现象的产生。例如，增加江南地区的地理位置、气候、环境等的介绍将有利于学生更好地理解魏晋至南宋我国经济重心的南移及最终形成。

随着现代技术的不断进步，当前的中学历史课堂已经能够大量使用图片、地图、视频影像等手段辅助教学，更新的VR（虚拟现实）、CR（影像现实）、MR（混合现实）、AR（增强现实）等技术也逐渐走入课堂。借助于这些技术，学生对于历史发生的区域空间则将更为清晰直观可见。

---

① 冯一下，占心磊. 试述历史解释的基本方式：“历史解释与历史教学”专题研究之三［J］. 中学历史教学参考，2017（4）：16-24.

杨海燕老师在介绍古希腊民主政治特点时，首先利用历史地图，从空间视觉上让学生直观感受古希腊海岸曲折、岛屿众多的自然地理环境；进而通过表格，梳理不同时期的三大改革，理解雅典民主政治确立的过程，建构时序观念；最后基于多元材料来认识和评价雅典民主政治。整个教学设计都营造一种时空性。①

陈振华老师的《基于“空间广延性”的历史解释方法——以2017年全国Ⅰ、Ⅱ卷第24题为例》一文，“从‘空间广延性’出发，依据被解释的历史空间的规模，主要是空间的数量关系，将相应的解释分为‘空间聚合解释’和‘空间扩张解释’两类”，具体分析全国Ⅰ卷第24题西周分封制下的“空间聚合解释”、全国Ⅱ卷第24题春秋战国争霸战争中的“空间扩张解释”。②

陈宝宇老师在其《历史解释视角下的“市的发展”——以〈中国古代市的发展〉为例》一文中，为了帮助学生理解市的发展演变过程，不仅使用文字史料，而且利用画像来说明汉代的市，发现汉代的市有墙有门，中间是亭楼，清晰又直观地观察汉代的市；通过绘画来看南北朝的市，可以发现南北朝的草市，既无门墙，也无亭楼；利用地图来说明唐代的市，可以看出唐代的市还有时空限制；利用动态的《清明上河图》帮助学生理解宋代的市。③

根据前文四个等级水平要求以及结合教学实践，从空间角度来进行历史解释的四个水平等级大致如下。

水平一：能够意识到空间区域是历史发生的横向坐标，能够梳理和罗列历史教科书中重大历史事件所发生的区域。

水平二：知道历史空间可以分为自然地理空间和人文地理空间两类，并在解释历史的时候能将教科书中出现的历史人物、历史事件、历史情境置于当时的时代背景和与之相对应的地理区域之下。

水平三：在认识和看待复杂历史事件、历史人物的时候，能够从空间区域角度予以历史之理解与同情。

---

① 杨海燕．高中历史教学与时空观念培养：以“古希腊民主政治”一课为例［J］．中学历史教学参考，2016（6）：41-44.

② 陈振华．基于“空间广延性”的历史解释方法：以2017年全国Ⅰ、Ⅱ卷第24题为例［J］．中学历史教学，2017（7）：56-58.

③ 陈宝宇．历史解释视角下的“市的发展”：以《中国古代市的发展》为例［J］．中学历史教学，2018（11）：55-57.

水平四：能够将历史上曾经发生过的事情同正在发生的事情相联系，以古鉴今，能够在看待当下现存的事物时从空间角度给以合理的历史解释，并从过去的人类发展过程中吸取经验教训为未来发展提供思路、参考甚至是前进的方向。

三、从人物看历史测评

人物是历史最丰满的表达。杜威认为“历史学科是形成人的道德品性的最优良的学科”“历史是永恒的建设性的道德遗产”。在道德教化方面，历史学科有着得天独厚的条件，通过对历史人物的学习，引导学生学习英雄身上的伟大品格，吸取历史人物的经验和教训，将会在学生人格的养成方面产生“润物细无声”的作用。以现有的高中历史教材《中外历史纲要》来看，仅仅在上册中，就有70多位历史人物，近30个英雄群体。如教科书中提到的开疆拓土的卫青、霍去病，精忠报国的岳飞，抗倭英雄戚继光，甲午海战中的邓世昌，抗日战争中的赵一曼、左权，抗美援朝中的杨根思、黄继光、邱少云等等。下册中，也有30多位历史人物出现，呈现形式有雕像、绘画、照片等，多数配有生卒年份，且有少量相关文字介绍。如古希腊的苏格拉底、俄罗斯的伊凡四世、马里国王曼萨·穆萨、彼特拉克、伏尔泰、马克思、恩格斯等。现有教科书在正文叙述历史人物的同时，在辅助栏目的设置上，也通过图片、思考点、历史纵横，还有史料研读等突出人物，用这些方式来系统地展现英雄人物在历史中的作用和地位。这些众多的历史人物可以为历史解释素养的培养提供丰富的历史素材，其中既体现共性又存在差异的人物，也便于教师整合教材内容，给学生的学习提供更大的思考与迁移运用的空间。

正如上海付文治老师所言，中学历史教育以人为中心，是教师、学生与历史中的人物精神相契合的过程，在这个过程中，文化得以传递，情感得以涵养。这个过程需要敞亮的对话，鲜明的精神，清晰的路线，师生与历史人物有明确的对应关系才能使学生在课堂上有鲜明的思维发展。①

从教学实践来看，许多名师的课堂都十分重视从人物的角度来进行历史解释。如浙江省桐乡高级中学的郑婷婷老师在《在建构历史人物过程中完成“历史解释”——“中国铁路之父詹天佑”教学设计》一文中，以“詹天佑有哪些历史贡献”“他为什么能够取得这些贡献”“如何评价詹天佑所处

---

① 付文治．人到底在哪里？——基于中学历史思维培养的思考［J］．中学历史教学，2017（10）：7-9.

的时代和他个人”这一问题链重组教学内容，推进教学并引导学生探究；通过“詹天佑大事年表”的编制、经典史料的研讨、人物故事品读等方法引导学生回到詹天佑所处的特定时空，了解他的主要生平及其为中国铁路事业发展做出的重大贡献，进而能够就历史人物与时代的关系形成理性认识，在整个教学过程中涵养“历史解释”这一素养。①

会文伟老师在“明末清初的思想活跃局面”一课的教学中，课前布置学生分组借阅李贽、黄宗羲、顾炎武、王夫之和唐甄等人的传记，并在课堂上以表格的形式完成相关内容，真正使学生成了课堂内外学习的主体。②孙梅老师在《历史解释的过程比结论更重要——以选修四〈圣雄甘地〉一课为例》一文中，引领学生广泛阅读材料、做好背景铺垫，进而使“学生通过老师提供的材料……理解非暴力不合作运动产生的特定历史环境及其作用，正确评价甘地这一历史人物”③

根据前文四个等级水平要求以及结合教学实践，从人物角度来进行历史解释的四个水平等级大致如下。

水平一：能够概括历史人物生活的时代特征，说出历史人物的基本信息、重要事略、基本主张，理解并阐释历史人物与时代之间的关联。

水平二：能够区分历史人物的事迹与评价，能够从历时性角度认识历史人物产生的影响，能够在长时段、宽领域的时空坐标中，对不同历史人物进行比较，并结合人物生活时代背景做出分析；能与历史人物产生共鸣与共情，看到历史中的人心人性；能基于不同历史人物的角度，审视历史事件，建立古今联系、中外联系。

水平三：知道对历史人物会有不同评价，能够分辨对历史人物的不同评价，尝试从评价者的身份、立场、所处时代等角度，说明导致不同评价的原因并加以评析。能够基于历史人物的生平事迹、基本思想主张，从是否推动社会进步、是否顺应时代发展潮流、是否有利于人民的角度，评价历史人物的功过是非，并结合时代认识历史人物的局限性，做到言必有据，论从史出，全面、客观、公正评价历史人物。

---

① 郑婷婷．在建构历史人物过程中完成“历史解释”：“中国铁路之父詹天佑”教学设计［J］．中学历史教学参考，2018（9）：42-47.

② 会文伟．“人”在思想史教学中的作用：以人民版《历史》必修三“明末清初的思想活跃局面”一课为例［J］．中学历史教学参考，2016（6）：13-16.

③ 孙梅．历史解释的过程比结论更重要：以选修四《圣雄甘地》一课为例［J］．中学历史教学，2017（8）：15-17.

水平四：能够汲取历史人物的经验教训，学习历史人物的可贵品质，认同历史人物的贡献，进而养成正确的人生观、价值观、世界观，有意识地规划自己的人生，解决现实生活中的实际人生问题。

四、从国家民族看历史测评

《课程标准》对于重视中华优秀传统文化有以下表述：学生应该学习和探索历史，这是社会责任和人文追求。其使命是为国家的繁荣，民族自我完善和人类社会的进步服务。同时也明确规定，学生能够以历史为视角，全方面多维度地理解中国国情，增强对祖国对人民的认同感，对中国优秀传统文化和中华文明历史及现实意义加以了解，并且将其付诸实践。家国情怀核心素养作为中国传统文化的组成部分，具有基本的内涵特征。

自历史学科五大核心素养被正式提出以来，众多学者都不约而同地提到，家国情怀是历史学科的最高素养目标，唯物史观、时空观念、史料实证、历史解释等，都是“历史学习”这个过程本身所应具备的素养要求，而家国情怀则是在历史学习的基础上对学习者个人思想情感上的价值要求，是融合所有历史学科素养的最高表现。因此，培养学生的“历史解释”素养，应该建立在其他几个要素的基础上，引导学生客观解释、评判历史现象，最终形成学生的“家国情怀”。

家国情怀是学习和探究历史应该具有的社会责任和人文追求。它的内涵是指，学习和探究历史应具有价值关怀，要充满人文情怀并关注现实问题，以服务于国家强盛、民族自强和人类社会进步为使命。课堂是一个塑造人的地方，历史课堂承担着重要的育人功能，回归家国情怀理应成为我们追求的目标。

从教学实践来看，许多名师已有众多优秀课例作品，如张建华老师《“历史解释”在课堂教学中的实践与归宿——以《祖国统一大业》一课为例》[①]，课堂内容由三部分组成，分别是铺垫“历史解释”的基石——时空观念，转变“历史解释”的主体——以生为本，生成“历史解释”的目标——家国情怀。该堂课既有教材内容的讲述，又回归到现实的台湾问题，在完成教学内容的同时，将“家国情怀”这一核心素养自然合理地融入其中。

---

① 张建华．“历史解释”在课堂教学中的实践与归宿：以《祖国统一大业》一课为例［J］．中学历史教学，2018（4）：37-39.

施洪昌老师在《审慎、审视、审辩与批判性历史思维——以〈日本明治维新〉的历史解释为例》一文中，引导学生结合日本学者米邦武1878年出版的《美欧回览实记》，判定NHK电台《转动历史的时刻——岩仓使团之旅》纪录片的真伪，使学生在潜移默化间养成“论从史出”“孤证不立”的史学态度，逐步形成批判性思维，涵养“历史解释”素养。[①]日本作为我国的近邻，近代以来它的发展强盛之路虽有对外侵略，但是站在理性、清醒的角度，反思近代以来我国的发展道路，该堂课可以给我们很多启发。

五、从延续看历史测评

文化是需要传承的，文化的发展有着历史的延续。中学历史教学承载着弘扬优秀传统文化的使命，如何将传统与现代衔接，如何在课程资源整合、教学内容选择、问题设计等方面将优秀传统文化的思想观念、人文精神和道德规范潜移默化地渗透给学生，这也是当下中学历史教学思考的重大问题之一。

文明的发展演进和文化的传承延续的角度，也是对历史进行更高层次解释的一个重要维度。

冯一下先生提到的孙中山和长征的两个例子就具有典型的代表性。如《孙中山全集》第二卷收有孙中山写于1912年的《琼州改设行省理由书》。在该文件中，他提出五个理由，论证琼州（海南岛）设省的必要，指出若能如此，“琼州幸甚，民国幸甚”。这个建议长期被忽视，而当我国进入改革开放时期，海南设省提上议事日程时，人们才发现孙中山卓越的价值，认识到这个建议的意义。彼时，孙中山辞去中华民国临时大总统后，集中精力研究中国实业发展问题，精心描绘出宏伟的国家建设蓝图。他列出了以筑铁路10万英里和碎石路（公路）100万公里、建三个大洋级海港、修长江三峡大坝等为重点的“工程清单”。当时及以后很长时间，一些人对此评价不高，还有一些人持批判态度，有人甚至嘲笑说“孙大炮又放大炮了”。当面对三峡工程完成、中国高速公路网和高速铁路网初步形成的现实时，我们才认识到孙中山实业计划的意义。同样地，我们从历史的视角回望，红军长征胜利虽已过去80多年了，但它与我们的现实生活和未来事业息息相关。长征精神鼓舞着中国人民，我们把正在从事的社会主义现代化

① 施洪昌. 审慎、审视、审辩与批判性历史思维：以《日本明治维新》的历史解释为例［J］. 中学历史教学，2017（2）：4-6.

建设称为“新长征”。从长征精神的影响、红军长征与“新长征”的关联中，我们可以解释红军长征的意义。①

在中学历史教学中有大量传统文化的内容，比如儒学在不同历史时期的发展，而我们今天又该如何看待儒家文化，有教师在这方面进行了积极摸索。比如浙江的胡谟旭老师在其《提升学生“历史解释”素养的三个路径——以复习课〈透视“国学”之热，助力文化重建〉为例》一课中有着精彩讲述。他在引导学生分析“国学”从上世纪初开始的100多年内的“沉浮”原因时，以唯物史观为统领，同时使用了现代化和全球史的研究范式，在不给确切答案的同时，让学生对所学知识做到既“精”又“通”，做出基于自身知识水平的、相对合理的“历史解释”。②江苏的徐文彬老师，在其《弘扬优秀传统文化视阈下的中学历史教学——以人教版“宋明理学”一课为例》中，从理学的时代背景、理学的内容和理学的后世影响三个部分，将复杂的理学与符合时代、贴近学生生活的内容结合，最终整合课程资源，采取适合的呈现方法，设计精巧的问题，引导学生思考体悟传统文化在今天的时代价值。③

六、从联系看历史测评

历史学科各项核心素养之间是相互联系、相互渗透的，唯物史观是学习历史的核心指导思想，时空观念与史料实证是学习历史的基本能力要求，三者贯穿于历史学习的始终。唯物史观、时空观念以及史料实证指向的都是学生内在的心理品质，内隐性较强，而历史解释是学生在掌握一定史料的基础上，综合历史理解所形成的对各类历史事物的评析、论述，一定程度上体现了学生认识历史的指导思想及历史知识的掌握情况，所以历史解释是学生知识、能力、价值态度外显的重要手段。在培养学生历史学科素养的时候，不能孤立地看待各项素养要求，尤其是历史解释，其所涉及的内容更加错综复杂，需要进行长时间的锻炼、积累、体悟才能内化为学生自己的历史思维能力。

---

① 冯一下．试论历史解释的内容要点："历史解释与历史教学"专题研究之二［J］．中学历史教学参考，2017（3）：7-12.

② 胡谟旭．提升学生"历史解释"素养的三个路径：以复习课《透视"国学"之热，助力文化重建》为例［J］．历史教学问题，2018（3）：119-121.

③ 徐文彬．弘扬优秀传统文化视阈下的中学历史教学：以人教版"宋明理学"一课为例［J］．中学历史教学，2017（10）：22-24.

从教学实践上来看，王秀青老师的《“历史解释”的素养层次及其培养途径之思考——以“欧洲的宗教改革”为例》一文引领学生广泛阅读材料，“概括归纳材料和书籍论述的角度，从时代背景、论述目的、作者的立场、经历、史学修养等多个方面评估历史著作；组织、运用相关史料论述自己对历史的看法”，从而培养“历史解释”素养。① 周云华、黄飞《例谈学生历史解释能力的培养》一文，以“百家争鸣与儒家思想的形成”一课为例，指出该课教材内容的显著缺陷，即“虽再三强调‘百家争鸣’是中国历史上第一次思想解放运动，但都未明其所以然”。于是，作者引入关于西周礼乐制度的多篇材料，使学生认识到“上文所谓的思想束缚，实际是指礼乐制度及礼乐文化”，帮助学生用“科学、专业的方法阐释历史问题”，涵养学生的“历史解释”素养。②

从联系的角度来看历史解释，还应该将事实判断与价值判断相互结合。某次课堂教学中针对日本投放原子弹轰炸事件的问题调查，出人意料的是，78%的学生（39 名）认为，对日本投掷原子弹是“反人类”的行径。对此，何成刚博士认为，引导学生进行历史解释，应做到事实判断与价值判断的统一。③ 因为事实判断是价值判断的前提与基础，价值判断是事实判断的关键与升华；事实判断在一定程度上蕴含着价值判断，选取怎样的事实，这本身就包含着价值判断。在历史解释过程中，还必须重视事实的完整性，应当运用全部的事实，不能仅挑选其中的一部分事实。只有这样，才能从纷繁的历史活动中，理清事件的前因后果，从盘根错节的历史进程中，把握历史的本质。因此，教师非常有必要在课堂上引导学生透过纷杂的表象认识历史的本质，以理性的态度对原子弹轰炸事件进行恰当的解释。

南京的王鑫老师有一堂精彩的课例，在其《问题链的设置与历史解释素养的培养——以〈近代中国资本主义的曲折发展〉专题为例》④ 一文中，通过连续的问题设置，提到具体有以下几个角度来培养学生的解释素养。

一是设置历史情境，通过提问回到历史现场。构建历史情境尤其是

---

① 王秀青. “历史解释”的素养层次及其培养途径之思考：以“欧洲的宗教改革”为例［J］. 中学历史教学参考，2017（3）：50-54.

② 周云华，黄飞. 例谈学生历史解释能力的培养［J］. 历史教学（上半月刊），2017（3）：27-31.

③ 何成刚，沈为慧，张克州. 历史解释：事实判断与价值判断的统一：以“原子弹轰炸事件”为例［J］. 历史教学问题，2018（8）：44-49.

④ 王鑫. 问题链的设置与历史解释素养的培养：以《近代中国资本主义的曲折发展》专题为例［J］. 中学历史教学，2017（7）：17-19.

真实的历史情境，有助于学生更好地了解那个时代，站在历史当事人的角度思考问题，从而更准确地理解当时人们的想法、做法和无奈。在讲解“民国时期民族工业的曲折发展”一课时，可以提出这样的问题：“如果你是当时的一位实业家想要创办企业，你需要哪些准备，当时有什么样的条件可以满足你要做的准备？哪些情况可能是不利于企业发展的障碍？你会如何对待这些障碍？”通过这样的情境，让学生以第一人称的视角、当事人的身份融入那个历史条件中去，感受当时民族资产阶级面临的种种问题以及其拥有的积极向上的态度。教师可以让学生自由表达，既发挥了学生参与课堂的主动性，更让冰冷的历史结论变得有血有肉。

二是从现象出发，概括历史阶段特征。“近代中国资本主义的曲折发展”这一专题中，需要从整体上把握民族资本主义经济产生和发展的历史脉络。教师可提供各个时期的经济增长数据，如晚清时期、民国初年、南京国民政府前十年、抗日战争时期、解放战争时期民族资本主义企业数的变化表、资产情况、民族资本主义企业的市场占有率等，向学生抛出问题：“通过材料，概括民族资本主义发展的各阶段的特征。”这些数据属于原始史料，不带主观色彩，有助于让学生回到当时的历史情境中去。学生通过自主阅读原始史料，讨论合作，把握当时的时代特征。了解历史现象也是理解、解释历史的第一步，符合学生认知发展规律。

三是从现象看本质，进行归因分析。教师进行阶段特征概括后，需进一步进行原因分析，抛出接下来的问题：“阅读课本，小组合作，找出民族资本主义各阶段特征出现的原因。”学生阅读课本，互相合作，可以很快找出原因。但此时学生获得的结论只是课本中的结论，还未能内化到自己的知识结构中去，需要接下来的问题继续帮助深化理解。

四是史论结合，对归因分析的详细剖析。仅列举原因还远远不够，理解成因才是关键。以民族资本主义出现短暂的春天为例，学生能够列举出以下原因：①一战期间，列强暂时放松对华的经济侵略；②辛亥革命的胜利为民族资本主义的发展扫清了一些障碍；③实业救国思潮的影响，提倡国货。针对学生得出的结论可以进行进一步提问来检测学生对概念的理解。如：“请用史实说明这些成因的合理性，同时可以提出你认为的别的成因。”从书本上找出空洞的结论仅仅是让学生担任“知识的搬运工”的角色，是机械的重复。结论的背后需要大量的史实为支撑，才能帮助学生深刻地理解和解释历史。教师可在课前给学生提前发放一些原始史料，如：一战期间中国面粉与棉纺织品对外出口的状况，南京临时政府制定的发展实业的具体措施，实业家实业救国的具体措施，优秀企业家管理创新的举措等。通过材料的阅读，学生有选择地利用史料论证教科书中短暂的春天成因解释的合理性，养成论从史出的历史解释习惯，促进自身学科核心素养的达成。

五是大胆质疑，批判地阅读教材。历史学也是一门解释学，对于同一历史现象，由于解释者的立场不同、视角不同、评判标准不同、阶级属性的不同等种种原因，得出的结论大相径庭，这是一种常见现象。教科书的观点仅仅是一种观点，我们要用辩证批判的眼光来看待，而不必将其视作金科玉律。这在高考中已有了明显的体现。2016年江苏高考第21题明确提出“历代王朝的商业政策蕴含着一以贯之的经济思想，也会因时代变化而作出调整”“在某些时期同时存在抑商政策和惠商政策”。这与教科书中只强调重农抑商而对古代“惠商”措施只字不提的观点存在明显的区别。仍以上文的例子为例：“第一次世界大战结束不久，帝国主义列强卷土重来，加紧了对中国的经济侵略，刚刚有所发展的民族工业很快萧条下去。”教师可以提问：“对于这个结论，同学们有何看法？”讨论后，有学生可能会提出：“既然民族资本主义萧条下去，怎么又有南京国民政府前十年的较快发展？”事实上，一战后民族资本主义用“萧条下去”来形容并不妥当。“据一位日本学者统计，从1912年到1936年，中国进口轻工业产品下降的幅度约有3/4，从占进口总额的一半多，下降到只有14%。这说明中国轻工业生产逐年提高。1926年，轻工业产品的出口则增加了一倍多。进口的重工业产品主要是机器，1912年占进口总额的13.7%，1936年则增至47%。这反映了中国工业化水平提高的需求。”能批判地看待教材观点是对每一位历史学习者必备的要求。历史解释绝对不是空洞无物的评论说教，更不是将晦涩难懂的概念进行简单堆叠。历史有血有肉，历史的逻辑能够用史料讲清楚，历史的选择也有特定的时代背景作为支撑。通过问题链一步一步引导学生亲近历史、深入历史、感悟历史，学生形成的历史解释才更加饱满，更加有说服力。

七、从人类使命看历史的测评

在人类漫长的生存历程之中，在不同的人类之间，基于生存利益的竞争，总是会周期性、阶段性不断反复发生各种激烈冲突，人类的生存往往不可避免地会遭受到各种极其沉重的、惨烈的毁灭性打击。

文明的多样性是人类文明发展的基本趋势。自然生态环境和生产力、社会分工的发展是人类文明保持多样性的两个原因。自然生态环境是人类赖以生存和发展的自然物质基础，也是人类意识或精神产生、发展的源泉。但是，随着文明的不断发展，生产力与社会分工、交往的发达程度等对文明多样性与差异性的影响便会远远超越自然法则，成为文明差异性不断深化的主要原因。文明的多样性必须坚持平等、开放、包容的原则，尊重和维护每个国家自主选择发展道路的权利，这是对人类文明的正确理解。文明之间的交流借鉴是实现人类文明共同进步与世界和平的重要动力。

进入21世纪后，人类文明在取得许多重大发展的同时，同样面临着许许多多的共同挑战与威胁。如何追求人类共同价值、避免文明走向冲突，是人文社会学科思考的必然话题。历史学科因其丰富的内容，涵盖社会的各个领域，自然而然应该承担起这一使命。关注人类各地区不同文明和文化的交流与发展，总结人类历史发展规律，思考国家和民族的前途与未来，既能够让历史课堂有鲜活的生命力和震撼心灵的魅力，进一步培养学生的学科素养和兴趣爱好，又由此而引申到激发学生去思考人类文明与国家发展的前途与未来，责任重大，与有荣焉。

从教学实践看，许多名师的课堂已经有了这一方面的积极探索。如卞姗姗老师在《“历史解释”应与时代价值相结合——以〈马克思主义的诞生〉为例》一文中，引导学生从《共产党宣言》看马克思主义的时代价值。作者表示，“马克思的共产主义理念其实是一种面向未来和他者的开放心态、一种对公正社会的期待和信仰……这样的价值和理想可以超越时间、超越地域、超越民族，是永恒不灭的”，以此使学生理解马克思主义诞生之初有其时代价值，时至今日仍有其时代价值，引导学生在“时空观念”下做出客观公允的“历史解释”。①

第二节　历史解释素养发展性评价的操作方法

发展性评价从其发展脉络来看，它是一种教育思潮，它所深描的教育评价，是一个多维度与复调性相融的教育评价文化概念。基于传统教育评价的

① 卞姗姗．“历史解释”应与时代价值相结合：以《马克思主义的诞生》为例［J］．历史教学：中学版，2017（6）：26-31.

功利性思维、知识论评价模式面临后续发展乏力与人才培养社会意义缺失等多重因素，发展性评价作为创新当代基础教育评价的一种新理念或者新向度应运而生。作为历史学科五大核心素养之一的历史解释素养，对于如何在教学过程中养成、如何对学生进行过程性评价，目前也是处于摸索阶段。下文我们就对此结合教学实践做初步探析。

一、历史解释素养发展性评价的内涵

2017年12月教育部颁布的《课程标准》中明确提出了历史学科的五大核心素养，即唯物史观、时空观念、史料实证、历史解释、家国情怀，其中历史解释是核心能力。以下我们简单梳理三个概念。

（一）历史解释

新课标认为历史解释是指以史料为依据，以历史理解为基础，对历史事物进行理性分析和客观评判的态度、能力与方法。冯一下先生认为历史解释是人们以史料为依据，以历史理解为基础，在一定的史观指导下进行的解释和阐释人类社会过往事物的历史思维活动[①]。邓京力先生则认为历史解释过程就是探明历史因果、阐释历史意义和客观评价的过程[②]。

（二）历史解释素养

根据2003年经济合作与发展组织对“素养”的定义，“素养”不只是知识与技能，它是在特定情境中，通过利用和调动心理社会资源（包括技能和态度），以满足复杂需要的能力。李稚勇先生认为，学生“能够对各种历史解释加以评析和价值判断，能够客观论述历史事件、历史人物和历史现象，能够以全面、辩证、客观、发展的眼光解释与评判历史与现实问题，这是学生历史解释能力的展现，但其中强调评价与解释要“辩证、客观”，这就涉及素养[③]。因此，我们可以认为，历史解释素养也是一种心理品质，是学生以历史和历史学的眼光发现问题、思考问题并解释问题进而解决问题的过程。解释本身就是一个认知过程，那些客观实在能够被知晓，就在于解释。历史解释素养需要综合运用到唯物史观、时空观念、史料实证和家国情怀等其他

---

① 冯一下．论历史解释的界定：“历史解释与历史教学”专题研究之一［J］．中学历史教学参考，2017（2）：6-9.

② 邓京力．历史理解与历史解释辨析［J］．历史教学问题，2016（6）：3-8.

③ 李稚勇，周仕德，陈新民．中外历史教育比较研究［M］．长春：长春出版社，2012：86.

核心素养。

（三）历史解释素养的发展性评价

发展性评价是指通过系统地搜集评价信息和进行分析，对评价者和评价对象双方的教育活动进行价值判断，实现评价者和评价对象共同商定发展目标的过程，旨在促进被评价者不断地发展。历史解释素养的发展性评价是以学生的历史解释素养发展为目标，运用多元化的评价方式、评价手段进行评价的一种教学过程与教学理念。其本质是提升学科能力，促进学生的历史解释素养发展。以下我们将以英、美、法早期资产阶级革命为例①。

测评设计：以英、美、法早期资产阶级革命为例

对“他人”的历史解释进行客观评析、阐释、验证的分层目标可以如此确定：

第一层次：能在分析理解的基础上认同历史课本关于英、美、法资产阶级革命的评价。

第二层次：能多视角分析“17、18世纪英、美、法三大政治革命属资产阶级革命”这一熟悉的历史结论。

第三层次：能对斯塔夫里阿诺斯的“从世界史的观点看，美国革命之所以重要，并不是因为它创造了一个独立的国家，而是因为它创造了一个新的、不同类型的国家”进行分析。能根据材料分析罗兰夫人、柏克、菲利普·费尔南德兹－阿迈斯托、历史课本对法国大革命的不同评价，并能从多方面说明导致评价不同的原因。

第四层次：能用三大资产阶级革命等政治革命前后的史实验证或质疑美国学者罗伯特·路威的观点：“人类老是在两个交替办法之间翻来覆去。有时候他要想建立秩序，有时候他又渴望自由；把秩序和自由合二为一，似乎在他的力量之外。”

对历史或现实问题学生提出“自己”的解释的能力

我们来探讨对历史或现实问题提出“自己”的解释能力养成方面的策略。完成教师示范后，学生模仿、迁移的过程中，可以对学生

---

① 陶世华，袁文菁，袁丽，等．对“历史解释”素养分层的理解和实践［J］．历史教学问题，2018-2.

“历史解释”能力相应提出更高的要求：

第一层次：能分阶段概述英、美、法资产阶级革命各自的进程；能有条理地从时间、地点、人物、任务（原因）、过程、特点、成果、性质等角度分析英、美、法资产阶级革命，形成资产阶级革命的概念。

第二层次：叙述英、美、法资产阶级革命时能建立彼此之间的联系，能建立三者与资本主义兴起、宗教改革、启蒙运动、工业革命、19世纪六七十年代政治革命、欧洲崛起、辛亥革命的联系；能建立与英语、语文、地理、艺术学科的联系。

第三层次：能从身份、立场的视角说明撒切尔夫人和马克垚教授对英、法资产阶级革命评价不同的原因。

第四层次：能全面客观地论述美国学者斯塔夫里阿诺斯称“19世纪欧洲对世界的支配不仅建立在欧洲工业革命和科学革命的基础上，也建立在欧洲政治革命的基础上”。

上述测评设计旨在强调历史解释的能力可以划分为对“他人”的历史解释进行辨别、评析、阐释、验证的能力和学生提出自己的历史解释的能力这两大方面。《课程标准》要求高中生首先具有区分历史叙述中的史实与解释的能力，要“能够辨别教科书和教学中的历史解释”，即能够分辨出历史教材中某个章节哪一部分是史实陈述，哪一部分是主观解释，哪一部分兼而有之。能够分辨历史教学中教师的某个教学环节是在叙述史实，还是在解释评价。《课程标准》要求高中生能分辨他人不同的历史解释。这里有层次区分，最低层次的要求是能发现教材、教学中的历史解释“与以往所知历史解释的不同”，较高层次的要求是能分辨课内外相似主题的不同历史解释，即能在读懂、理解历史解释的基础上，进行区分辨别，发现不同点。对中学生而言，历史教材用语相对通俗易懂，课外不少文献读本需克服语言修辞、表达形式、文化差异等方面的障碍方能寻找不同点，故《课程标准》将其列为第三层次要求。

历史解释具有多元性、不确定性。课程标准不仅要求学生能理解、辨别、评析、解释“他人”的历史解释，还要能对历史或现实问题提出“自己”的解释，有理有据。在《课程标准》中，这一能力同样也有层次划分。较低层次是“能对个别或系列史事提出自己的解释”，其对象是具体史事，解释时不能任意构建因果关系或评价，要在选择、组织和运用相关史料的基础上运用相关历史术语进行解释，论从史出，史论结合，彰显实证精神和学科特色。另外要“能够尝试从历史的角度解释现实问题”。变化与延续、有因有果是事物发展轨迹的贴切写照，既不存在彻底割裂传统的事物，也不存在亘古不变的事物。学生解释现实问题时要能尝试从历史的角度思考其源流、沿革，形成历史思维。最高层次是“在独立探究历史问题时，能在尽可能占有史料的基础上，提出新的解释能够在正确的史观和方法的指导下，全面、客观地论述历史和现实问题”。它对历史解释的新颖性、质量、方法、表达等方面提出明确要求，对于中学生而言，难度很高，需建立在掌握大量可靠史料、熟知史学家已有的历史解释、另辟蹊径、发挥创造力并合理论证的基础上方能达成。

此案例在培养学生历史解释素养方面，进行了类型划分和详细的层次划分，对于我们在教学过程中促进和提升学生的历史解释素养发展上有重要的参考价值。

二、历史解释素养发展性评价的分类

发展性评价的解释同样可以从历史解释的分类角度分析。

（一）发展性评价的分类

1. 根据评价主体可分为学生自评、同学互评和教师评价三类

学生自评、同学互评，是指在一个阶段的学习结束时，学生对于自己和他人在学习过程中的学习方法、学习态度进行的自我反思与相互评价。教师评价则是对学生自评、互评过程中的具体表现进行引导性评价。

2. 依据评价层次可分为教师对小组的评价和小组对于个人的评价

这样的评价方式是在教学过程中进行的“嵌入式”的过程性评价，通常采用竞赛的方式进行。比如，先将全班分为若干个学习小组，或者利用原来的自然分组将学生划分为不同的“学习共同体”。教师让学生明确竞赛的规程、活动结束时的评定与奖励办法等。在这种两层级的评价过程中，教师只评定到小组，在每个阶段学习结束时，通过小组内部同学互评的方式评定到学生个人。

3. 依据评价的规范程度分为程序式评价与随机式评价

依据评价的规范程度分为程序式评价与随机式评价。程序式评价通常指在一个学习阶段结束时，教师组织旨在反思与评定学生的学习过程的评价。随机式评价则没有固定的时间、地点与完整的评价程序。它通常是在教学的过程中进行的，如教师对于学生表现的一句表扬或批评，一种肯定或否定，甚至一个眼神、一个动作等，都引导着学生的学习与思考，规范着学生的学

习行为与学习方式。

4. 依据具体的评价方式，可以有观察法、访谈法、问卷调查法、量表评价法等多种类别

由于任何一种评价方法与评价工具都不能完全评价出一个学生的全部素质与能力，各种评价方式对学生的评价视角又各不相同，所以对于学生学习的过程性评价，应当尽可能地将各种方法结合起来使用。对于不同的教学内容和学生群体，可选用不同的方法。例如，历史故事讲述、历史剧表演等等也可以作为历史解释评价的方式。

（二）发展性评价的基本程序

实施发展性评价的基本程序是：①明确评价目标和标准；②选择并设计评价工具与评价方法；③收集和分析反映评价对象发展过程和结果的资料；④明确促进评价对象发展的改进要点并制订改进计划。

三、历史解释素养发展性评价的操作方法

历史解释的发展性评价，可以借助社会学调查方法与课堂观察方法实施。

（一）观察法

这种观察可以分为课前诊断和课堂观察两类。

课前诊断一般是指在某项教学活动开始之前对学生的知识、技能以及情感等状况进行的预测。通过这种预测可以了解学生的知识基础和准备状况，以判断他们是否具备实现当前教学目标所要求的条件，为实现因材施教提供依据。教师在计划进行历史解释素养渗透的教学之前，就应对具体内容、学生心理、可能的结果有一个大致的预判与估计。为达到“历史解释”这一目标，教师需要对历史学科涵盖的基本内容进行深入的了解，帮助学生进行自主理解及解释。这需要广大教师对到底要解释些什么样的内容并对该内容有自己准确清晰的理解。比如，历史概念的解释。历史概念是人们基于对历史现象及事件的了解，抽象总结形成的，它对历史现象的本质进行了揭露，使人们重新认识历史现象与事件、人物以及内在的关联。概念的解释并非是在课件上列出一个词语展示给学生那么简单。历史概念涵盖人物、事件、文献、典籍、法律、制度、著作、会议、党派、思想、学说等众多方面。历史概念或是术语的解释需要教师做一些前情铺垫或是扩展。历史概念解释的重要性在于它是学生认识历史、理解历史的中心环节，是历史学科培养全面发

展的学生的重要手段，也是教师全面完成历史教学任务的基本保证。但是，我们又知道，历史学科本身就有许多的概念争议，例如对“中国明清时期的资本主义萌芽”就存在较大争议。因此，在历史概念解释方面需要教师拥有较深的历史底蕴，甄别并选择出既符合时代又符合课标和学生认知的内容并进行恰当的解释。

课堂观察这种方法要求实施评价者站在一个旁观者的角度对课程开发设计的过程、教学实施的过程进行一个相对客观的评价。例如：对学生在某一课时中的课堂参与度进行评价（见表4–1）。最后根据统计数据的量化分析，就可以很直接地看出学生课堂学习情况的参与度高低以及未来课程中需要改进的方向。

表4–1　课堂参与度评价表

项目	参与人数	目标组参与次数	参与程度	是否有新问题提出	是否有小组合作
课堂提问					
课堂活动					
课堂习题					

（二）调查与访谈法

历史调查与访谈，就是运用社会调查的方法对历史人物、历史事件、历史现象进行考察、分析和研究。在这一过程中，学生可以小见大地来理解历史，同时也可以自己的视角完成一次历史解释。

历史调查与访谈的内容包括家庭史、社区史、学校史、访问历史亲历者或知情人等。

教学设计 4–1

福田区家谱制作活动[①]

关于开展福田区高中生家谱制作活动的通知

家族记忆对后代来说是珍贵的文化遗产，这记忆通常保存在家

① 该课例作者：深圳市福田中学王晓博老师。

谱上。“家谱”是以表谱形式呈现的以血缘关系为主体的记载本族世系和重要人物事迹的特殊文本。家族无论大小、无论贵贱、无论民族，都有丰富、神奇、曲折的故事。编制家族的历史可以帮助我们从历史教科书宏大的叙述中走进历史的细节，通过对具体的、细微的、自己家庭流转变迁历程的梳理，来感受历史的节奏，达到数典认祖、增进亲情、寻找成长动力、汲取历史智慧的目的。为此，福田区教研中心开展以“以己之力，书写历史”为主题的福田区高中生家谱制作活动。

一、活动对象：福田区属各高中高一学生和高二文科学生。

二、活动时间：2010 年 11 月—2011 年 3 月。

三、活动内容：“以己之力，书写历史”——学生制作家谱。

四、活动安排：

1. 明确要求：各校历史教师组织学生学习家谱制作的基本要求和基本方法。(2010 年 11 月)

2. 实际操作：学生设计方案，收集家族资料，编辑制作家谱。(2010 年 12 月—2011 年 1 月)

3. 学校评估：学校对活动的总体状况进行评估总结，选出优秀作品给予奖励。(2011 年 1—2 月)

4. 区级展示：各校按学生总数 2% 的比例，选择优秀作品于 2011 年 3 月 5 日前送交区教研中心参加全区的展评活动。

五、活动要求

1. 家谱必须是自己的家谱，且真实可信。

2. 家谱应至少有最近三代人的记录。

3. 家谱必须至少包括家庭世系表、家庭大事记、家庭史料、家庭故事等要素。学生送交家谱制作需家长签字同意。

4. 每一选送家谱作品，均须送交用 A4 纸打并印装帧完整的纸质文本和多媒体制作的电子文档。

5. 每一选送家谱作品，均须附作者参加活动的后记。

6. 每一选送家谱作品，均须标明所在学校、年级、学生和指导教师的姓名。各校应送交本校活动开展情况的书面总结和指导教师对所指导的学生作品点评分析的文本。

表4–2 福田区高中学生家谱制作评价量规

序号	项目	等级			
		优秀	良好	一般	不合格
1	家庭世系（30分）	世系脉络非常清晰、旁系完整；主要成员生卒时间准确；追述久远，至少包括从本人开始五代以上（30分）	世系脉络清晰、旁系较完整；部分主要成员有生卒时间；追述从本人开始至少四代以上（25分）	世系脉络基本清晰、有部分旁系；个别主要成员有生卒时间；追述从本人开始至少三代以上（20分）	世系脉络不太清晰、很少旁系记录，没有主要成员生卒时间，只有两代记录
2	家庭大事（20分）每件事100~150字	5件以上家庭大事，能全面反映家庭变迁与社会变迁的关系和家庭重大变化的关键事件（20分）	4件以上家庭大事，能反映家庭变迁与社会变迁的关系和家庭重大变化的关键事件（15分）	3件以上家庭大事，基本反映家庭变迁与社会变迁的关系和家庭重大变化的关键事件（10分）	没有能反映家庭变迁与社会变迁的关系和家庭重大变化的关键事件
3	家庭史料（15分）	有丰富的家庭照片、文字和实物等资料，能对家庭史料充分解读（复印件）（15分）	有家庭照片、文字和实物资料，能对家庭史料基本解读（复印件）（12分）	有少量家庭照片、文字和实物资料，能对家庭史料简要解读（复印件）（10分）	没有家庭照片、文字和实物资料
4	家庭故事（15分）每个500~800字	有3个以上真实、感人的家庭故事（15分）	有2个以上真实、感人的家庭故事（12分）	有1个以上真实、感人的家庭故事（10分）	没有真实、感人的家庭故事

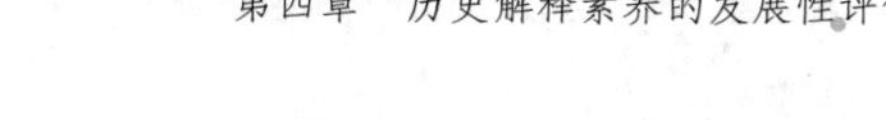

续上表

序号	项目	等级			
		优秀	良好	一般	不合格
5	呈现方式（20分）	独特新颖，表现手法丰富，综合运用文字、表格、图片、声音、视频等多种媒体（20分）	表现手法较丰富，能运用文字、表格、图片、声音、视频等多种媒体（15分）	表现手法一般，运用媒体的种类较少（10分）	表现手法较单调，运用媒体单一
6	活动后记（20分）	清晰完整介绍家谱制作的过程；有家谱制作过程中克服困难的典型事例；能说明活动的主要收获（20分）	能介绍家谱制作的过程；有家谱制作过程中克服困难的事例；能简要说明活动的主要收获（15分）	能介绍家谱制作的过程；有家谱制作过程中克服困难的个别事例（10分）	能介绍家谱制作的过程

六、优秀学生作品展示

黄若薇家族记事

深圳市福田中学　高二（5）班　黄若薇

目录

（一）家庭世系

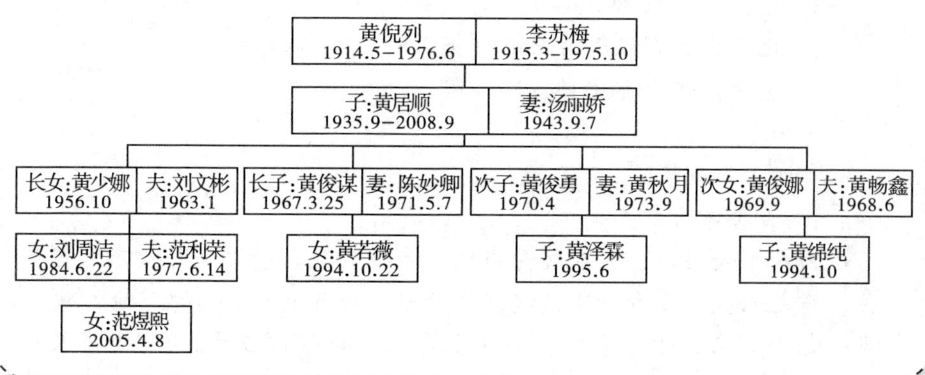

（二）家庭大事

1. 深圳之旅始于1985。

深圳又名“鹏城”，位于中国南方珠江三角洲东岸，是中国第一个经济特区，经国务院批准于1980年8月26日正式设立。年仅18岁的爸爸，为感受特区新面貌，于1985年孤身一人离开家乡——美丽富饶的广东揭阳，开始深圳之旅，就读深圳中学。

2. 爸爸的邮电情。

1987年，年仅20岁的爸爸进入深圳市邮电局工作，开始国企之路。这期间爸爸为中国通信事业的发展做出了巨大的贡献。全国的通信器材主要集中在深圳，由深圳发往全国各地，爸爸将固定电话、BP机（传呼机）、移动电话送到全国人民的手中。

3. 爸爸放弃高薪毅然下海创业。

改革开放总设计师邓小平爷爷1992年南巡，发表了重要的南方谈话。“发展才是硬道理，要抓住有利时机，集中精力把经济建设搞上去。”这一番话语时刻萦绕在爸爸的耳畔。经过艰难抉择，爸爸毅然放弃了工作多年的深圳市邮电局，创办了深圳市原动力电讯有限公司，服务于深圳中小企业。

4. 爸爸妈妈爱情开花结果。

爸爸、妈妈的爱情终于落定，经中华人民共和国民政部批准，于1993年11月29日登记结婚。一年后，1994年10月22日我出生在深圳，为这个幸福、和睦的大家庭增添了更多的喜悦。

（三）家庭史料

1. 全家福（照片略）。

2. 慈祥的奶奶（照片略）。

3. 缅怀爷爷（照片略）。

4. 记录我教育经历的点滴（照片略）。

5. 童年记忆（照片略）。

……

（四）家庭故事

1. 百善孝为先。

为人子女当孝，为人父母当慈。身体发肤，受之父母，不敢毁伤，孝之始也；立身行道，扬名于后世，以显父母，孝之终也。夫孝，始于事亲，中于事君，终于立身。爸爸常常教导我，“百善长存仁孝心，人人才能有相融”。爸爸以身作则，早早将身居家乡的爷爷、奶奶带到身边赡养。

那时家庭不算富裕，要让我接受良好的教育、吃好穿好住好，又要让爷爷奶奶安度晚年，尽享天伦之乐，贫寒的家庭多了几分负担。爸爸妈妈日出而作，不辞辛苦。爸爸一直教导我：不论自己的生活多么艰辛，在外谋生，一定要把父母带在身边，赡养父母，让父母感受到温暖和关怀。爸爸通过一件件小事把“孝”字演绎得真真切切。

爷爷卧病在床，爸爸经常夜不能寐，几个月的时间人消瘦了好多。他每天帮爷爷擦脸、擦手，帮爷爷洗脚、按摩。年少的我看在眼里，记在心里，并默默地告诉自己：我要努力学习，以优异的成绩回报父母的养育之恩；我要快快长大，用自己的行动孝顺父母。

2. 父爱如山。

自从记事起，爸爸坚实的肩膀是我不倒的靠山，爸爸宽广的胸膛是我永远的依靠。不管工作多么繁忙，不论刮风下雨，爸爸始终坚持每天接送我上下学，十年如一日。刚读幼儿园时，爸爸牵起我的小手，走在宽广的马路上，送我到温馨的校园；读小学时，爸爸骑着自行车接送我上学，我依偎在他温暖的后背；读初中起，爸爸每天开着自己的轿车接送我进出校园。我多次劝说爸爸，要是工作忙，不用坚持接送我读书，可爸爸始终坚持着，把这件小事一做就是十几年，十几年如一日。爸爸让我感受到了坚持的可贵，让我体味到了无私的父爱。

我想借着这样一个机会，对我深爱的父亲说一声：爸爸，您辛苦了，女儿谢谢您！

（五）活动后记

本次家谱制作发动了全家人的力量，由奶奶陈列家族世系表，讲述家族旧事；爸爸讲述深圳的成长经历；妈妈收集家庭照片。为了收集充分的史料以展示家庭的变迁，发动全家人力量找照片；关于过去的照片好少，为满足我的要求，爸爸克服重重困难，亲自驱车回到揭阳老家寻找那些过往的记忆。

（六）制作花絮

翻开很多泛黄的照片，看着爸爸年轻时的照片，一不留神被身边的同学发现，他们大叫：“原来你爸爸以前是有头发的啊！哈哈哈……”

经过本次家谱制作活动，我更进一步了解家庭变迁、社会变迁的过程，对黄氏家族有了更深层次的认识，同时也让我充分地感受到了全家人的关爱。我想对一直默默抚育着我的父母说一声：你们辛苦了！我想大声地高呼：我有一个幸福和睦的大家庭，我爱我家，我爱爸爸妈妈！

教学设计4–1旨在使学生感受历史的节奏，达到数典认祖、增进亲情、寻找成长动力、汲取历史智慧的目的。作为一个有着数千年文明传承史的文化大国，中国人历来有重视记录历史的文化传统。国有国史，县有县志，家有家谱。在漫长的封建时代，修谱是家族的大事。家谱，它与方志和正史是构成中华民族历史大厦的三大支柱，是我国珍贵文化遗产的一部分。但自近代以来，历经人事变迁，特别是“文革”浩劫，目前能流传下来的家谱所剩无几。从这个意义上来看，教师通过要求学生制作一份家谱，不但能够使他们从历史教科书宏大的叙述中走进历史的细节，通过对具体的、细微的、自己家庭流转变迁历程的梳理，进一步感受整个国家与民族历史发展的意义；而且从某种程度上来说，这样一个个家族记忆的书写，也是对国家变化的一个反映，一种文化信息的记录和保留。修谱建祠，在过去一直是起敦宗睦族的作用，进入现代社会，传统的家族观念已经发生变化。但从很多学生制作家谱后的感想来看，很多人加深了对家族的了解，拉近了和老家的距离，增加了和亲人长辈的沟通，甚至更进一步激发了学习动力。所以从这一点来看，家谱制作对于学生了解家族历史，增进亲情，健康成长，确实是有作用的。从现实角度来看，通过制作家谱过程中的文字记录、整理和资料收集，也培养和锻炼了学生的历史思维能力和动手能力。

访谈法分为面对面进行交流和通过电话等形式进行交流。面对面的谈话，可以直接观察受访者的面部表情和动作，得到的信息更加全面、准确，但是也可能会造成受访者的紧张或者某些顾虑，从而导致搜集到的数据不准确。然而，无论哪种方式，访谈法得到的结果都很难进行量化，并掺杂着访问者的主观因素。访谈法的具体实施常见课前谈话与课堂提问。

寻找身边的历史——新中国成立以来社会生活的变迁[①]

一、学情分析

本次活动的主体为河北省辛集市高一年级（439 班）学生。这一阶段的学生初入高中，面对的是新的学习、生活环境，新的知识体系，但他们思维较活跃，好奇心强，善于接受新鲜事物，且课业任务相对较为轻松。关于新中国成立以来的历史史实，学生在初中历史八年级下册中已经有所涉及，但仅处在了解基本史实的层面，且多侧重政治角度，对于全方面认识新中国成立以来社会生活的变迁内容涉及较少，没有深入挖掘社会生活变迁的历史原因。此外，经调查，本班绝大多数学生没有进行过历史访谈之类的调查实践活动，但他们却表现出对口述历史调查实践活动的极大兴趣与期待，这从侧面反映了此次活动的必要性与可能性。本次活动可以让学生有新的学习体验，培养其多方面的能力，使之对此问题有更深刻的体会与感悟。

二、活动目标

1. 通过对自己所居住的村落、城镇中的社区居民等进行口述历史访谈实践，了解新中国成立以来社会生活的变迁，感受现在与过去的进步，培养学生的家国情怀，从而更加珍惜现在的美好生活。

2. 初步熟悉并掌握口述历史访谈的方法及流程，在口述历史实践过程中学习历史，提高关注社会的意识和社会实践活动的能力。

3. 通过总结整理口述历史实践成果并与同学们分享交流，锻炼学生逻辑梳理和语言表达等多方面的能力。

4. 通过对收集的一手口述历史实践成果与文献资料等印证，帮助学生形成史料实证意识。

三、活动准备

活动进行前，向学生进行口述历史实践培训，主要讲解有关口

---

① 李荣铎. 口述历史教学在高中历史课程中的应用研究：以河北省辛集地区为例［D］. 西宁：青海师范大学，2018.

述历史的理论及口述历史实践活动的主题、流程、方法、基本原则和注意事项等。

具体内容如下：

1. 口述历史及口述历史教学的概念（PPT 展示）。

2. 展示口述历史视频资料及学生口述历史成果文字资料（PPT 展示）。

（1）南京大屠杀幸存者口述视频。

（2）高中生进行口述历史实践成果。

3. 如何进行口述历史实践。

（1）口述历史实践步骤三部曲。

分小组，定主题；分工协作，集体整合；分享交流，共同学习。

（2）实践活动主题：寻找身边的历史——新中国成立以来社会生活的变迁。

角度一：衣食住行。

角度二：社会习俗，如婚丧嫁娶等。

角度三：大众传播媒介，如电灯、电话、电影等。

（学生可选择其中任一角度进行实践）。

（3）口述历史实践访谈指南。

①访谈工具：提纲（可根据实际情况做临时调整）、笔记本、笔、记录设备

（电子设备，如录音笔、手机、单反等）

②访谈对象：访问者的姓名、年级；受访者的姓名、性别、年龄、成长居住地、教育程度及职业等；访问时间；访问地点。

③访谈问题。访谈问题大概分为以下两类：一类为封闭性问题（如您在哪里出生？您多大的时候家里有了电话呢？）。另一类为开放性问题（如对您的出生地，您有什么记忆？请说说您小时候的生活）。

④基本要求：事前做好准备（提前与受访者沟通确定访谈时间，并准备好访谈工具，熟悉录音、录像设备与访谈提纲，尽量设计富有意义的开放性问题等）；对被受访者要礼貌；不要干扰回话（在不偏离主题的情况下保证不随意干扰、打断受访者陈述）；仔细考量所听所闻所见；整理为文字稿；通过图书馆、互联网等搜集相关文献资料进行印证，保证口述历史实践成果的准确性。

⑤口述历史实践流程：确定主题角度及访谈问题（5~10 个问题，以开放性问题为主）→确定访谈对象、访谈地点、访谈时间→执行访谈并做好录音录像工作→将访谈内容的视频音频资料以及印证完毕的书面文字资料带回学校进行交流学习。

四、活动过程

活动导入：同学们，十一国庆节过得好吗？每每到此时都会让我们想起祖国经历的沧桑，新中国的道路是由无数革命先烈用鲜血铺造的。今年是我们祖国成立 68 周年，沧桑巨变，祖国在我们党的带领下正在日新月异地发展着、变化着。今天就让我们一起去领略新中国成立以来祖国社会生活的变迁。

师：给同学们15 分钟时间，请同学们以小组为单位，互相交流学习。

五、活动结果

想必大家通过讨论已经互相有所了解，下面就请每一小组派出代表来进行口述历史访谈调查实践的成果报告。

（以下为部分展示成果）

采访者：程慧琪

受访者：张乡彩　性别：女　年龄：70

成长居住地：河沟村 教育程度：小学 职业：农民

采访时间：2017 年 10 月 3 日　采访地点：河沟村

我现在七十多了。我小时候，也就是20 世纪四五十年代的时候，社会发展不行，人们生活条件也很艰苦，住的房子都是土弄成的，不结实，下雨的时候还直漏水，屋里特别潮，现在想想那都不是人住的。一家子都挤在那个小房子里，根本住不下。屋子里就三件老家具，柜子还缺了条腿。吃的也不好，吃烂山药，一点味都没有，也就充充饥。小时候都是光着脚丫子跑，没鞋穿。五十年代那会儿就开始有大跃进，我们都是一块干活，一块去公社吃饭，那会一人手里有一本毛主席语录，结婚的时候也有一本毛主席语录，一个新筐，一把新镰刀，公社里的饭都是菜汤什么的，根本吃不饱。那会都说："紧紧裤腰带，还清苏联的外债。"吃少吃点，穿也不穿新衣裳，一年就几件衣服替换着穿。到七八十年代，改革开放，各自都有自己的地了，我们有点资本了，就和别人合伙开了个面粉厂。那时候开个面粉厂就特别了不起，我们家是整个村子最先买了电视的，还是日本进口的夏普彩色电视，也是最先买拖拉机的。那会一个村子都知道了，满屋子都是挤着看电视的人。后来，屋子里也挤不下那么多人了，就搬到当街去了，满街都是看电视的人。那时播的是什么霍元甲。你妈和你姨结婚的时候我还给你爸和你姨夫一人买了一辆铃木 100 摩托车。那时候买个摩托车就了不起了。现在真是什么都有，穿的吃的都比早先强。这会儿穿衣服穿得好了，吃的种类比早先多了，出门也方便了，有点小病什么的一出门两步就到医院了，真是方便！

采访者：439 班李雨润

采访时间：2017 年 10 月　受访者：王文珠

受访者年龄：84 岁　　受访者文化程度：小学

我们那时候，乡里乡情很淳朴，有个红白喜事在村里可是大事。1957 年，我和你爷爷结婚。那时候也穷，没啥好条件。我和你爷爷要坐着“轿车”（在那时用牛、马、驴、骡子等牲畜拉着两个轮子的木车，普遍称为“轿车”），头上戴朵花，围着村子外转一圈。别小看这一圈，也是有门道：要从村子南口出，东口进，这样能幸福美满；还要在沿途大石头上贴一路喜字，让全村人都跟着喜庆；到了你爷爷家，就吃着较亲的亲戚送的又白又大的白面大花馍，那些不太亲近的送的馍个头小。我爸也不富裕，我和我姐姐一共只有一套家具，我和她一人一半。我有一个橱子，一个方形大桌子和一个茶几。就这样我嫁给了你爷爷。你爷爷给我的彩礼很多：给我做了几身衣裳，给了四块布、一对手镯、一个戒指。后来有了你爸爸，那时（1970 年）人们也没钱去买四大件，就买点鸡蛋送给咱家，算是庆祝。1994 年你爸爸结婚时可比我们那时好多了。我们那时候流行一头重一头轻习俗，比如男方管饭、女方不管饭，并先由男方请媒人，在会媒的时候由女方请媒人，这就算礼成了。礼成六天后举行“叫六”，就是你爷爷他们把我们的家人聚在一起吃顿饭，也叫“会亲家”。到你爸爸结婚那时候（下喜帖）就分大书和小书。小书的时候你爸和你妈确定关系，再送给你姥爷家 120 元，女方不能全收下，所以又退回来了点。到大书时你爸爸又给了 500 元，这个仪式才算完成。你姥爷当时也给你妈配送了不少嫁妆，什么电视、自行车等。现在条件更好了，都有房有车，彩礼也按照吉祥的数给，像 6 666 元、9 999 元、10 000 元的，越来越好，越来越多！

教学设计4–2通过访谈法，进行了口述历史的纪录和整理。近年来，随着广大中学历史教师积极探索新的教学途径，改进教学方式和教学手段，口述历史教学开始进入中学历史教师的视线。口述历史教学有助于培养学生的史料实证意识，促进学生提升多方面能力，也有助于开发潜在的历史课程资源，丰富历史教学组织形式，展示历史教育的人文性。因此，口述历史教学能够帮助学生形成适应社会发展的必备品格和关键能力，是达成历史学科核心素养培养目标的一个有效途径。

（三）问卷调查法

以调查问卷的形式对选定的对象进行调查，可以在短时间内搜集到大量的数据。但是，如果想得到有效的数据，就需要预设可能出现的问题。

教学设计 4–3

课堂教学中培养历史解释现状调查①

一、调查目的

为了提升课堂教学中对历史解释素养的培养，了解学生在提升历史解释素养过程中存在的问题和教师在培养学生的历史解释过程中产生的疑惑，分析影响高中生提升历史解释素养的主要因素，从而为课堂教学提供具有可操作性的策略。

二、调查范围与对象

调查研究选取哈尔滨市第J中学（重点高中）和第B中学（普通高中）的两个年级（高一和高二）作为调查对象，共220名学生作为学生样本。

三、调查形式

1. 课堂观察法。

通过课堂教学观察，我们可以观察到高中生对历史问题的了解程度，包括回答问题的状态，口头语言表达的完整性，思考问题的深度；观察课后作业高中学生的反馈，尤其是对历史材料分析题和论述题的回答，从而了解当前高中生的历史解释素养培养现状。

2. 访谈法。

访谈的对象为哈尔滨市第J中学和第B中学高一、高二年级组

① 王雪白．课堂教学中提升历史解释素养研究［D］．哈尔滨：哈尔滨师范大学，2018.

的部分历史教师，调查时间为2017年8月22日至12月28日。

3. 问卷调查法。

采用自编的“课堂教学中历史解释素养现状调查”，调查哈尔滨市第J中学和第B中学部分高中生。本次调查共发放学生问卷220份，回收问卷220份，其中有效问卷213份，有效回收率约为94%。

四、问卷调查分析

1. 信度分析。

信度分析是一种测验综合评价体系是否具有一定稳定性和可靠性的有效分析方法，为检验问卷具有可靠性和稳定性进行信度分析，结果见表4–3。

表4–3 可靠性统计

可靠性统计资料	
Cronbach 的 Alpha	项目个数
0.834	13

调查问卷共13道客观题，可靠性分析主要是针对这13道题。表5–3的Cronbach系数为0.834，可以看出信度比较理想，得出关于历史解释素养培养的调查具有可靠性，可以继续问题分析。

2. 问题分析。

（1）学生对于历史解释的认知态度。

①意识认知。

调查内容：第1题，你认为历史解释素养对提高历史成绩重要

表4–4为调查统计所得的数据。

表4–4 你认为历史解释素养对提高历史成绩重要[①]

选项		次数	百分比（%）	有效的百分比（%）	累积百分比（%）
有效	非常符合	57	26.8	26.8	26.8
	符合	110	51.6	51.6	78.4
	不确定	27	12.7	12.7	91.1
	不符合	18	8.5	8.5	99.6
	非常不符合	1	0.5	0.5	100.1
	总计	213	100.1	100.1	—

① 因统计时四舍五入，总计结果略大于100%。

对绝大多数学生来说，历史解释对提高历史成绩是非常重要的，选择非常符合的有57人，选择符合的有110人，高达51.6%。只有8.5%的学生认为不符合，0.5%的学生认为非常不符合，说明在认知因素上，不管是高一还是高二、重点高中还是普通高中，大部分学生都关注到了历史解释能力的重要性。

②习题类别。

调查内容：第2题，你能认真作答材料分析题

第3题，你能认真作答历史论述题

第4题，你能认真分析历史材料或者论述题的答案

尽管认识到了历史解释的重要性，那么学生在平时练习中遇到需要解释的历史问题时，他们又是如何表现的？表4–5、表4–6、表4–7为调查统计所得的数据。

表4–5　你能认真作答材料分析题

选项		次数	百分比(%)	有效的百分比(%)	累积百分比(%)
有效	非常符合	61	28.6	28.6	28.6
	符合	108	50.7	50.7	79.3
	不确定	29	13.6	13.6	93.0
	不符合	15	7.0	7.0	100.0
	总计	213	100.0	100.0	—

表4–6　你能认真作答历史论述题

选项		次数	百分比(%)	有效的百分比(%)	累积百分比(%)
有效	非常符合	58	27.2	27.2	27.2
	符合	120	56.3	56.3	83.6
	不确定	23	10.8	10.8	94.4
	不符合	11	5.2	5.2	99.5
	非常不符合	1	0.5	0.5	100.0
	总计	213	100.0	100.0	—

对于“你能认真作答材料分析题”这个问题，选择会认真作答的有61人，占28.6%，回答符合的有108人，占50.7%，可以看出半数以上的学生在解答材料分析题时比较认真。对于“你能认真作答历史论述题”这个问题，结果显示选择非常符合的有58人，占27.2%，回答符合的有120人，占56.3%，说明学生在作答历史解释题时比较积极认真。但是，从另一方面来说，这种积极性的反映并

不一定发自学生内心。通过“你能认真分析历史材料或者论述题的答案”这一题的调查（见表4-7），看出大部分学生对于材料分析题答案的态度略差。

表4-7 你能认真分析历史材料或者论述题的答案

选项		次数	百分比(%)	有效的百分比(%)	累积百分比(%)
有效	非常符合	34	16.0	16.0	16.0
	符合	59	27.7	27.7	43.7
	不确定	118	55.4	55.4	99.1
	不符合	2	0.9	0.9	100.0
	总计	213	100.0	100.0	—

对于“你能认真分析历史材料或者论述题的答案”这一问题，选择非常符合的仅有34人，占16%；选择符合的有59人，占总数的27.7%。这组数据说明，虽然学生能够认识到历史解释能力的重要性，但需要的未必是“喜欢”的。作答历史解释习题的原因有许多方面，可能是被迫行为，如各种历史测试以及历史考试的压力。但是对于是否会自觉分析历史问题的答案，就显得有些被动。

（2）学生对于历史解释的需求程度。

调查内容：第5题，在学习历史的过程中，你能主动发现问题

课堂教学中，只有出现问题，才需要解释。高中生在平时的历史学习中对问题的需求度，间接地影响其对于历史解释的需求程度，因而要想解释好历史问题，学习者首先就应该有问题意识。基于此，设计了第5个问题（见表4-8）“在学习历史的过程中，你能主动发现问题”。

表4-8 在学习历史的过程中，你能主动发现问题

选项		次数	百分比(%)	有效的百分比(%)	累积百分比(%)
有效	非常符合	23	10.8	10.8	10.8
	符合	38	17.8	17.8	28.6
	不确定	122	57.3	57.3	85.9
	不符合	20	9.4	9.4	95.3
	非常不符合	10	4.7	4.7	100.0
	总计	213	100.0	100.0	—

调查结果显示，不确定高达57.3%，非常符合的仅有10.8%。根据这个数据可以得出，对于历史解释题的答案，学生的热情不高，代表需求度不高，也就说明学生主动探究问题的积极性不高。如果教师要调动学生的积极性，首先要让学生学会发现和解决问题，而不是一味地灌输答案。只有当学生感受到自己解决问题的乐趣时，才能增强历史探究的动力。

（3）学生对于历史解释的思维方式。

调查内容：第6题，在课堂中，你能主动思考并回答老师的问题

第7题，你能经常对教科书中的观点提出质疑

思维是智力和能力的核心。思维深度体现在智力活动的深层思考中，如能否认真反思教师的提问、能否怀疑教科书中的释义、能否善于把握事物的本质和规律，从而进行系统的理解活动。

①深刻程度。

表4–9 在课堂中，你能主动思考并回答老师的问题

选项		次数	百分比(%)	有效的百分比(%)	累积百分比(%)
有效	非常符合	28	13.1	13.1	13.1
	符合	42	19.7	19.7	32.9
	不确定	131	61.5	61.5	94.4
	不符合	11	5.2	5.2	99.5
	非常不符合	1	0.5	0.5	100.0
	总计	213	100.0	100.0	—

关于学生思维的深度设计了第6题（在课堂中，你能主动思考并回答老师的问题）以及第7题（你能经常对教科书中的观点提出质疑）两个问题。从第6题的调查结果可以看出，大多数的学生选择了不确定，占总数的61.5%，选择非常符合的占13.1%，选择符合的占19.7%，也仅有1/3，说明面对历史问题时大多数学生不会主动思考答案。

表4–10　你能对教科书中的观点提出质疑

选项		次数	百分比(%)	有效的百分比(%)	累积百分比(%)
有效	非常符合	33	15.5	15.5	15.5
	符合	37	17.4	17.4	32.9
	不确定	125	58.7	58.7	91.5
	不符合	12	5.6	5.6	97.2
	非常不符合	6	2.8	2.8	100.0
	总计	213	100.0	100.0	—

从第7题的调查结果也可以得出，有58.7%的同学选择了不确定，而选择非常符合和符合的分别占15.5%和17.4%。第6题和第7题的结果表明学生思维的深刻性不足，所以教师要利用相关办法，帮助学生增强有关历史知识深刻性的思考。

②灵活程度。

调查内容：第8题，你能经常进行知识的迁移

灵活指的是思维的灵活程度以及学生知识迁移的能力。正如我们通常所说的“举一反三”。针对灵活性，设计了第8题，回答情况见表4–11。

表4–11　你能经常进行知识的迁移

选项		次数	百分比(%)	有效的百分比(%)	累积百分比(%)
有效	非常符合	28	13.1	13.1	13.1
	符合	16	7.5	7.5	20.7
	不确定	80	37.6	37.6	58.2
	不符合	65	30.5	30.5	88.7
	非常不符合	24	11.3	11.3	100.0
	总计	213	100.0	100.0	—

从表4–11可以看出，对于“你能经常进行知识的迁移”这个问题，选择不确定的有80人，占37.6%；选择不符合的有65人，占30.5%。数据显示大部分学生选择不确定和不符合，说明大部分学生认为自己不会知识迁移，甚至学习新知识时不会与旧知识进行联系。

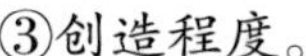

③创造程度。

创造是指思维活动具有一定的创新。例如，岳麓版第 4 课“专制集权的不断加强”一课，教师提问：“为什么明太祖朱元璋要废除丞相？”有些学生选择快速翻书寻找答案，然后阅读教科书中的课文，以此作为对历史问题的回答。但是对于这样的问题，如果书中没有明显的提示，学生就无从下手，等待教师讲解答案。

④批判程度。

调查内容：第9题，评价某个历史人物时，你的观点和别人不一样，你能主动和别人交流

批判是对思维活动的独立分析和批判。课堂教学中经常会有探究合作。在探究合作中，部分同学选择听从他人的观点，没有自己的意见；还有的同学在与他人意见发生冲突时，选择放弃自己的观点听从他人。基于此，设计第 9 题，回答情况见表4-12。

表4-12　评价某个历史人物时，你的观点和别人不一样，你能主动和别人交流

选项		次数	百分比(%)	有效的百分比(%)	累积百分比(%)
有效	非常符合	22	10.3	10.3	10.3
	符合	64	30.0	30	40.3
	不确定	78	36.6	36.6	76.9
	不符合	45	21.1	21.1	98.1
	非常不符合	4	1.9	1.9	100.0
	总计	213	100.0	100.0	—

通过对“评价某个历史人物时，你的观点和别人不一样，你能主动和别人交流”这一问题的调查得出，有45人选择不符合，占21.1%；78人选择不确定，占36.3%；符合有64人选择符合、22人选择非常符合，占总人数的40.3%。由此可见，面对自己的观点同其他人不同时，多数学生选择沉默，接受别人的观点。需要注意的是，只有提出自己的观点，经过谈论才能发现自身的不足，才能发现自己的知识盲区，不断完善知识体系，内化知识结构，为提升历史解释素养打下良好的基础。

⑤敏捷程度。

调查内容：第13题，对于历史问题，你能很快理清自己的答案思路

思路敏捷主要指思维活动的敏锐性。为了调查目前高中生思维的敏捷程度，设计第13题。此题的回答情况见表4-13。

表4-13　对于历史问题，你能很快理清自己的答案思路

选项		次数	百分比（%）	有效的百分比（%）	累积百分比（%）
有效	非常符合	33	15.5	15.5	15.5
	符合	59	27.7	27.7	43.2
	不确定	99	46.5	46.5	89.7
	不符合	19	8.9	8.9	98.6
	非常不符合	3	1.4	1.4	100.0
	总计	213	100.0	100.0	—

如表4-13所示，“对于历史问题，你能很快理清自己的答案思路”这个问题，只有33名学生选择了非常符合，占总数的15.5%，59名学生选择了符合，占总数的27.7%，这两项之和没有超过半数，大部分学生还是选择了不确定、不符合。此调查结果表示大多数学生不能很快回答出答案，没能及时想出答案思路。

总之，历史思维的五个特质反映了一个人的智力和能力的基本特点，这是教师提升高中生历史解释素养的突破口。它有助于学生解释历史问题时不停留在表面上，而是挖掘它们潜在的动机和规律，并建立自己的解释。

（4）学生提升历史解释素养的异同对于提升历史解释素养的差异最基础的就是对于历史概念的理解。那什么是历史概念？所谓历史概念，“是历史事件、历史现象和历史人物本质属性的反映，它具有概括性和层次性的特点。”

根据特点总结，至少包含两方面：一是历史史实；二是历史本质。因此，设计了三个问题：

第10题，你能区分清楚历史史实与历史解释

第11题，你能利用历史的角度解释问题

第12题，你能从不同角度进行解释。

回答情况见表4-14、表4-15、表4-16。

表4-14　你能区分清楚历史史实与历史解释

选项		次数	百分比(%)	有效的百分比(%)	累积百分比(%)
有效	非常符合	54	25.4	25.4	25.4
	符合	59	27.7	27.7	53.1
	不确定	91	42.7	42.7	95.8
	不符合	5	2.3	2.3	98.1
	非常不符合	4	1.9	1.9	100.0
	总计	213	100.0	100.0	—

对于能区分清楚历史史实与历史解释，选择非常符合的有54人，占25.4%，选择符合的有59人，占27.7%，即超过半数学生认为自己能够区分历史解释与历史史实。

表4-15　你能利用历史的角度解释问题

选项		次数	百分比(%)	有效的百分比(%)	累积百分比(%)
有效	非常符合	54	25.4	25.4	25.4
	符合	59	27.7	27.7	53.1
	不确定	91	42.7	42.7	95.8
	不符合	5	2.3	2.3	98.1
	非常不符合	4	1.9	1.9	100.0
	总计	213	100.0	100.0	—

对于能利用历史的角度解释问题，选择非常符合的有54人，占25.4%，选择符合的有59人，占27.7%，即超过半数学生认为自己能够利用历史的角度解释问题。

表4-16　你能从不同角度进行解释

选项		次数	百分比(%)	有效的百分比(%)	累积百分比(%)
有效	非常符合	52	24.4	24.4	24.4
	符合	44	20.7	20.7	45.1
	不确定	109	51.2	51.2	96.2
	不符合	7	3.3	3.3	99.5
	非常不符合	1	0.5	0.5	100.0
	总计	213	100.0	100.0	—

对于能否从不同角度解释问题，选择不确定的学生明显增多，有109人，达到总数的51.2%；选择非常符合的有52人，占24.4%；选择符合的有44人，占20.7%，不足半数。这代表学生掌握历史解释的能力还是有所欠缺。

教学设计4–3通过细致周到的问题设计、详实的调查数据以及合理的数据分析，为我们清晰展示了学生对历史解释素养的掌握程度和存在问题，有利于我们分析影响高中生提升历史解释素养的主要因素，从而为课堂教学中提升历史解释素养提供具有可操作性的策略。

（四）档案袋评价法

档案袋评价（portfolio assessment），又译为“案卷评价”“历程档案评价”或“成长记录袋”等，简单说就是学生的作品集。每个学生都有一个属于自己的袋夹、有目的地搜集记录自己在某个（些）领域的作品，表现学生的努力、进步和成绩。档案袋等表现性评价的兴起，一方面具有深刻的理论渊源，如学习和评价的观点从行为主义向建构主义转变，多元智能理论的出现和发展，以及脑科学理论发展，等等；另一方面也是针对以“标准化”为特征的传统学业评价，追求试题的客观性和成绩的量化，脱离知识应用具体情境等弊端兴起的。

档案袋评价反映学生在一段时间中的学习痕迹，但并非所有的内容都像垃圾似的被丢入档案夹中。对于档案袋中究竟装什么东西，并没有统一的标准，通常根据学生的能力，由学生和教师共同商量决定。档案袋评价应该具有如下特征：①作品的搜集、积累，应是有意的，而非随意、盲目的。②在进行档案资料搜集之前，教师应向学生说明档案袋内包含的项目，以使学生系统地搜集档案。③能同时展现成绩及进步情形。即档案袋内除了可放学生最得意的作品，也可放学生不满意的、具有代表性的或曾经设计而未完成的作品。此外，还可以放学生对该作品的心得、学习的体会、成长的点滴反思等。④档案袋评价应与教学同步进行。

档案袋评价有不同的分类。根据历史学科的情况，我们将历史档案袋大致分为展示型档案和过程型档案两种。展示型档案是学生学习最佳成果的汇集，可包括自己最满意的考试成绩、历史小论文、历史调查报告、历史小制作等。对于每一个放入档案袋中的作品，学生应说明理由。

过程型档案是学生学习历程的观察及记录，如学生在历史课堂学习中的各种表现等。同样，过程型档案也应重视学生的说明及反思。当然，学生无须对每一项目都进行反思。哪些需要反思，应由学生与教师加以判断。

教学设计 4-4

巧用成长记录袋，提高历史学习能力①

——谈历史资料袋的运用

历史资料袋是学生在学习历史的过程中有意识、有目的地收集的有价值材料的记录袋，使用前要进行周密的设计。一般它应包括以下内容：

①确定学习主题。

学生在收集资料前，必须明确应该收集哪方面的资料，因此首先要确定学习主题。如人教版义务教育课程标准教材七年级《中国历史》上册第三单元“统一国家的建立”中根据第10课、第11课和活动课三可以确定学习主题为：秦始皇的功与过。学生便可根据这个主题，广泛收集资料，同时教师也可向学生提供这样一个报告单：

历史资料报告单

历史资料报告单
班级　　　　　　　　学生
1. 资料（文章）名称 作者 所载刊物时间
2. 资料来源于 图书馆、上网、访谈、其他
3. 主要观点： （1） （2） （3） ……
4. 你有哪些认识（启示） （1） （2） （3） ……
5. 你认为自己在活动中表现怎样？ A. 优秀 B. 良好 C. 一般

① 袁从秀. 巧用成长记录袋，提高历史学习能力：谈历史资料袋的运用［J］. 中学历史教学参考，2002：7.

②确定收集的内容。

收集什么内容，主要由主题决定。那么，这个袋子里面就应有收集到的有关秦始皇的最有价值的资料，如文字材料、图片、录像带、录音带等，还有学生收集这些材料后的整理分析记录，教师对学生资料收集过程中的评价，家长对学生的评价，等等。

③成果及展示（交流）。

一般来说，学生对自己的记录袋收集整理十分感兴趣，家长对此也很关心，因而成果形成十分重要。经过一段时间资料的收集和分析，我们就需要让学生将成果展示出来，以进一步激发学生的兴趣。所以，一段时间后，可举行一次成长记录袋的展示（交流）会，学生交流自己在资料收集过程中采用的方法，收集到哪些资料，通过对资料的分析发现了什么、得到了什么认识，从其他同学那儿学到了什么。如对秦始皇功与过的资料进行收集后，教师可安排一次辩论会，将全班同学分成正反两方，正方主张秦始皇的功大于过，反方主张秦始皇的过大于功，每一方可推选四名同学为代表阐述本方的观点，通过双方的辩论，可培养学生的语言表达能力和逻辑思维能力。

④评价。

历史资料袋的运用，一方面培养了学生收集信息、处理信息的能力；另一方面给教师提供了对学生学习过程评价的信息。为了使评价更全面、科学，充分发挥评价的激导功能，应该确定评价的主体和对象均是学生，学生既是评价对象，又是评价者。由于七年级学生才开始学习历史，积累的历史知识较少，历史学习的能力还较低，所以评价内容的重点是过程与方法，主要评价学生在收集资料中的参与度和热情，以及采用哪些方法去收集，能否很好地运用历史知识，能否联系现实，通过评价学生历史学习的过程和方法，促使学生由被动学习历史变为主动探究历史，激发学生学习历史的兴趣，培养学生收集信息、整理信息和分析信息的能力，从而提高学生的历史学习能力和思维能力，使学生在已有的基础上更好地发展。

综合而言，档案袋评价具有极大的灵活性，它的内容构成可因不同的目的、学生的具体情况而有所差别。通常，完整的档案袋包括作品（表现）

的说明、作品（表现记录）以及学生的反思等。教师可以引导学生自己在历史档案袋中收录反映学习进步的重要资料，如自己特有的理解和认识、最满意的作业、印象最深的学习体验、探究性学习活动的记录、最喜欢的一本历史书、自我评价和他人评价等。档案袋中的基本成分是学生的作品和表现记录，应提供给学生发表意见和对作品（表现）进行反思的机会。

（五）结构性表现测验

结构性表现测验可以是纸笔表现，也可以是非纸笔表现。这里的纸笔表现不同于传统的纸笔测验，它是一种强调在模拟情境中应用知识和技能的评价方式。在纸笔表现任务中，经常使用“设计”“建立”“创作”等行为动词，如让学生编写一则历史故事，根据一幅历史人物画像写一段话等。

深圳市特级教师吴磊老师在这方面有众多经典尝试，她经常用各种丰富多样的活动来进行教学，课堂气氛活跃，学生积极参与，在愉快的气氛中学生得到了历史解释素养的快速成长。

教学设计 4–5

学生眼中的“美苏争霸”①

在高三复习“美苏争霸”的时候，由于学生感觉缺乏新鲜感，再加上教材线索比较清晰，理解起来没什么障碍，笔者就当堂布置了一项特殊的作业——我眼中的“美苏争霸”。为了打破常规思维，笔者特别声明可以选择自己最擅长的方式，表达对这段历史的理解和感悟。把这样一个严肃的话题交给学生，可以想见他们是何等的兴奋啊。20 分钟后，同学们陆续登台，展示了一份份令人惊喜和震撼的作业。如陈洁玲同学用坐标曲线的方式展示了美苏争霸的三阶段，她采用的是一种直观的数学语言。再看李圳香同学，她用波浪曲线结合图文的方式来表达美苏攻强守弱的转换，实际上也是一种数学的语言。卓颖伊子创作了一幅矩形图，这并非她的强项，但一幅看似简单的矩形图示，通过锯齿状的线段、箭头转换等细节，简明扼要地诠释了她对这段历史的理解。接下来蔡羿、张志威向我们展示他们的杰作——“利剑盾牌”之争。他们俩一个擅长

① 吴磊. 中学历史发展性评价的研究［M］. 广州：广东教育出版社，2012：59.

绘画，一个提供创意，合作完成了这幅很有特色的作品。在他们眼中，第一阶段，椅子上的星星（表示美国）和镰刀斧头（代表苏联）看起来平起平坐；到第二阶段时，美国演化成一个盾牌，而苏联化身成一把利剑；第三阶段美国的盾上方长出两只进攻的角，而苏联的剑则因攻得过猛折断了……惟妙惟肖地揭示了美苏不同历史时期争霸态势的转换。大家的赞叹之声还没有停息，又一个同学上场了，这是个成绩始终排在年级最后、平时从不主动发言的女孩子。人称“漫画大王”的她，很少露出笑容，除非见到自己喜欢的漫画书。但这一次她却给在场的人带来意外的惊喜。在认真复习和构思的基础上，她创作了漫画版的“美苏争霸”。从开始阶段赫鲁晓夫的演说，到美苏表面握手，背后都藏了把匕首（表明冷战时期的特点）；从苏联的“让沙文主义发扬光大”，到美国超越苏联后发出的“世界大国是咱的”……简洁明了的线条，生动幽默的对话，不仅让人会心一笑，更体现了她对美苏争霸的个性化理解。在全班同学的热烈掌声中，这个不苟言笑的女孩第一次露出自信的微笑，从学习中体验到一次成功的快乐。

过去，单一的评价视角，让我们看到的只是学生的一个侧面，并把该侧面的认识当作评价结论的全部。如果我们在教学过程中，在培养和渗透历史解释素养的过程中，多采用像吴磊老师在教学设计4–5 中的这种积极的尝试，相信我们能看到更多学生身上的“闪光点”和“评价点”。

（六）口头表述

这种方法可以反映和培养学生的表达能力、思维的逻辑性和概括能力，还能在一定程度上反映学生的思维过程和对所掌握知识的理解力，也是培养学生历史解释素养的一种常见方法，如历史课堂演讲、历史人物故事讲述、辩论等。口头表述也可以找一些主题让学生事先准备材料，再在课堂上表达，教师则据此评分。

因为高中阶段的学生面临从青少年到成年的临界点，他们渴望自身具备成人的特点，认为主动表达是一种幼稚、不成熟的表现，所以高中课堂较之初中课堂更为安静。无论男生还是女生，他们可能都不会选择主动向教师倾诉他们遇到的问题或自己真实的想法，这要求教师通过沟通、观察等诸多方式和途径了解学生的准确学情和学习心理，从而选取适当的教学方式引导学生进行观点表达。例如，在解决“为什么说甲午战败宣告了洋务运动的失败”这一问题时，现场讨论不一定是最佳方案，可以将其留为课后作业，学生思考过后提交文字成果与教师进行交流。

总之，历史解释素养的发展性评价，重视学生解决问题的能力，重视学生的表现，强调学生不仅要知道什么，还要知道能够做什么。在进行评价方法选择的时候，需要考虑不同评价方法的特点、使用的范围、用户的需求，当然也需要考虑评价的量规，进而选择出合适的评价方法与详细的评价量规，才能够得到较为准确的评价结果。当然，量规只有在实际应用的过程中，才有可能发现哪些标准和内容是有用的，哪些又是不符合实际的。因此，一个量规制定完成后，最重要的任务还是教育实践。历史解释素养的具体操作方法和评价量规，有赖于我们广大一线教师在实践中做更多的尝试和完善。

第五章　历史解释素养的终结性评价

终结性评价，是指在学期学年或某一门课终了时进行的测验，目的是“鉴定教师的教学和学生的学习、甚至一门课程的设计与编制”[①]。《课程标准》提出了历史学科的五项核心素养及其相应的水平划分。为了适应新的发展，以高考为代表的终结性评价致力于立德树人、服务选才、引导教学的目标。“历史科考试内容改革提出获取和解读历史信息的能力、分析历史问题的能力和历史探究能力3项关键能力。”[②] 历史学天然具备诠释学的性质，过去发生的事情必须经过解释才能进入人们的视野。[③] 因此，历史解释素养能够反映出学生对历史事物或历史事件的认识与判断，对于塑造世界观、人生观、价值观等具有关键影响。因此，考查历史解释素养，是历史学科终结性评价的一个重要面向。它要求命题人能够细化素养水平，进行比较精确的考查，从而评价学生的学习结果。

由于五项核心素养关系密切，某项素养往往要依托于另外几个方面，很难割裂开来进行考查。特别是历史解释，在历史学科的题目中，考查历史解释必须依托于时空观念、史料实证方面建构起来的历史情境，而后反映出学生的家国情怀。因此终结性评价环节使用的题目也多是综合性的，很难说某道题目只考查某项素养。由于当下历史学科教学的终结性评价主要以纸笔测试的形式进行，题型主要分为客观题（选择题）与主观题（材料题、论述题）两种，下文即结合两种题型的命题，谈谈面向历史解释素养的终结性评价。

① 刘芃. 历史学科教育测量概论［M］// 刘芃. 刘芃考试文集. 北京：人民教育出版社，2012：232.

② 徐奉先. 基于高考评价体系的历史科考试内容改革实施路径［J］. 中国考试，2019（12）：62.

③ 韩震. 历史解释与话语霸权的消解［J］. 哲学动态，2002（5）：22-25.

第一节　考查历史解释素养的选择题命制

随着新课标的颁布与高考改革的推进，历史学科选择题从侧重考查学生识记知识转为考查评价学科能力与历史思维，难度略有提升。题目思维含量增加，对命题工作提出了新的要求。首先，选择题的篇幅要适宜。假如题目篇幅太短，可能提供不了足够的信息。但如果篇幅过长，会增加学生的阅读量，把不多的答题时间浪费在读题上，就无法全面展现学生的历史学科素养。其次，选择题在创设历史情境时，要尽可能降低阅读难度，特别是避免文言文造成的阅读障碍。因为历史学科考试的评价对象是学生的历史学习成果，而不是语文阅读能力。再次，设置选项要注意题干与选项之间的逻辑关系。在过往的选择题中，四个选项往往属于一个范畴，且互相排斥，学生能结合所学知识用排除法解答题目。回顾近年来的高考题目，选择题越来越强调借助所学知识剖析题目给定的情境，解题的关键在于找出题干与正确选项之间的逻辑关系。下面结合相关例题谈一下如何面向不同素养水平层次命制选择题，怎样选取合适角度命制选择题。

一、面向历史解释素养不同角度的选择题

关于历史解释素养的水平层次，新课标给出了四个水平作为参考，这四个水平体现了学生解释历史时思考能达到的高度和深度。前文提出了现象性解释、内涵性解释、本质性解释、联系性解释与规律性解释五个层次，这五个层次构成了一个由表及里、由此及彼、由具体到一般的思维过程。在命制选择题时，教师可以根据打算考查的水平灵活编排。近年来，在某些地区出现了新的选择题形式，旨在探讨在同一道题中考查学生之间水平层次差别的可能性，具体表现就是选择题的四个选项分别对应不同的水平层次，分别赋予1分、2分、3分、4分。四个选项与题干情境均具有合理的逻辑联系，区别在于它们对应的核心素养水平层次差异。下面以此类题目为例，讨论如何面向历史解释素养的不同层次命制选择题。

例5–1　北宋初年，宋太祖曾打算迁都，“一迁洛阳，再迁长安”，效仿周代、汉代，“据山河之胜而去冗兵”，以安定天下。朝臣纷纷反对，宋太

祖只得作罢。据此可知（　）

A．宋太祖意识到冗兵冗费之弊　　B．北宋前期君主专制程度较低

C．运河影响了迁都一事的结果　　D．宋初经济格局影响政治博弈

【参考答案】D

本题考查的知识点是北宋前期政治与经济的发展状况。题目创设的历史情境是“宋太祖打算迁都，遭到反对，只好罢休”。题干给出的信息非常丰富，“北宋初年”规定了时代背景，迁都“一迁洛阳，再迁长安”，结合所学知识，学生能构建起“开封—洛阳—长安”的空间运动。看到“山河之胜”“冗兵”，学生可以联想到长安、洛阳、开封的地理特征，再延伸到北宋因开封无险可守，被迫保留大量军队拱卫都城，导致冗兵冗费的局面。本题的四个选项均与题干有关，都能解释给定的历史现象。A 选项“宋太祖意识到冗兵冗费之弊”，因为宋太祖意识到这种弊端，才有迁都后依靠山川之险裁汰冗兵的打算。但这种解释停留在现象性的层面，视线集中在题目中的细节，没有进一步深入。B 选项“北宋前期君主专制程度较低”，选择该项的学生试图从制度层面解读宋太祖迁都遇到反对被迫放弃的现象，皇帝遇到反对后没有一意孤行，群臣敢于表达反对意见，这表明皇帝和官僚群体之间的力量对比较为平衡。这种解释开始探讨历史情境的内涵，深入到内涵性解释的层面，但是讨论范围囿于政治领域，没能打开视野。C 选项“运河影响了迁都一事的结果”，选择这个选项的学生超越了就政治论政治的水平，能够联系地看待问题，发现北宋初年的经济因素是影响迁都争议结果的重要因素。然而，这些学生没有更进一步，从历史发展规律的高度审视这个事件，仍有所不足。D 选项是“宋初经济格局影响政治博弈”，选择这个选项的学生能够把握运河为什么在宋初如此重要，因为唐代中后期以来，经济重心不断南移，南北方经济格局有变动。由于维持国家的经济收入需要仰赖南方各地，沟通南北的大运河和位于其枢纽位置的开封就越来越重要。加之洛阳、长安交通运输条件不便，自然在迁都问题上备受争议。而皇帝与官僚集团的政治博弈，也在通盘权衡利弊后落下了帷幕。

综合上面的分析，学生不管选择哪个选项，都有其道理。但是这种区别折射出了学生历史思维达到的水平层次。如果分别赋予 A、B、C、D 四个选项 1、2、3、4 分的分值，配合双向细目标和配套的试题水平解析，学生在考试中取得的成绩就能更加直观地体现出他们历史学习取得的成果。假如要将上述例题转化为传统形式的选择题，只需要确定本题要考查的素养层次，适度调整题干材料，将四个选项提高或降低到同个层次即可。

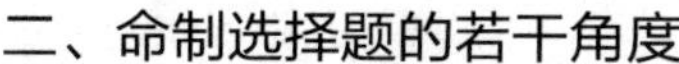

二、命制选择题的若干角度

命题需要不断推陈出新，特别是历史试题，不是单纯把市面上现有的材料换个说法就行得通的。历史题目需要为学生营造新的历史情境，考查学生结合所学知识解读新情境、解决新问题的能力。不过分地说，历史选择题最直观的部分是历史情境，最能体现创新性的也是历史情境。结合前面章节的论述，要想考查学生的历史解释素养，也可以尝试从时间、区域、人物、国家民族、延续、联系等角度入手，创设历史情境，命制相关试题。

（一）从时间看历史

“时间或时序不仅是历史的最基本要素之一，也是正确反映、表达客观历史不可或缺的基本坐标”。① 当人们谈及某一历史事件时，都绕不开其发生的时间，只有将其放置在特定的时间背景下，才能做出合理的历史解释。要考查学生的历史解释素养，首先要评测的是他们能否历史地看待问题，即从特定的时代背景出发理解历史事件或历史事物。

要命制一道历史学科的试题，命题人需要想清楚如何给出时间信息，是明确给出年份、时段（比如1840年、明朝中后期），还是通过特定的历史事件（比如甲午中日战争）、历史人物（比如孙中山）来暗示。从学生思维的过程来看，前者较为简单直观，后者就多了一个思考的环节，要求学生根据所学转化成通行的时间。对于教师来讲，可以调整题目呈现时间因素的方式，也可以调节题目的阅读和理解难度，考查学生的历史思维。

在命制试题时，教师主要有两种表达时间要素的方式：时间点和时间线。时间点，即给出关于特定时段的历史情境。时间线，即给出不同时段的历史信息，通过两者间的变化营造题目需要的历史情境。对比来看，后者较前者更能体现历史的动态发展。以下分别举例说明。

首先看通过时间点给出题目时间信息的例5-2。

例5-2　鸦片战争后，面对潮水般涌入的鸦片，清政府允许本国种植鸦片，将禁烟的希望寄托在“内地之种日多”，“夷人之利日减”，“迨至无利可牟，外洋之来者自不禁而绝”。这反映出清政府（　　）

A．接受了自由贸易思想　　　B．对鸦片走私缺乏清醒认识

C．决意与列强进行商战　　　D．传统的华夷观念日趋淡薄

【参考答案】B

---

① 聂幼犁. 盯住试题的关键词：何时？（一）[J]. 历史教学（上半月刊），2010（12）：52-54.

本题考查的知识点是鸦片战争的影响。题干创设的历史情境是鸦片战争后，清政府以“弛禁”实现“禁烟”目标的矛盾行为。学生需要结合所学知识解释这种矛盾行为蕴含的意义。本题的时间信息以历史事件的方式给出，“鸦片战争后”，即1842年之后。学生需要在“中国被迫打开国门，被卷入资本主义世界市场，沦为半殖民地半封建社会”这一宏观背景下解读清政府的举措。A选项“接受了自由贸易思想”，工业革命后，以英国为首的国家受自由主义影响，主张自由贸易、自由竞争。如果学生站在当代人的角度，很容易把题干理解为，清政府“弛禁”鸦片，是要发挥市场的价格调节作用，让洋商无利可图，从而达到禁烟的目的，这明显是受西方自由贸易思想影响。然而学生忽略了历史环境，清政府这样做未必与西方自由贸易思想有关，也可能是中国古代商业思想的缘故。C选项“决意与列强进行商战”，该选项将早期维新派的“商战”主张混淆移植到1842年之后的这段历史中，二者在时间上相隔较远，联系在一起颇为牵强。D选项“传统的华夷观念日趋淡薄”，从表面现象来看，清政府依然在使用“夷”这样的字眼，折射出旧的华夷观念依然扎根在当时人的思想中，无法证明它淡薄了。B选项“对鸦片走私缺乏清醒认识”，学生要把握以下几点：第一，鸦片不同于正常商品，鸦片贸易的性质特殊；第二，清政府以“重利”的标准来揣摩西方人，却忽略了对华鸦片贸易不单纯是民间的商业行为；第三，清政府是在用旧的观念来衡量新的现实，两者难免不在一个频道上。明确这几点后，学生对题干中历史情境的解释应该提升到本质层面，从列强对华输出鸦片的根本目的以及清政府是否意识到这种目的着手，得出“清政府对鸦片走私缺乏清醒认识”的解读。

以时间线给出时间信息的题目，需要体现前后的不同，并以此折射出某种变迁，让学生分析其涵义，具体可参考例5–3。

例5–3 根据统计，中国茶叶的出口量，1843年约为1 300万斤，1855年约为5 800万斤。湖南、福建、浙江等地茶叶种植发展，还专门设立茶厂加工制作适合外国人口味的茶叶。这在本质上反映出，中国（　）

A．茶叶深受外国人欢迎　　B．沦为列强的原料供应地

C．自然经济已完全解体　　D．农产品商品化程度提高

【参考答案】D

本题考查的知识点是鸦片战争后中国自给自足的自然经济逐渐解体。题干创设的情境是1843—1855年茶叶出口变化及国内茶叶种植加工产业发

展。本题通过两个时间点（1843年、1855年）构建起一条时间线索，学生需要认识到，这恰好处在1842年鸦片战争结束和1856年第二次鸦片战争爆发之间。因此，解答该题需要在两次鸦片战争间这个时代环境着手。本题的设问是“这在本质上”，要求学生从深层次看问题，而不是停留在表面。A选项“茶叶深受外国人欢迎”，这种说法虽然符合题干所说，但仅是一种表面现象。B选项“沦为列强的原料供应地”，学生需要准确把握“原料供应地”的概念，然后用它衡量题干中的茶叶出口与加工。因此不难发现，直接出口茶叶与生产符合西方人口味的茶叶再出口均没有提到这些茶叶在外国是否转变成进一步生产的原料。因此，即便中国在鸦片战争后确实沦为列强的原料产地，但它与题干描述的现象无关。C选项“自然经济已完全解体”，这是一种关于程度的判断，根据所学知识，鸦片战争后，中国自给自足的自然经济开始解体，解体的过程持续了相当长的时间，C选项说到第二次鸦片战争前“已经完全”解体，明显与阶段特征有出入。D选项“农产品商品化程度提高”，自然经济解体的重要表现就是原本自产自用的产品被投放到市场，原本因自给自足而相对割裂的人通过商品交易被紧密联系起来。题干中，中国茶叶出口量大增，湖南等地出现了专供出口的茶叶生产，这些从本质层面来讲，就是商品化程度提高了，自给自足的自然经济逐渐在解体。

赵世瑜认为“历史学是一门关乎时间的学问”[①]。历史学科的题目绝不能忽视时间要素。教师在命制试题时，需要细致考虑如何在题目中呈现时间因素，同时也要引导学生“在时间中思考（thinking in time）”，形成合理的历史解释[②]。

（二）从区域看历史

历史事件不只发生在时间中，也发生在特定的空间环境里。历史事物亦是如此。列宁认为，“必须把问题放到一定的历史范围之内，这是马克思主义理论的绝对要求”[③]。除时间因素外，空间因素也是解释历史的关键切入点和重要参考标准。历史解释素养的达成依托于时空观念素养的落实。学生要有时间意识、空间意识，在解读历史情境时，不只是放置在特定的时代背景

---

① 赵世瑜. 在空间中理解时间：从区域社会史到历史人类学［M］. 北京：北京大学出版社，2017:11.

② 张汉林. 从历史学谈历史学科的核心素养［J］. 历史教学（上半月刊），2015.

③ 中共中央马克思恩格斯列宁斯大林著作编译局. 列宁选集：第2卷［M］. 北京：人民出版社，1995：425.

下，也要放置在特殊的空间环境里。

在命制涉及区域的题目时，命题人需要选择有代表性的地区，将题干情境架设在历史信息比较丰富的舞台上。好的选择能够体现历史的丰富性，为题目添彩。糟糕的选择不仅脱离了学生的所学知识，也限制了解释题目的空间。在选择题中，命题人呈现区域信息大概有两种方法：一是选取特定的空间，比如明朝中后期的江南地区；二是构建动态的空间转移，比如自魏晋至宋代经济重心从北方向南方转移的过程。与时间信息的呈现方法类似，前者偏向静态，可以与同时期社会上的其他方面相关联；后者偏向动态，可以通过空间转移来展现历史变迁。

下面结合例5–4进行分析。

例5–4 明清之际，松江、嘉定一带棉纺织业迅速发展。该地原为重要产粮区，这时却“县不产米，仰食四方”。每逢新粮上市，商人就载米前来，“舳舻相衔”。据此可知，当地（　）

A．水陆交通条件便利　　B．经济结构发生变化

C．自然经济开始解体　　D．兴起长途贩运贸易

【参考答案】B

本题考查的知识点是明清时期江南地区商品经济的发展。题干创设的情境是“曾经的产粮区发展棉纺织业，粮食不能自给，需要从外部购入”。题目明确给定了时间信息（明清之际），在区域信息则做了加工，不是直接说江南地区，而是讲松江、嘉定一带。学生如果熟悉地理，便能将松江、嘉定与现在的上海挂钩，进而意识到本题是讲明清时期江南地区出现了某种现象，与所学知识建立联系。A选项“水陆交通条件便利”，它的注意力集中在交通条件上，但一来本题中的“舳舻相衔”无法体现当地宏观的交通状况，二来题干表达的核心内容是原产粮区需要依靠外来粮食供应，而非交通运输条件如何，是以不选A。C选项“自然经济开始解体”，这个选项需要学生宏观掌握高中历史的话语体系，把握“自然经济”这一概念。通常来说，“自然经济开始解体”是鸦片战争之后新出现的现象。明清之际，随着商品经济的发展，个别地区自给自足的状况有所改变，但一般不用自然经济解体来描述。D选项“兴起长途贩运贸易”，学生在学习教材时会学到，明清时期商业发展的一个重要表现是跨区域长途贸易发展，出现了区域性商人团体——商帮，但题干中的空间信息并未涉及距离的“远近”，贸然将载米前来的商人解读为“不远千里而来的商人”，明显是牵强附会，过度解释。

B 选项 “经济结构发生变化”，学生需要结合 “自魏晋至宋代，经济重心不断南移，粮食生产是一个侧面”“明清时期，江南地区商品经济繁荣”“松江、嘉定等地曾是产粮区，明清之际当地棉纺织业发展迅速，粮食却不能自给，需依赖外地” 等信息，解读出 “江南地区经济结构变动，从重要产粮区转变为经济作物种植区和商业区” 的信息，从而选出 B 项。

关于空间区域转变可以参考下面例5–5。

例5–5　21世纪伊始，美国战略家布热津斯基认为：“全球力量的中心从大西洋两岸转移到了远东。这并不是说大西洋两岸的国家将会崩溃，而是说它们将失去500年来的统治权。” 他这样说的依据可能是（　）

A．区域集团化与经济全球化的趋势　　B．亚洲新兴国家冲击了西方地位

C．两极格局瓦解致使全球力量失衡　　D．联合国等国际组织影响力扩大

【参考答案】B

本题考查的知识点是两极格局瓦解后的多极化趋势。题干创设的历史情境是美国人认为全球力量中心将从大西洋两岸转移到远东，题目设问要求学生解释美国专家为何会这样讲，其内在动机与外部诱因是什么。题干提供了长时段的时间背景和全球性的空间环境。在布热津斯基所谓的500年里，主导世界的正是大西洋两岸的欧美国家，二战前后，全球的力量中心从以英国为代表的西欧国家转移到大西洋对岸的美国。在21世纪初，布热津斯基却称这个中心从 “大西洋沿岸” 转移到了 “远东”。如果学生对 “近东”“中东”“远东” 的概念及其附带的历史内涵有所了解，就能明白这一地理区域内的代表国家，比如中国、印度等等，联系20世纪60年代以来多极化趋势，特别是两极格局瓦解后世界形势的变化，就能提出比较合理的解释。A 选项 “区域集团化与经济全球化的趋势”，它强调了当代社会的两种趋势——政治经济方面的区域联合不断深化，全球范围内各个国家和地区间的经济联系不断加强。这些普遍趋势不论在大西洋沿岸国家还是远东国家都有体现，无法论证远东国家做了什么事情所以崛起，大西洋沿岸国家没做什么所以衰落，也就不能合理解释世界的领导权为何会转移。C 选项 “两极格局瓦解致使全球力量失衡”，这个选项用 “失衡” 解释力量中心在全球范围内的转移，貌似这是一个 “平衡—失衡—再平衡” 的历史进程。但它只能说明苏联解体后，大西洋沿岸国家的力量被削弱，美苏在大西洋东岸对峙的局面无以为继，不能说明远东国家是否有能力去迎接力量中心转移。因此 C 选项的说法也不够充分。D 选项 “联合国等国际组织影响力扩大”，它将国际

组织视为钳制欧美国家的因素，然而国际组织覆盖了比较广的空间范围，特别是联合国，它较难体现地区之间的力量对比如何变化，所以说服力有限。B选项“亚洲新兴国家冲击了西方地位”，强调了亚洲的“新兴”国家，即20世纪60年代以来多极化趋势中逐渐崛起的亚洲国家，特别是它们的崛起伴随着两极格局解体后大西洋沿岸国家的衰落，这才是布热津斯基认为远东会成为全球力量中心最主要的依据。

空间因素与时间因素一样，是历史事件发生的场景，是历史事物存在的依托。在命制题目时，注意选取合适的空间范围及表达方式，有助于考查学生能否发现其中隐藏的历史信息，进而抽丝剥茧，做出合理的解释。

（三）从人物看历史

马克·布洛克认为“历史是关于人的知识”，更确切地说，是“关于时间中的人的科学”[①]。在历史中，人占据主体地位，构成了“历史”的各个侧面。同时，人又活在历史当中，受到客观历史条件的制约。学生通过学习历史，正是要实现一种“同情之理解，理解之同情”，即在特定的时代环境中解读和评价历史人物。

从人物角度命制试题，可以从两个方面入手：一是从历史人物的个人经历着手，探讨其与外部时代环境的互动；二是从历史人物的内心世界着手，探讨其思想、认识等方面的变化。概而言之，就是关注“人的历史”与“历史的人”。这部分的题目可以参考例5-6。

例5-6 1905年8月，孙中山在东京的中国留学生欢迎大会上发表了充满民族主义的演说。这次演说唤醒了留学生的民族意识，激发了革命情感。一些主张保皇的留学生也受到影响转向了革命。这表明（ ）

A．东京成为革命中心　　B．推翻清政府的时机成熟

C．革命思想广泛传播　　D．孙中山拥有崇高的威望

【参考答案】C

本题考查的知识点是中国近代史上的资产阶级革命。题干以孙中山的革命活动为切入点，选取1905年的东京为时空背景，创设了孙中山宣传革命思想并取得热烈反响的历史情境。要解读这个历史情境，学生应该注意到“1905年”“保皇”这些要素。A选项“东京成为革命中心”，在清末资产

① 布洛克．历史学家的技艺［M］．黄艳红，译．2版．北京：中国人民大学出版社，2011：47.

阶级革命发展史上，东京具有重要的地位。然而题干当中只是说到孙中山在东京面向留学生发表了演说，听众反响热烈，并未谈及东京在革命运动中承担的角色，若是据此赋予其“中心”的地位，难免证据不足。B选项“推翻清政府的时机成熟”，与时代背景有出入。结合所学知识，学生知道1905年中国同盟会成立，此后发动了若干次武装起义，但均告失败。直到1911年武昌起义，1912年民国成立，清帝逊位，资产阶级革命才成功。所以，1905年，推翻清政府的时机应该尚未成熟。D选项“孙中山拥有崇高的威望”，结合题干中留学生热烈的反应来看，这个选项似乎有一定的道理，然而需要注意的是，让留学生产生共鸣的是孙中山演讲的具体内容，而不是演讲者本人具备什么样的特质。孙中山在演讲中宣扬革命思想，得到了许多留学生的响应，就连一些曾信奉康有为“保皇”主张、不赞成推翻清政府的留学生也改变了立场。通过这些现象，学生可以得出革命思想广泛传播的认识，从而做出选择C选项的决定。

再比如下面这道例5–7。

例5–7　1948年10月，丘吉尔提出“三环外交”：首先是英联邦，包含英国及其自治领、殖民地；其次是包括美国在内的英语世界；最后是联合起来的欧洲。英国正是这三个大环的交集。“三环外交”旨在（　）

A．融入欧洲并推动区域集团化　　B．维护英国传统强国的地位

C．消除关税壁垒实现自由贸易　　D．遏制民族独立与解放运动

【参考答案】B

本题考查的知识点是二战后的世界格局。题干以英国首相丘吉尔的“三环外交”思想为切入点，以1948年为时代背景，创设历史情境。学生需要结合丘吉尔的身份，分析“三环外交”的渊源、性质等，才能解释它究竟要达到什么目的。首先要明确的是，丘吉尔是英国人，曾担任英国首相，他的主张势必以英国为出发点。A选项“融入欧洲并推动区域集团化”，英国代表联合起来后的欧洲，这是“三环外交”中的一个方面，体现出英国借助欧洲联合，强化自身地位的尝试。与其说它是目的，不如说这是一种达成目的的方式和手段。C选项“消除关税壁垒实现自由贸易”，根据所学知识，二战以后逐渐形成了以美国为中心的资本主义世界贸易体系，其代表事件是1947年签署关税与贸易总协定。题干中给出的信息有联合之意，却没明确表示这是在追求自由贸易，二者所属的领域不同，不能算是合理的解释。D选项“遏制民族独立与解放运动”，虽然“三环外交”的第一

环中有提到英国的殖民地，但从题干透露出的整体信息看，这种外交思想涉及的主体远不只殖民地。既然它的范围如此之广，那目的几乎不可能聚焦在其中的某一个方面。B选项“维护英国传统强国的地位”，在近代历史上，英国一直是世界头号强国，直到二战后，才被美国取代。丘吉尔见证了英帝国的辉煌，也目睹着它的衰落。所以“三环外交”是丘吉尔整合英国可能调用的资源，维护其大国地位，甚至争取与美国、苏联竞争世界领导权的尝试。丘吉尔想要以英国为中心，把英联邦、英语世界和欧洲国家编织在一起，形成一股强大的力量。因而B选项是一种相对合理的解释。

在相当长的时间内，历史研究聚焦在精英人物，随着社会史、文化史研究的深入，史学家越来越关注基层社会、普通民众、日常生活、民间文化的历史。①结合上述变化，教师选择人物命制试题时，可以从精英人物入手，通过其经历、行为、思想主张、身后评价等命制题目。人物内涵越丰富，衍生出来的命题切入点就越多。李鸿章、梁启超等人一再出现在大小考试的题目中，既有特殊性，也有必然性。教师也可以选择社会上的某一群体，用“眼光向下”的方式命制试题。

（四）从国家民族看历史

国家与民族是历史上人们建构群体认同的载体。北京大学历史学系教授李剑鸣指出，在现代史学中“民族国家成了一个天然的历史单位，而历史学家则总有一定的民族立场”。②国家与民族的形成与发展，国家之间、民族之间的关系是历史的重要侧面。学生需要对此有比较深刻的认识，才能在思想中深化对本国、本民族的认同，从而涵育家国情怀，达成立德树人的教育目标。

近年来，“民族国家”的概念多次出现在试题中，算是比较大的热点。通过学习历史，学生应该对“国家”“民族”的概念有较深入的理解，特别是近代国家、民族国家等。教师在命制此类题目时，也可以尝试从国家、民族以及国家民族之间的关系着手，训练学生分析历史情境，生成历史解释的能力。下面结合例5–8、例5–9谈一下。

例5–8 欧盟成立后，就开始着手重新编订欧洲教科书，试图用一种欧洲视角代替传统的民族主义立场。这一举措表明，欧盟（　　）

---

① 赵世瑜. 狂欢与日常：明清以来的庙会与民间社会［M］. 北京：北京大学出版社，2017：1–3.

② 李剑鸣. 历史学家的修养和技艺［M］. 上海：上海三联出版社，2007：123.

A．意在转型为统一多民族国家　　　B．打算建构欧洲本位的文化认同
C．将联合的重心转向文化领域　　　D．尝试弥合冷战引起的欧洲割裂
【参考答案】B

本题考查的知识点是欧洲一体化的发展。题干创设的历史情境是欧盟组织编订教科书，试图用欧洲视角代替传统的民族主义立场，设问要求学生解释欧盟为何要这样做，采取这一举措有什么意味。教科书不同于一般的读物，有其特殊的教育意义。A 选项“意在转型为统一多民族国家”，欧洲联盟的性质是主权国家的联合体，本身并不享有政治上的主权。欧洲一体化自 20 世纪中期起步以来，耗时多年，中间经历了许多波折，才取得如今的成就。“统一的多民族国家”至多是欧盟遥遥无期的发展愿景，还有很长的路要走。编修教科书，强化欧洲意识，无法实现将欧盟国家整合为一个主权国家的目的。C 选项“将联合的重心转向文化领域”不合题意，欧盟国家的联合体现在政治、经济、文化等多个方面。欧洲一体化从经济领域起步，逐渐扩展到其他领域，最终发展成为全方位的联合。“重心转向文化领域”过分强调了编修教科书的意义，无法体现整体的形势。D 选项“尝试弥合冷战引起的欧洲割裂”，受冷战影响，欧洲被迫分裂为两大阵营，政治、经济、文化方面均有很大不同。两极格局瓦解后，这种深层次的割裂并未迅速消逝。欧盟强调欧洲意识，针对的对象是“民族主义的立场”，而非“西欧与东欧”或者“原资本主义阵营与原社会主义阵营”。这一主张是为了将分属不同民族的国家捏合成融合度更高的整体，而不是将原来分属两大阵营的欧洲部分整合成统一体，所以 D 选项的解释也有偏差。B 选项“打算建构欧洲本位的文化认同”，教科书面向的人群是欧盟国家的学生。新编的教科书试图宣传一个人的身份首先是欧洲人，应该以欧洲为出发看待问题，而不是像过去主张一个人首先是某国人，比如法国人、德国人等，其次才是欧洲人，看问题的出发点亦是如此。由此不难看出认同对象从民族主义国家到欧洲的转变，这恰是欧盟想通过新编教科书达到的目的。

例 5–9　20 世纪 90 年代以来，国家间逐渐打破了非友即敌的外交模式，转而接受非敌非友的“伙伴关系”，努力在利益一致的方面寻求合作。据此可知，（　）

A．集团化掩盖了国家利益分歧　　　B．核威慑有效抑制了战争爆发
C．全球化加深了各国间的依赖　　　D．多极化的国际格局逐渐形成
【参考答案】C

本题考查的知识点是两极格局瓦解后国际关系的发展。题目创设的历史情境是“苏联解体后，国家间从两极格局下非友即敌的对抗状态转变为通过合作追求共同利益的伙伴状态”，设问要求学生解释这一表象下的深层含义。A选项“集团化掩盖了国家利益分歧”，集团化是相关国家为了共同利益，暂时搁置分歧，实现联合的结果。它只是暂时搁置利益分歧，而无法掩饰，更不能消除这些国家的利益分歧。B选项“核威慑有效抑制了战争爆发”，二战以后，由于核战争的巨大破坏力，美苏两国的对抗停留在“冷战”层面，避免了新的大规模战争，有助于维护世界的整体和平。以此类推，核威慑可以说明为何各国不再倾向“对抗”或“战争”，却无法说明为何他们选择“合作”，成为“伙伴”，这需要正面的诱因才能合理解释。D选项“多极化的国际格局逐渐形成”，20世纪60年代开始，多极化趋势逐渐形成。苏联解体后，两极格局瓦解，取而代之的是“一超多强，多极化趋势不断发展”的新格局。在新格局下，多极化虽然不断发展，但没有国家能挑战美国超级大国的地位，所以多极化只是一种动态趋势，而不是相对稳定的力量结构。D选项过分强调了多极化达到的水平，也无法解释题干中的历史情境。C选项“全球化加深了各国间的依赖”，随着经济全球化的发展，各国间逐渐形成了你中有我、我中有你的局面。因为利益纠葛颇深，就形成了一种通过和平合作追求共同利益、避免对抗造成两败俱伤的倾向。正是这种依赖关系，使得国与国建立伙伴关系具备现实上的可能。

国家与民族是历史试题的重要主题。以此命题，能够考查学生对于国家和民族问题的认识，反映他们在这些问题上的价值认识，有助于全面落实立德树人目标，培养学生的公民意识，增强学生的责任感，加强国家民族的向心力和凝聚力。

（五）从延续看历史

“传承”与“发展”是历史事物延续的表现。回顾历史，不难发现，有些事物自诞生以后，就被此后的人们继承下来，不断发展，与时俱变。其中的“变”与“不变”正是“延续”的要旨。历史学家就非常关注“在相对的变与不变的时期人们是怎样度过他们的一生的”。[①] 如果没有“不变”，就不称其为延续。假如缺乏“变”，就难以体现动态的发展，鲜有以此命题

① 赵世瑜．在空间中理解时间：从区域社会史到历史人类学［M］．北京：北京大学出版社，2017：11.

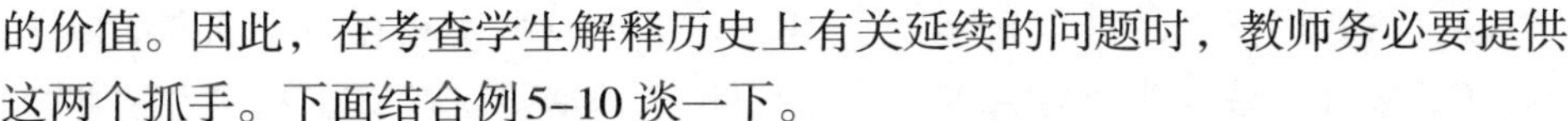

的价值。因此，在考查学生解释历史上有关延续的问题时，教师务必要提供这两个抓手。下面结合例5–10谈一下。

例5–10　兴建城隍庙可以追溯到三国时期。南北朝时，城隍是守卫城池、维持治安的神祇；隋唐时期，城隍的职掌又增加了雨旱丰歉、功名利禄、吉凶祸福等；到宋代，城隍被列入国家祀典。由此可知（　）

A. 城隍信仰反映出朴素的民本思想　　B. 儒家学说影响市民阶层的生活

C. 城市发展扩大了城隍信仰的影响　　D. 大一统思想制约民间文化发展

【参考答案】C

本题考查的知识点是唐宋之际的城市发展及其影响。题干创设的情境是中国古代历史上城隍信仰的变迁，其中“不变”的是城隍信仰本身，“变”的是城隍信仰的具体内容（城隍职掌不断丰富）及其社会地位（从民间信仰跻身国家祀典）。设问要求学生回答，从城隍信仰的延续，可以得出什么认识。A选项“城隍信仰反映出朴素的民本思想”，要求学生掌握“民本思想”的概念及具体表现。它主要表现为以民为本、重视百姓的思想。该思想的主体是国家的统治者，而城隍信仰是一种流传在民间的思想，二者之间不存在对应关系，民众信奉城隍不能反映统治者重视百姓。B选项“儒家学说影响市民阶层的生活”，根据所学知识，学生容易受“唐宋时期城市商品经济发展，市民阶层壮大”影响，做出错误解读。因为题干中没有体现“儒家学说”的因素，也就无从谈起儒家学说如何影响了市民生活。D选项“大一统思想制约民间文化发展”，题干给定的信息是城隍信仰率先在民间形成并逐渐发展，至宋代被纳入国家祭祀，得到官方认可，并未谈及官方思想对民间文化产生了何种影响。D选项过度解释，把城隍列入国家祀典解读为官方为实现“大一统”，将不断发展变化的民间思想收编，并制约其进一步发展。C选项“城市发展扩大了城隍信仰的影响”，从经济基础与上层建筑的关系切入，既呼应了唐宋时期城市发展的经济变迁，也体现出经济发展对民众精神生活的影响——随着城市生活丰富，市民阶层壮大，他们的诉求也增多了，表现为城隍职掌增加。当民间信仰发展到一定程度，就成了官方文化的一部分。

再比如下面的例5–11。

例5–11　宋代的版刻书籍所用字体风格多样，浙本多用欧体，蜀本多用颜体，江西刻本则兼具欧、柳……清末民初，西泠印社集宋代刻本字体，仿照拼版印刷，形成了“仿宋体”。据此可知（　）

A．宋代广泛使用活字印刷　　　B．印刷术与书法融合形成了宋体字
C．宋人书法崇尚唐楷法度　　　D．清末民初推崇气节重视文人风骨

【参考答案】B

本题考查的知识点是“中国古代书法艺术与科技发明的延续”。题干创设的历史情境是宋代刻印书籍所用的字体被后世沿用，形成了特定的印刷字体。在历史延续中不变的是“字体”这种事物，发生了变化的是字体的外在形态。A选项“宋代广泛使用活字印刷”，题干中提到宋代版刻书籍，采用的是雕版印刷，而不是活字印刷，此外也没有透露出印刷术使用的普遍程度。C选项“宋人书法崇尚唐楷法度”，这是基于对题干中欧体、颜体、柳体得出的认识，却忽略了题干后半部分的信息。不充分掌握题目信息就解读，很容易断章取义。D选项“清末民初推崇气节重视文人风骨”，将“颜筋柳骨”的书法风格理解为气节风骨，加上清末民初内忧外患的局面，得出“当时的人借助特定的字体传达某种价值取向”的认识，属于解释过度，忽略了历史本身。B选项“印刷术与书法融合形成了宋体字”，描述了从书法字体到印刷字体的发展过程。在宋代，印刷字体常带有较强的书法风格，比如欧、颜、柳等，外在形态各有特色。随着时代发展，逐渐形成了一种融合各家书法风格、字形较为统一的印刷字体，比如民国初年的仿刻宋体。它的意义不在于书法艺术价值有多高，而是在印刷行业大规模应用，成为一种通用的字体。所以说宋体字是书法艺术与印刷术融合的产物。

历史在传承中有发展，在发展中有创新。这种纵向的延续将我们与人类的早期历史联系在一起，构成了人们观念中的共同记忆。考查学生的历史解释素养，势必要引导他们“通古今之变”，在历史的发展延续中寻找相对稳定的因素，从而培养他们的历史意识和历史思维。

（六）从联系看历史

历史唯物主义强调要发展地、联系地看问题。前者要求人们要有时间意识，纵向地考查历史上的传承与变迁。后者则指出不能孤立地看待某一历史现象和历史事物，要看到他们与其他历史现象、历史事物的关联，认识到他们之间的互动。从这个角度命题，要点是找到一组关系，将它或明或暗地体现在创设的历史情境中。摆在明处的是这组关系的两端，它们可以是题干给的新信息，也可以将新信息同所学知识结合起来，再隐去学生在教材中学过的部分，考查他们调动并运用所学知识的能力。概而言之，这类题目要求学生解释构建一组合情合理的关联。具体可以参考下面例5-12。

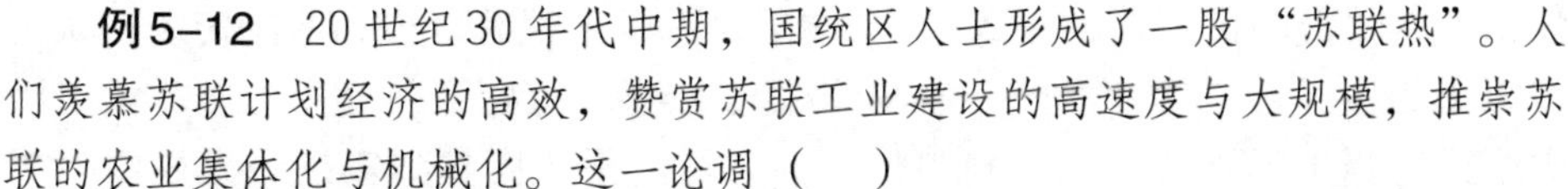

例5-12　20世纪30年代中期，国统区人士形成了一股“苏联热”。人们羡慕苏联计划经济的高效，赞赏苏联工业建设的高速度与大规模，推崇苏联的农业集体化与机械化。这一论调（　　）

A．旨在推动小农经济进一步解体　　B．表明知识分子主张实行计划经济

C．说明主观情感会影响历史认识　　D．客观评价了苏联的国内经济状况

【参考答案】C

本题考查的知识点是抗日战争时期中国的经济建设。题干创设的情境是“抗战时期，国统区人士暂时搁置意识形态矛盾，高度赞扬苏联的经济建设成就”，设问要求学生解释这股“苏联热”的原因及意义。题目中“20世纪30年代中期”表明时代背景是抗日战争期间，“国统区”“苏联热”给出了联系两个端点。学生需要解释为什么在这个时期敌视共产党的国民党统治下会有许多人赞扬社会主义苏联，并说明其内在关联。A选项“旨在推动小农经济进一步解体”，鸦片战争以来，中国自给自足的自然经济、男耕女织的小农经济逐渐解体。题干中的“集体化”“机械化”很容易被当作小农经济“规模小”“精耕细作”的对立面。但这样忽视了最关键的时代背景，无法解释小农经济解体与抗日战争间的关联。B选项“表明知识分子主张实行计划经济”，它没有讲清楚这些人赞扬苏联到底是因为计划经济本身还是因为苏联发展经济的高效。考虑到抗日战争的需要，当时中国人的兴趣点明显是针对苏联的效率，希望中国能像苏联一样高效地发展经济，抵御外侮。D选项“客观评价了苏联的国内经济状况”，苏联高度集中的计划经济体制虽然取得了巨大的成就，但也有无法掩盖的弊端。国统区人士从自身需要出发，只看到它的优点。因而很难说这是客观的评价。C选项“说明主观情感会影响历史认识”，“主观情感”指向抗日战争时期中国民众面对日本侵略者时的忧虑，“历史认识”指向民众对苏联经济建设经验的评价。将两者连接起来的是近代中国经济的落后与苏联经济领域发生的巨变。明白这几点，学生就可以找到题干情境中隐藏的联系，形成合情合理的历史解释。

在历史上，没有任何一个事件、一种事物是静止不变、完全孤立的。命题人在组织题目时，需要预先构思好“联系”的各个方面，梳理清楚它们间的关系，然后根据题目预设的难度来调整题目呈现信息的多少与明暗，从而考查学生思维能力达到了何种水平。

（七）从人类使命看历史

英国哲学家科林伍德认为，历史学的价值在于“告诉我们人已经做过

什么，以此告诉我们人是什么”①。中国自古以来就有以史为鉴的传统，认为“以史为鉴，可以知兴替”，强调“鉴于往事，有资于治道”，通过学习历史增进对当下的理解，调整自身的行为。习近平主席在致第二十二届国际历史科学大会的贺信中说：“重视历史、研究历史、借鉴历史，可以给人类带来很多了解昨天、把握今天、开创明天的智慧。”透过历史，人们能鉴往知来，更好地把握人类在历史发展进程中的使命与担当。从这个角度命题，命题人首先要熟悉历史事物和历史事件的价值定位，然后选取与之相关的宏观话题，确定素材，形成试题。这类题目关注学生通过学习历史逐渐形成的情感态度与价值观，着重考查学生如何评判事物或事件的价值，倾向采取何种行为。比如下面这道例5–13。

例5–13 有人认为，牛顿发现了一个基本的、宇宙的法则，这样一来，自然界俨然成为一架按照自然法则运行的庞大机器，人们可以通过观察、实验、测量以及计算认识它。以此类推，人们也可以依靠理性发现支配人类社会的法则。这表明（ ）

A. 近代自然科学发展促进了启蒙运动

B. 理性主义成为18世纪的主流思想

C. 经典力学支配宏观世界和微观世界

D. 牛顿的自然法则也适用于人类社会

【参考答案】A

本题考查的知识点是“近代自然科学的发展”与“启蒙运动的历史背景”。题干创设的情境是“受牛顿经典力学体系影响，人们对自然界的看法发生变化，进而延伸到对人类社会的看法”。设问要求学生解释这种现象的内涵。本题的立意是要凸显一直以来人对于未知外部环境的不懈探索，强调人在认识、改造自然与社会时要充分发挥主观能动性。通过题干创设的情境，我们可以看到，随着认识深化，人们改造外部环境的条件逐渐成熟。受自然科学进步的影响，人类意识到理性在认识和改造世界的过程中能起到重要作用。理性主义广泛传播，延伸到人类社会生活领域的若干问题。启蒙思想家的一系列主张，成为后来人们改造社会的思想武器。B选项在解读历史事件内涵时，忽视了自然科学进步的相关内容，更无法说明为何当时人们将

① 科林伍德. 历史的观念［M］. 何兆武，等译. 北京：北京大学出版社，2010：11.

自然界的规则“类推”到人类社会，是一种片面的解释。C选项存在同样的问题，只看到了自然科学，忽视了人类社会的因素。D选项停留在现象性解释的层面，属于就事论事，机械地把自然科学和人类社会两个要素拼在一起，忽视了深层次的逻辑关系以及“理性”扮演的角色。A选项能够意识到牛顿经典力学代表了自然科学进步，理性主义代表了启蒙运动，“理性”指导人们认识、改造自然与人类社会，从而指出近代科学发展推动了后来的启蒙运动，将对该历史情境的解释提升到内涵性层面。

学者王汎森认为，史学工作一方面是忠实建立史实，另一方面是“关联呼应现实”，强调了史学映照现实的功能①。如果教师对于历史中的经验教训没有深刻的认识，就很难选择合适的命题素材设计历史情境。因此，在日常教学中，教师应该多方面涉猎，勤于思考，积淀学养，才能做到授人以渔。

在以考试为代表的终结性评价方式中，选择题常常是最难组织的部分，因其具有题量多、篇幅短、内涵广、逻辑性强、容错率低等特点。命制一道高质量的选择题实非易事。因此，教师更应该提升自身的学养和技艺，通过大量的专业阅读积累命题素材，关注时事热点准备命题角度，认真分析市面上海量的试题锻炼命题思维，严格地按照高标准对待自己命制或改编的试题，让它们能更好地服务于学生的历史学习和考试评价。

第二节　考查历史解释素养的主观题命制

主观题，有时又被称为非选择题、材料题，相对客观题更能体现学生的个性特征。选择题的考查效果相对客观，不同的学生可能会选择不同的选项，但他做出选择的思维过程无法直观地表现出来。主观题弥补了这一不足，更加全面地展现了学生的思维、素养和能力的水平层次，直观地表现出学生的思维过程。“主观”不仅意味着评卷阅卷易受主观因素影响，也意味着学生的个性因素和主观思考能在这类题目中得到外显性的展现，从而可以根据某种评价标准进行测量和评判。从近年来高考及其他重要考试的试题可以看出，主观题越来越强调让学生分析解读新案例，比如全国卷高考历史选

① 王汎森. 时代关怀与历史解释［M］// 王汎森. 执拗的低音：一些历史思考方式的反思. 北京：生活·读书·新知三联书店，2014：259.

做题部分，也注重命制开放性题目考查学生的历史思维和能力。通过主观题，学生“获取和解读历史信息的能力”“分析历史问题的能力”以及“历史探究能力”能够得到更加直观的体现。教师通过命制不同的设问，可以针对性地考查某项素养、某种能力、某个水平层次，因此具备了更大的调整空间，命制题目也更加灵活。下面就结合相关例题谈一下如何面向不同素养水平层次命制主观题，怎样选取合适角度命制主观题。

一、面向历史解释素养不同层次的主观题

在考查学生的核心素养层次时，开放性试题是一个重要载体。张汉林等认为，开放的形式与独立的思考最相适宜[①]。以全国卷高考历史试题的42题（2017年前为41题）为例，这类题目开放性相当高，可选择的答题思路和方案也很多，最能考查学生综合应用知识、分析和解决问题的能力。人的思维水平层次不同，外在的表现便有差异。下面以例5–14为例来说明。

例5–14 （2015年全国Ⅰ卷第41题）

阅读材料，完成下列要求。

材料　有历史学者为说明近代以来科学技术在生产力发展中的作用，引用了如下公式：

生产力＝科学技术×（劳动力＋劳动工具＋劳动对象＋生产管理）

这一公式表明，科学技术有乘法效应，它能放大生产力诸要素。

——摘编自齐世荣总主编《世界史》

运用世界近现代史的史实，对上述公式进行探讨。（说明：可以就科学技术与公式中一个或多个要素之间的关系进行认证；也可以对公式进行修改、补充、否定或提出新公式，并加以论述。要求观点明确、史论结合、史实准确。）

【参考答案】两次工业革命的历史表明，科学技术有效地推动了生产力的发展。

工业革命期间，瓦特改良蒸汽机，在动力层面解决了工业发展的技术难题。以此为基础，采用机器进行大规模生产的工厂取代了传统的手工工场，采用蒸汽动力的机车、汽船便利了世界各地的交流，人类社会进入了“蒸汽时代”。

---

① 张汉林，熊巧艺．全国卷历史开放性试题研究［J］．中学历史教学参考，2018（13）：7.

第二次工业革命期间，依据法拉第发现的电磁感应现象，西门子和格拉姆分别发明了发电机与电动机，电力成为新能源的代表。后来，科学家们陆续发明了电灯、电话、电报等，人类社会跨入“电气时代”。

从两次工业革命期间的科技进步可以看出，基础科学与应用技术层面的研究深刻地改变了一个时代的生产生活工具，也改变了社会的生产关系与生产组织形式，极大地推动了生产力的发展与进步。

本题提供的信息比较抽象，对学生的要求较高。这道题的门槛比较高，是从普遍性具体化到特殊性，树立了较高的标准。学生需要结合所学知识，说明生产力、劳动工具、劳动对象、管理这些抽象词汇在历史中的具体表现，还要解析“×”“+”“（　）”这些更加抽象的符号语言。如不能将这些与所学的历史知识结合起来，学生很难做出合理的解答。对于学生来说，该题不是沿着由表及里、由浅入深的归纳逻辑展开，而是一上来就提升到规律性解释的高度，要依靠演绎逻辑，从一般性回归具体性。题目说明中给了一些供学生参考的作答思路，比如“可以就科学技术与公式中一个或多个要素之间的关系进行认证；也可以对公式进行修改、补充、否定或提出新公式，并加以论述”，适当降低了题目的难度。学生在作答时，要明白题目想表达的“规律”是什么，根据所学知识之间的“联系”来梳理知识，再通过已掌握的“本质”“内涵”来说明，最终用历史的“现象”形成书面答案。学生思维与能力所能达到的水平制约了其答题表现，因而题目能够考查出不同的水平层次，给予相应的评价。

要想命制一道面向不同素养层次的主观题，可以优先考虑开放性试题，比如例5–15。

例5–15　阅读材料，完成下列要求。

社会中各竞争力量取得平衡，政治秩序便会涌现。随着时间的推移，内部和外部都会发生变化。当初建立平衡的参与者在进化，或干脆消失了，又出现新的参与者；经济和社会条件也会发生变更，社会遭遇外部侵略，或面对新的贸易条件，或引进新的思想。因此，先前的平衡不再有效，引起政治衰退，直到现存参与者发明新的规则和制度来恢复秩序。

——弗朗西斯·福山《政治秩序的起源：从前人类时代到法国大革命》

根据材料并结合所学世界史知识，自拟论题，自选角度进行论述。（要求：观点明确、史论结合、史实准确。）

本题选择美国政治学者福山关于“政治秩序起源与衰退”的学说作为命题素材。“政治秩序”“竞争力量”“参与者”“平衡”“政治衰退”等词语对于学生来说有一定的距离。学生在答题时，需要将这些比较抽象的、一般性的概念转化为曾经学过的、具体性的历史知识，然后才能梳理它们之间的关系，探讨福山的学说。设问部分，题目给学生保留了较高的自由度，“自拟论题，自选角度进行论述”即可，唯一的限定是运用“世界史”的所学知识。对高中生来讲，中国古代史上的春秋战国时期、中国近代史的晚清时期，还有世界近代史都可以作为答题的素材。素材的范围一经限定，学生可发挥的空间也就没有那么广了。

在命制这类开放性试题时，教师无须提供固定的“参考答案”，但需要给出答题范文和评价标准。

【参考答案】

近代历史上，新的社会群体推动英国政治秩序发生变化。

以1832年英国议会改革为例。18世纪60年代，英国开始工业革命，至19世纪中期基本完成。在此期间，随着工业经济的发展、工厂制的推广和普及，英国工业资产阶级实力不断壮大，要求在政治生活中享有更多话语权。1832年，英国议会改革，工业资产阶级在议会中的席位增加。受自由贸易、自由竞争等思想影响，英国工业资产阶级要求积极开拓海外市场，甚至不惜用战争的方式打开他国国门，比如1840年中英之间的鸦片战争。工业资产阶级不仅改变了英国的政治秩序，还改变了世界的政治秩序。

综上所述，国内外条件的变化，会催生出新的社会群体，他们有自身的利益关切。随着经济实力增强，新群体与原有群体之间的平衡被打破。这些新群体会进一步提出政治诉求，以符合现有的经济地位，并谋求拓展其经济利益。以政治制度为代表的旧政治秩序无法协调上述关系，便走向衰退，直到形成新的政治秩序。

在制定试题的评价标准时，首先要参考新课标中关于学科核心素养水平与学业质量水平的描述，再结合试题具体制定。本题评价标准如表5-1所示。

表5-1　例5-15评价标准参考表

水平	历史唯物主义	时空观念	史料实证	历史解释	家国情怀
4	能说清楚生产力、生产关系、经济基础、上层建筑的具体表现； 能讲明白它们之间的关系	不脱离具体的历史时空，不空发议论； 选择恰当的时空尺度，不过大、不过小，也不忽大忽小； 论述合理	提供的证据要有针对性，不写套话	能验证以往的说法，即证实、证伪或补充说明； 能提出自己新的解释	能把握世界历史发展的进步历程； 价值观念正确； 能反思历史
3	能说清楚生产力、生产关系、经济基础、上层建筑的具体表现； 能讲明白它们之间的关系	能把握历史事件之间的时间、空间联系； 能用特定的时间和空间术语（比如14—18世纪，西欧地区等）概括和说明较长时段的史事	能结合不同史料，形成更全面、丰富的解释	能分析特定的历史解释，知道其基本认识； 能分辨不同的历史解释的区别及其成因	能把握世界历史发展的进步历程； 价值观念正确； 能反思历史
2	基本了解生产力、生产关系、经济基础、上层建筑的表现； 基本清楚它们之间的关系	交待历史事件时能体现出时间、空间信息； 能认识历史事件的来龙去脉	尝试运用史料作为证据论证自己的观点	能选择、组织和运用相关材料； 能使用历史术语； 能将史实描述与历史解释结合起来	能理解和尊重世界各国优秀文化传统
1	基本了解生产力、生产关系、经济基础、上层建筑的表现； 基本清楚他们之间的关系	能运用恰当的时间和空间表达方式描述历史事件	能尝试从多种渠道获取相关史料，并提取有关信息	能辨别本课涉及的历史解释，发现它与以往所知历史解释的异同	能理解和尊重世界各国优秀文化传统

在考查历史解释素养时，本题是有所聚焦的，比如水平4中提到的“能验证以往的说法，即证实、证伪或补充说明”。一般来说，教师比较看重学生能不能提出自己的历史解释。殊不知，验证他人的历史解释同样重要。本

题就是为学生呈现出他人的历史解释，然后交由学生验证、评判。

本题也体现了历史解释素养的现象性、内涵性、本质性、联系性、规律性五种层次。在现象性解释方面，学生要知道并运用具体的史实。在内涵性解释方面，学生要能分析出影响政治秩序的各种因素的内涵，不能空谈史实。在本质性解释方面，学生需要从经济格局、社会思潮、政治秩序等层面来看待微观的历史现象，抓住其本质。在联系性解释方面，学生需要综合政治、经济、社会、思想等多领域的信息，阐明它们之间的关系。在规律性解释方面，学生要能立足不同时期、不同地区的历史变迁，从若干具体案例中抽象并总结出特定的历史规律。

开放性试题的考查效果最为全面，但这并不意味着教师必须通过命制开放性的题目才能检测学生核心素养达到的水平层次。有精心设计、层层递进的设问的材料分析题，同样也能起到良好效果。教师灵活把握，根据实际需要选择合适的形式即可。

二、命制主观题的若干角度

与选择题强调营造新情境不同，主观题更加考查学生结合所学知识分析和解读新案例的能力。因此，教师在命制主观题的时候，要考虑为学生提供的案例代表性是否充分，有没有足够的探讨空间，能不能体现学生的学科必备能力和核心素养，可不可以反映价值引领层面的立意。主观题和选择题的共同之处在于，都体现了历史学科的特色，即重视时空、人物、国家民族、延续和联系等等。因此，教师命制主观题同样也可以从这些角度入手。文中援引的高考真题不再列出分值，自行命制和改编的试题的分值参考全国卷历史高考题目的相应标准，并附有参考答案。

（一）从时间看历史

历史事件在时间向度中发生。“历史学的所有原创性和特殊性便在于理解前后之间的联系。”① 由于这一特征，历史学科的试题均有其独特的时间因素。考虑到篇幅的限制减少，围绕时间因素命制主观题会有更高的自由度。题目中的时间因素除了提示历史情境的时代背景外，还有更多的用途。比如，时间的前后、长短、衡量甚至时间本身都能作为题目的中心。从时间看历史，不单纯意味着考查历史事件发生的时间，还可以考查人们如何“规

① 斯特劳斯．野性的思维［M］．李幼蒸，译．北京：商务印书馆，1997：295-296.

划”“界定”“度量”时间。这将“时间”作为历史的重要侧面，并加以历史地考查，从而大大拓宽了命题思路的深度和广度。教师可以从以下两道高考题目中得到许多启示。

例5-16（2015年全国Ⅱ卷第41题）

阅读材料，完成下列要求。

材料

表5-2　1950—2008年我国部分节假日天数一览表

节假日	1950年/天	1995年/天	2000年/天	2008年/天
元旦	1	1	1	1
春节	3	3	3	3
劳动节	1	1	1	1
国庆节	2	2	3	3
星期日	1	1	1	1
星期六	—	1	1	1
清明节	—	—	—	1
端午节	—	—	—	1
中秋节	—	—	—	1

表5-2能够反映我国节假日变化的多种趋势。指出其中一种变化趋势并说明形成的历史原因。

【参考答案】

考试中心给的评分说明与答题示例如下：

评分说明：正确指出材料反映的一种变化趋势，如法定假日总天数从少到多，成为法定假日的传统节日种类增多，小长假出现和增多等，根据史实对变化趋势原因的说明充分恰当。

示例：

趋势：改革开放后法定假日总天数从少到多。（4分）

原因：实行改革开放，社会、经济发展迅速；人民生活水平不断提高，休闲娱乐需求增加；增加假日成为促进经济发展的一种手段；政府更加注重民生。（8分）

（“示例”只做阅卷参考，不作为唯一标准答案。）

本题选择“节假日”作为考查的切入点。“1950—2008年”是题目情境所处的时代背景。节假日的设置与这段时间的“有无”相关，节假日的天数与这段时间的“长短”相关，节假日的名称与给定时期内的政治、经济、思想文化等宏观背景相关。概而言之，本题从“时间”出发，最后落脚在“时间”的文化意义上，折射出该时期的历史变迁。学生在作答时，需要时刻提醒自己，要用历史的眼光去看待材料中给出的节日和时间信息，并结合所学知识解释其中的涵义，这样才能紧扣住主题。题目的设问是“指出其中一种变化并说明形成的历史原因”，主要面向联系性解释层次，即要求学生能够联系材料中的不同信息提炼出一种发展趋势，然后再阐明与之相关联的历史原因。这类开放性题目最能考查学生核心素养的层次水平，学生在作答时会有不同的作答思路，答案也各有特色。比如，从现象性层次出发，学生可以讲某节日从无到有，某节日的放假天数从几天到几天；从规律性层次出发，学生可以讲我国的节假日安排越来越多元化，日益贴近经济发展和人民生活的需要。不同的答案，反映出不同的素养层次和思维水平，这恰恰是开放性题目的初衷。

时间本身是客观的，但现实中人们接触的时间则带有相当大的主观成分。曾几何时，人们按照自然界的变化来认识和利用时间。后来，人们根据各种新的计时工具来计量、分配和利用时间。这种主观意义上的时间，是历史的重要侧面。学生要能理解它的历史意义。下面这道例题就在引导学生有意识地站在历史发展的层次来理解和解释“时间”。

例5–17（2017年全国Ⅱ卷第42题）

阅读材料，完成下列要求。

表5–3　钟表的演变

时期	关于钟表的变化
古代	日晷被称为“最早的钟表”，是古代比较普遍使用的计时工具。
中世纪末期	机械钟在西欧流行，最初的机械钟只有时和刻。
近代早期	在伽利略等人研究的基础上，发明了游丝，钟的精确度提高，制造出怀表。在很长一段时间内，钟表价格昂贵，属于奢侈品。
1850年前后	英国社会各个阶层都拥有了钟表。
20世纪初	原为女性装饰品的手表逐渐为男性所接受，在户外运动、驾驶汽车时都可佩戴。

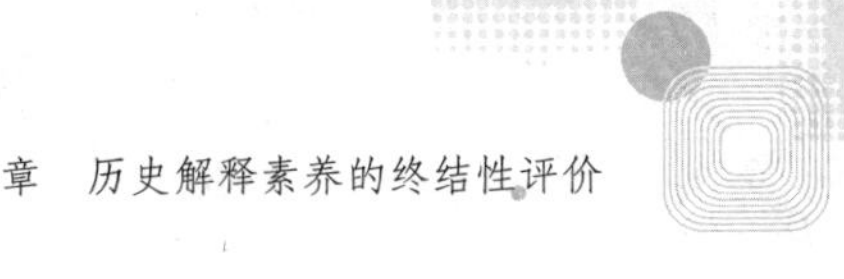

续上表

时期	关于钟表的变化
20 世纪 50 年代	根据原子物理学原理制造出原子钟，精度可以达到每 100 万年误差 1 秒。
21 世纪初	随着信息技术的发展，具有计时、信息处理、导航、监测等多种功能的智能手表出现。

——据约翰·哈萨德《时间社会学》等

从材料中提取两条或两条以上信息，拟定一个论题，并就所拟论题进行简要阐述。（要求：明确写出所拟论题，阐述须有史实依据。）

【参考答案】

本题考试中心没有给评分说明和答题示例，草拟参考答案如下：

工业时代的到来改变了人们的时间观念，促进了钟表的普及。

农业时代，人们虽然已有时间意识，但生产生活对时间的要求不甚精细。因此虽然早在中世纪末期人们就发明了机械钟，但这一时期的钟表只有时和刻，不是很精确。

工业革命后，机器化的批量生产降低了钟表的成本，使原本属于奢侈品的钟表成为日常消费品。另外，工业化的生产管理、工业时代的生活节奏要求人与人之间的协作更加精密准时，同样促进了钟表的普及。

概而言之，工业革命对于钟表在英国社会各阶层间的普及发挥了重要的作用。

本题选择“计时器”为切入点，通过古代到21世纪初计时器的发展和现实应用，映射古代社会到现代工业社会的历史演变。与此相关的还有计时工具、计时技术、时间观念、协同作业对时间的需求等诸多话题，从一块小小的“钟表”延伸到宏观的时代变迁，切实做到了以小见大，见微知著。本题也是多层次地考查学生的素养和能力。首先，教材中并未详细讲过以日晷、钟表代表的计时器，遑论其历史意义。虽然学生在日常练习中偶尔会接触到与之相关的题目，但大多集中在科学技术领域，主旨是反映特定时期科学技术进步，而非为何会有这种工具，这种工具起到了什么作用，对社会发展有什么意义。学生在解答这道题目时，首要任务是明确这些计时器、计时技术等有何现实意义，它们在什么社会背景下产生，与当时的生产生活有什么关系，又对社会生活起到了什么影响，引起了什么改变。从现象性解释层次看，学生可以观察到计时工具和技术的进步。从内涵性解释层次看，学生可以观察到这些工具和技术的变化伴随着社会生活的变迁。从本质性解释层次看，学生可以观察到计时工具与技术的进步实质上是社会生产力的发展。从联系性解释层次看，学生可以看到这些因素与农业社会到工业社会的转型、文艺复兴后自然科学的发展、工业革命与科技革命等重大历史事件之间的关联。从规律性解释层次看，学生可以上升到历史唯物主义的层面，看到经济基础的变化影响到以时间观念和工具为代表的上层建筑。概而言之，小小一个钟表，不同的学生会在其中看到不同的意义，而这种不同，恰恰体现了学生思维水平和素养层次的差异。

从上面两个例子不难看出，如果想从时间的角度命制一道试题，教师首先要想清楚如何使用时间因素，是用来揭示时代背景，还是将“时间”作为题目考查的中心。假如是前者，学生只需要知道时间信息对应的历史重大事件，解读出历史背景即可。倘若将“时间”作为题目的中心，学生就需要解释特定背景下的人们“如何对待时间”“为什么要这样”“产生了什么影响”等，比如例5–18。

例5–18 阅读材料，完成下列要求。(25分)

材料一 1676年英国成立格林威治天文台，向社会提供时间服务。到1847年，英国铁路公司都采用了格林威治时间，1880年，格林威治时间成为英国的法定时间。1883年，铁路标准时间在北美施行，形成了基于格林威治子午线算出的5个时区，这一计时方式在美国迅速推广。欧洲和北美每个城市都施行地方时（根据太阳的具体位置所确定的时刻）的情况走向结束。与此同时，由于天文学家的出色工作，英国历年发布的以格林威治经线为基础的航海历，使航海员在海上测量经度变得十分方便。因此，多数国家自发地向格林威治时间靠拢，使用英国航海历。1884年，国际子午线大会通过了以格林威治时间为世界标准时，建立全球时区的方案。

——摘编自俞金尧、洪庆明《全球化进程中的时间标准化》等

材料二 20世纪初，中华民国曾将中国划分为昆仑、新藏、陇蜀、中原和长白等五个时区，全国各地所用的时间比较混乱。1949年，“北京时间”随着新中国的诞生而问世，全国各地统一使用北京时间（东经120度标准时）作为标准时间，五时区计时的旧制成为历史。在实际生活中，我国新疆地区同时使用乌鲁木齐时间（东经90度标准时）和北京时间两种标准。1966年，国家授时中心建立。到今天，该机构通过长短波系统、低频时码、互联网、卫星单双向传递、光纤传递等方式进行授时。研究表明，我国授时中心所测定的北京时间的准确度位居世界第三。

——摘编自郭庆生《中国标准时制考》等

（1）根据材料一概括近代历史上计时方式的变化，并结合所学知识分析导致这些变化的原因。（14分）

（2）根据材料二概括二十世纪以来中国时制的特点，并结合所学知识指出其意义。（11分）

【参考答案】

（1）变化：从使用地方时间到世界标准时间；从缺乏统一的计时体系到形成以格林威治时间为标准的全球时区计时体系。（每个变化3分，答出变化前后的某方面得2分，答全得3分。共6分）

原因：近代天文学等自然科学发展进步；英国是世界殖民霸主和世界工厂；工业革命引发交通运输和社会生活的变迁；世界联系日益紧密，世界市场逐步形成；多国政府和国际组织积极推动。（每点2分，任答4点得8分，共8分）

（2）特点：与国际标准接轨；受国内政局变动影响较大；从混乱走向统一；全国统一时间与地方时间相结合；时间测定等技术领先世界。（每点2分，任答3点得6分，共6分）

意义：有利于巩固国家的政治统一；有利于增强民族凝聚力；便利了人们生产、生活，有利于各地的经济文化交流；推动了科学技术的发展。（答出1点得3分，答出2点得5分，共5分）

本题以中外历史上的计时问题为切入点，综合考查学生对“近代历史上全球性政治、经济联系的发展”“二十世纪中国政治的发展”等宏观问题的认识、呼应，以时间为例，说明了近代以来世界范围内你中有我、我中有你的命运共同体的形成与发展。17—19世纪，由于殖民扩张和工业革命的缘故，以英国为代表的欧洲国家成为世界的中心，伴随全球性联系的加强，逐渐形成了以格林威治时间为基准的全球时区计时体系。20世纪初，军阀割据混战，中国境内缺乏统一的计时方案。新中国建立后，随着地区间联系的加强、科学技术的进步，计时方面也有了很大的进展，进而形成了走在世界前列的计时技术和解决方案。题目的第一问要求学生首先从现象性解释的角度分析变化，再从联系性解释的角度指出原因。第二问要求学生先从内涵性解释的层面归纳特点，然后再从联系性解释的角度分析影响和意义。这样一来，本题比较全面地考查了学生的历史解释素养，也能区分出学生达到的水平和层次，符合考试评价的相关要求。

时间是教师在命制历史试题时的首要元素。借助时间，教师既能考查学生的时空观念，又能延伸到历史解释的层面，考查学生对历史事件的认识和解读。上述试题案例对命题工作有很大启示——从时间的角度看历史，可以知古今变迁；从历史的角度看时间，亦能知人事变化。无怪乎有人说时间是“历史学的主角”①。

（二）从区域看历史

19世纪晚期，历史学者认为地理学为历史学研究提供必要的“背景内容”或“证据”。后来，历史研究对地理因素的研究范围极大拓展，延伸到环境、空间与地点等方面。有人认为“在所有国家与所有时代，地理学都是历史学必需的基础”②。这里的“区域”专指历史事件发生、历史事物存在的空间信息。它可以是整体的空间，也可以是整体空间下的某个或若干组成部分。从区域看历史，侧重于通过特定空间的静态分布与动态变化，关注多个空间之间的关联、事物的跨空间流动等。与时间因素一样，空间因素在试题中也有丰富的内涵。教师在命制题目时同样要善于发掘空间因素中蕴含的历史信息，拓宽题目的考查和应答空间，从而更好地评价学生的能力与素养。

例5-19（2013年全国Ⅰ卷第41题）

阅读材料，完成下列要求。

历史地图包含了政治、经济、文化等多种信息。

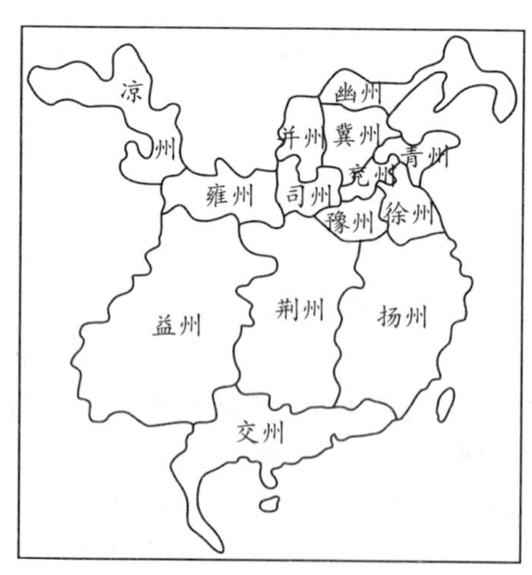

图5-1　东汉十四州示意图

图5-2　唐开元十五道示意图

① 普罗斯特．历史学十二讲（增订本）[M]．王春华，译．北京：北京大学出版社，2018：126.

② 贝克．地理学与历史学：跨越楚河汉界[M]．阙维民，译．北京：商务印书馆，2008：16-17.

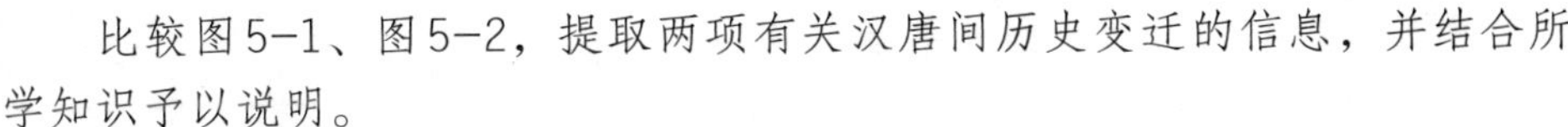

比较图5-1、图5-2，提取两项有关汉唐间历史变迁的信息，并结合所学知识予以说明。

【参考答案】

示例一：

信息：汉代的州集中于黄河中下游地区，唐代的道南北分布大体平衡。

说明：汉唐间南方社会经济有了很大发展。

示例二：

信息：汉代州名与唐代道名有很大不同。

说明：唐代“道”的划分更注重山川地理形势。

命题人围绕两幅地图，选取东汉与唐代的行政区划为切入点，将这段时间内大形势的变化蕴含在题目之中，要求学生提取“两项有关汉唐间历史变迁的信息”，然后结合所学知识加以解读。虽然设问落脚在“变迁”，但空间信息才是这道题目真正的“主角”。除“在某地发生了某事”之外，学生更要关注“某地”自身发生了什么变化。从这些信息出发，学生需要认识到：整体上的空间范围发生了什么变化，周边环境有哪些差异，疆域内的行政区划有何不同。以此为基础，学生还要进一步追问：是什么原因导致了这些变化，这些变化意味着什么。

从现象性解释层次出发，学生可以直观地看到从汉至唐行政区域越来越多、南方的行政区划越来越细致、国家疆域扩大、周边民族发展到建立政权的阶段等。由于这些表面现象不太容易同所学知识结合起来，因此学生解释说明的难度偏大，能拿到的分数非常有限。从内涵性解释层次出发，学生应该注意到唐代南方经济发展等现象。从本质性解释层次出发，学生需要指出汉唐间南北方经济格局的演变、中原王朝与周边民族政权之间的关系等。从联系性解释的角度出发，学生需要用所学知识解释为何会出现图中所示的变化，比如汉唐间南方经济不断开发，南北经济格局发生变化，为了便于管理，唐代政府细化了南方的行政区划，这反过来也推动了南方经济的进一步发展，为经济重心南移奠定了基础。从规律性解释的层面看，学生应该认识到中国古代历史上行政区域划分与政治管理、社会经济发展之间的互动，从感性认识升华到理性认识。

如果把时间信息和空间信息结合起来，引入动态的变化，命题人就能构建出更加宏大的历史情境。比如例5-20。

例5-20 （2016年全国Ⅱ卷第40题）

阅读材料，完成下列要求。（25分）

材料一

表5-4 近代以来全球国际人口迁移

时间	1500—1850年	1850—1945年	1945—2000年
主要移出地	欧洲、非洲	欧洲、亚洲	亚洲、非洲、拉丁美洲
主要移入地	美洲	美洲	西欧、北美洲、大洋洲
人口迁移数量	至1850年，黑奴约为1 500万，为白人移民的4～5倍	1846—1924年欧洲移出4 800万，1834—1941年亚洲移出1 200～3 700万	1960年迁移人口为325万，1974年为947.5万，1985—1990年年增长率为2.59%

——据邬沧萍《世界人口》等编制

材料二

中国的海外移民历史悠久，大致从1567—1840年是一个承前启后的时期，移民数量有所增加，1801—1850年中国海外移民数达32万人。近代中国海外移民的总数为1 500万人左右，其中90%移往东南亚。移民与祖国保持着密切联系，1862—1949年，华侨投资国内企业有25 510家，投资总额约63 271万元。新中国成立后，大陆地区很少向外移民。70年代以后，出现了一个新的移民潮。到2008年，移民人数达1 000万以上，主要集中于发达国家。

——摘编自曹树基《中国移民史》(第六卷)等

（1）根据材料一并结合所学知识，概括近代以来全球国际人口迁移的基本趋势。(8分)

（2）根据材料一、二并结合所学知识，指出16世纪以来中国海外移民的特点及形成的主要原因，并说明华侨华人在中国近代史上的贡献。(17分)

【参考答案】

（1）数量不断增加；范围不断扩大；自愿移民从主要由发达地区向落后地区迁移，逐渐转变为主要由发展中国家向发达国家迁移；被强迫进行的移民基本停止。(8分)

（2）特点：中国大规模海外移民出现于鸦片战争之后，晚于世界国际移民；新中国成立后一段时间内基本停止，70年代以后形成新的移民潮。(6分)

主要原因：卷入世界市场较晚；冷战期间西方的封锁；中国的改革开放。（4 分）

贡献：引入技术和资金，促进了中国近代工业的兴起与发展；支持了孙中山领导的民主革命；支援和投身于全民族的抗战。（7 分）

从时间的角度看，本题从1500 年一直贯穿到2008 年，时间跨度非常长。从涉及的区域看，材料一是世界范围，材料二是中国及周边国家和地区，题目的空间覆盖面特别大。再加上动态的人口迁徙过程，就构成了一个复杂的立体化情境，增加了学生梳理题目信息的难度。因为设问非常有针对性，这道题目的难度有所降低，更加贴近学生的学情。第一问要求学生“概括”，从现象性解释的层面指出历史发展的趋势，还要求学生“结合所学知识”，将材料内的信息关联起来，从联系性解释的层次分析。第二问的要求大体相似，也是从现象性解释的方面说明特点，从联系性解释的层面说明成因及近代海外华人的贡献。

从区域角度命制历史试题时，教师需要优先考虑：选择什么地区，该地区在历史上有何特殊之处，该地区与哪些历史重大事件相关，该地区是否具有代表性，选择该地区有何价值关切，等等。总而言之，选择这个角度命题并不是在地球仪上随意选定地点，必须要精挑细选，才能形成一道有意义的题目。比如例5–21。

例5–21　阅读材料，完成下列要求。（15 分）

材料

在1904—1905 年，为争夺中国东北地区的控制权乃至整个东亚地区的主导权，腐朽的老牌帝国主义国家俄国与新崛起的帝国主义国家日本发生了一系列激烈的海陆大战。……俄罗斯对清帝国的东北疆域窥觑已久，其甚至有连朝鲜也一并吞下的兴趣。所以，俄国断然不能容忍日本在南边插上一杠子。……由于干涉还辽行动的成功，俄国挟恩图报，向清国开出了价码。……中国允许俄国通过黑龙江、吉林修筑一条铁路至海参崴。铁路的修筑和经营，交华俄道胜银行承办……也就是之后几十年内在中国东北造成一系列冲突的“中东路线”。……然而，俄国在辽东的存在却损害到了英国的在华利益。……为了不列颠的利益，俄国在远东的扩张是必须要遏制的。于是这个经验老到的资深列强再度祭起代理人战争这一法宝，而这一次，他们将目光落在了日本列岛之上。

——摘编自查攸吟《日俄战争全史》

（1）根据材料并结合所学知识，分析日俄战争在中国东北爆发的历史背景。(8分)

（2）根据材料并结合所学知识，简析日俄战争的历史影响。(7分)

【参考答案】

（1）通过国内改革，俄国和日本成为强国，积极对外扩张；围绕东亚地区的主导权，俄国与日本展开激烈的争夺；在中国扩张势力范围，是俄日两国的既定国策；俄国在中国的扩张侵害了英国利益，后者扶持日本对抗俄国；清政府沦为洋人统治中国的工具，无力制止俄日两国。(每点2分，任答4点得8分，共8分)

（2）日本打败俄国取得东亚地区的主导权；日本对中国的侵略日益加深；中国领土、经济等主权遭到侵害，民族危机日益深重。(答出1点得3分，2点得5分，3点得7分)

本题选择在清末中国东北地区爆发的日俄战争为切入点，考查20世纪初的历史。在这一历史事件中，中国的东北地区是东北亚乃至东亚地区政治形势的缩影。截至19世纪末，俄国向东扩张，侵占了大批中国领土。日本则从海上向大陆扩张，在中国的东北地区与俄国发生了激烈的碰撞。作为该地区的主人，清政府自八国联军侵华战争后便沦为洋人统治中国的工具，无力抵制日俄两国。当日本和俄国在中国的土地上发动战争时，清政府根本无法阻止。由此可以看出，日俄战争前后的中国东北地区能够体现出丰富的历史信息。选择这个区域命题，不仅可以考查20世纪的战争与和平，还能考查中国近代史和世界近代史，足以展现历史的厚度。本题的两个设问分别是分析战争的背景和影响，即要求学生寻找与日俄战争存在因果联系的历史因素，细致地考查了学生调动和运用知识、描述和阐释事物的能力。

与时间一样，空间也是承载历史事件的一重维度。不管静态地探讨特定区域在历史中扮演的角色，还是动态地考查历史事物的跨空间流动，教师都要引导学生关注空间环境如何影响历史事件的发展、怎样塑造历史事物的特征。这样才能全面挖掘出空间中蕴含的历史信息，形成合理的历史解释。

（三）从人物看历史

历史由人书写。这种“书写”包含多种涵义：历史是由人记录的，历史发展的主体是人，等等。考查历史人物，发掘他们身上的历史意义，培养学生的核心价值，是历史学科终极性评价应有的题中之意。主观题的篇幅较长，可以比较全面地展示历史人物的生平事迹和思想情感。运用好这部分的试题，实现历史教育价值引领的功用，可以取得事半功倍的效果。从人物看历史，最典型的题型就是全国卷历史高考题中的中外历史人物评说模块的题目，比如例5-22。

例5-22　（2017年全国Ⅰ卷第47题）

材料　公元前544年，吴国公子季札出使鲁、郑、卫等中原诸国。季札对于各国贵族视为“文明”象征的乐舞与诗歌，皆能一一点评，得其精髓；对于各国政治现状，他也能做出准确的研判。各国原本视江南为蛮荒之地，为“文身断发”的“夷人”聚居之处，季札的到来让他们眼界一开。

季札出使途经徐国，知道徐国国君对他的佩剑十分喜爱，只因要出访他国，未能相赠。季札返回途中至徐，徐君已死，他解下佩剑挂在徐君墓前的树上。随从认为这样做没有意义，季札说，我当初知道徐君喜爱我这把剑，“始吾心已许之，岂以死倍（背）吾心哉”。其父吴王寿梦认为诸子中季札年龄最小却有贤能，指定他继承王位。寿梦死后，吴国人坚决要求季札即位，但季札坚拒，“弃其室而耕”，最终王位由其长兄继承。季札被历代儒者尊崇为“贤人”。

——据《史记》等

（1）根据材料并结合所学知识，说明历代儒者尊季札为“贤人”的原因。

（2）根据材料并结合所学知识，简析季札出使在文化融合方面的意义。

【参考答案】

（1）原因：对儒者所崇尚的礼乐与经典有精深的理解；挂剑于墓，与儒者重“信”契合；拒绝继承王位，符合儒家礼义观念。

（2）意义：显示出中原文化传播到江南，有利于改变中原诸国对江南的认识；有利于黄河与长江流域的文化认同。

在全国卷历史试题中，选做题选择的案例大多不见于教材。学生在高中历史学习过程中未曾接触过季札其人其事。这道题目的意义在于考查应用性和创新性，让学生结合所学知识，解读新情境，解决新问题。第一问要求学生说明季札被尊称为“贤人”的原因，学生要从现象性的层面归纳出季札的事迹，然后再上升到内涵性层面，解释这些事迹中蕴含的文化价值。在解答的过程中，学生还要从联系性解释的层面，调动所学知识，结合时代环境深化对季札事迹的理解。季札出使有多重意义，包括政治、经济、文化等。第二问要求学生分析季札在“文化融合”方面的意义，这收窄了学生回答的范围，只要求学生把握住“文化融合”的本质，给出自己的解释。全国卷历史试题选择人物来源广泛，学生对这些人物案例普遍比较陌生，比如丘处机、三娘子等。由于这样的新情境，考查的侧重点就从基础性、综合性上升到应用性、创新性，反映出学生核心素养与学科能力的不同层次，同时涵育情感态度价值观，培养了家国情怀，落实了立德树人的教育任务。

在命制人物类试题时，教师要选择有代表性的人物。所谓有代表性，指的是个人生平与历史环境有比较多的交集，时代背景塑造了这个人的人生际遇，这个人的所作所为又影响到当时历史发展的进程。如果不满足这些条件，学生在答题时就无所依靠，或者沦为空谈，或变成照抄材料，均无法体现学生的核心素养与必备能力。同样，所选的人物也不能离学生所学太近，比如林则徐、孙中山等。这样容易导致学生把死记硬背的知识照搬上去，不利于考查学生分析新情境、解决新问题的能力。因此，全国卷历史试题在选择人物案例的时候，往往选择学生没有直接学习过，同时又跟历史有较多关联的历史人物入题。试题的难度也比较容易调节。教师在命制此类试题时，可以考虑上述要点。以例5–23为例。

例5–23 阅读材料，完成下列要求。(15分)

材料　本杰明·富兰克林（1706—1790），美国著名政治家、物理学家，同时亦是出版商、印刷商、记者、作家、慈善家；更是杰出的外交家及发明家。在他的一生中，富兰克林证明了闪电就是电流，并由此发明了避雷针去驯服它。他组织了社区警察和国际联盟，创立了地方图书馆和专业学院。他是唯一一个参与了所有美国立国文件起草的人……尽管他不是最深刻的思想家，但他却是最实际的政治思想家。

不论扮演哪种角色，他都没有忘记对自己那些固有美德的坚持，那便是勤奋、节俭、诚实和善良。他把中产阶级的价值看作是社会力量的源泉，与他同时代的开国者中，很少有人可以像他那样完全地支持民主，更没有人像他那样本能地热爱民主。在他的倡导下，美国逐渐形成了独有的朴素而幽默的风格、民主的价值观和实用主义哲学观。

——摘编自沃尔特·艾萨克森《富兰克林传》

(1)根据材料并结合所学知识，简析富兰克林成为美国人民心目中英雄的社会背景。(8分)

(2)根据材料并结合所学知识，指出富兰克林一生作为的历史意义。(7分)

【参考答案】

(1)启蒙运动宣扬理性、自由、民主、平等；美国独立，确立资本主义民主制度；美利坚民族形成；资本主义经济迅速发展；美国社会结构变

化，中产阶级日益壮大；新教精神广泛传播。（每点2分，任意4点得8分）

（2）推动了美国的建立与发展；促进美国资本主义经济发展；奠定美国民主制度的基础；推动美国精神的形成。（答出1点得3分，2点得5分，3点得7分）

所谓“时势造英雄，英雄造时势”，说的是历史人物和历史环境间的辩证关系——伟大的历史人物改变历史，但他也生活在时代的制约当中。本题选择的历史人物本杰明·富兰克林是美国独立战争前后的著名人物，对历史产生了深远的影响。与丘处机、三娘子的“弱关联”不同，富兰克林与学生所学知识存在“强关联”。他跟历史环境的互动更加显著，更加便于学生识别。本题要求学生分析富兰克林为何享有如此崇高的声誉，又产生了什么影响，即从联系的角度说明历史背景如何造就了富兰克林的传奇人生，富兰克林又如何影响到美国历史发展的进程。

通过人物看历史，有利于理清个人与历史之间的互动关系，帮助学生形成正确的情感态度价值观。根据所学人物与所学知识的关联程度的不同，教师可以灵活调整此类题目的难度，以便考查学生解释历史的水平层次。

（四）从国家民族看历史

除了人物，国家和民族也是历史上的重要主体。特别是近代以来，随着民族国家的发展，民族认同、国家建构等话题愈发凸显。历史学科要重视考查学生在这些方面的认识，增进学生对国家民族的文化认同，形成凝聚力和向心力。这一切有赖于引导学生积极思考相关问题，触发理性思考，最终形成价值认同和情感归属。比如例5-24。

例5-24　（2017年全国Ⅰ卷第41题）

阅读材料，完成下列要求。

材料一　在专制王权下的法国，国王曾自视为民族的代表，路易十四声称“朕即国家”“朕即民族”。启蒙思想家主张人民主权，抨击君主专制，阐述了与之相适应的民族思想：一个民族可以没有国王而将国家治理得井井有条，相反，一个国王若无国民则不存在，更不必说治理国家了，甚至表示“专制之下无祖国”。在法国大革命中，人们认为法兰西民族的成员不仅居住在同一地域、使用相同的语言，而且相互之间是平等的，全体法国人组成的法兰西民族。一般认为，法国大革命是法兰西民族诞生和民族主义形成的标志。

——摘编自李宏图《西欧近代民族主义思潮研究》

材料二　盖民族主义，对于任何阶级，其意义皆不外免除帝国主义之侵略。其在实业界，苟无民族主义，则列强之经济的压迫，致自国生产永无发展之可能。其在劳动界，苟无民族主义，则依附帝国主义而生存之军阀及国内外之资本家，足以蚀其生命而有余。故民族解放之斗争，对于多数之民众，其目标皆不外反帝国主义而已。

——《中国国民党第一次全国代表大会宣言》(1924年)

(1)根据材料一并结合所学知识，说明法国大革命对近代民族主义形成的促进作用。

(2)根据材料一、二并结合所学知识，概括国民党“一大”《宣言》中的民族主义与近代法国民族主义内涵的相同之处，并说明不同之处及其产生的原因。

【参考答案】

(1)作用：启蒙思想的广泛传播；君主专制被推翻；等级制度被废除；《人权宣言》宣布了天赋人权和公民平等。

(2)相同：追求民主与平等。

不同：法国民族主义是反对国内专制；国民党“一大”《宣言》中的民族主义突出反对帝国主义。

原因：封建专制与人民大众的矛盾是法国社会主要矛盾，争取主权在民是主要任务；帝国主义与中华民族的矛盾是中国社会的最主要矛盾，争取民族独立是主要任务；中国共产党和苏俄的影响。

国家和民族并非自然存在的事物，而是一种历史的产物。恩格斯就曾指出，国家和阶级、私有制一样，不是从来就有的，而是经济发展到一定阶段才产生的。民族主义则要到近代上才逐渐形成。衡量国家和民族有若干角度：一是考查特定国家或民族的历史发展；二是考查“国家”“民族”观念本身的形成；三是将二者联系起来考查观念层面的变化对某国家某民族的历史产生了什么影响。在本题中，材料一介绍了民族主义在法国形成的过程，材料二介绍了20世纪初中国民族主义思想的发展。第一问要求从联系性解释的层面说法国大革命对法国民族主义思想形成的促进作用，学生要注意到二者之间的因果联系。第二问的要求稍多：首先需要学生站在内涵性解释的高度，指出大革命时期法国民族主义和20世纪初中国民族主义的异同，这就要求学生深刻把握二者的内涵，通过对比发现其异同；其次是在联系性解释的层面说明造成二者差异的原因，即说明二者间的因果联系。通过这道题目，学生能够对民族主义的形成与发展有比较清楚的认识，理解其产生的特殊历史环境，明确中国民族主义在历史上的特殊地位，进而将历史与现实联系起来，升华到家国情怀的层面。按照类似的立意，教师可以选择与之相近的材料，对本题进行改编，如例5-25所示。

例5-25　阅读材料，完成下列要求。（25分）

材料一　我们现在拿唐的750年与宋的1050年做一个比较。我们会发现：在外交关系上，唐有霸权，在北方唐以外没有国家，只有少数民族，而到了宋代，中国的外交关系就不一样了，是一个多元化的世界，有宋、辽、夏、金；另外，唐时有1/8~1/4的人口在南方，而宋朝时则有1/2的人口在南方，南方却变成了一个多元化的地方，有多个政治、经济、文化中心，有多种语言；唐朝的首都是一个典型的行政城市，是政治的，而宋则是经济重心变成了首都；宋的人口是唐的两倍，货币数量是唐的二十倍；技术方面，宋朝还有了印刷、火药、指南针；从社会方面，唐朝人的社会地位还是要看血统、身份，而宋朝人的社会地位则是看教育文化，科举制度被扩大，其重要性在社会中也越来越大。宋朝99%的学生考不上，可这些人还算是士人，仍是国家的精英，士人中做官的人只是一小部分。

——摘编自包弼德《唐宋巨大历史变迁的现代意义》

材料二　1500年前后，西欧发生了一系列事件，这些事件为一种新的文明开辟了道路，这就是现代化的准备阶段。1500年前后，许多事指向农业文明的阶梯，比如说，农奴制解体解放了人身，文艺复兴解放了人的精神，宗教改革解放了人的思想，地理大发现则把人推向全球，第一次把世界连成一个整体。在这个过程中，民族国家的出现改变了这种状况，它就把自己的疆域封闭起来，使它与外界隔离，致力于自身的发展，而不顾基督教大世界中其他兄弟的景况如何。原先基督教大世界中的社会经济状况基本拉平的情况就消失了，代之出现的，是某些地区发展起来，其他地区则相对落后。因此，可以说，民族国家的出现标志着现代化的起点。

——摘编自钱乘旦《世界近现代史的主线是现代化》

（1）根据材料一，概括唐宋间的历史变革有哪些具体表现，并结合所学知识分析出现这些变革的历史原因。（12分）

（2）根据材料二，概括1500年前后西欧社会为现代化转型做了什么准备。（8分）

（3）根据材料一、二并结合所学知识，指出唐宋历史变迁和西方社会变迁的本质。（5分）

【参考答案】

（1）表现：外交多元化；经济重心南移；商品（市场）经济发达；科技（文化）先进；士人政治。（每点2分，任答3点得6分）

原因：封建经济发展；士族衰落（庶族兴起）；选官、赋税等制度改革；理学兴起；市民阶层崛起。（每点2分，任答3点得6分）

（2）准备：废除农奴制，解放了人身；文艺复兴、宗教改革解放了思想；开辟新航路，资本主义世界市场开始形成；民族国家形成。（每点2分，答出4点得8分）

（3）唐宋变化是封建社会的阶段性发展。西方社会是封建社会向资本主义社会转型，农业社会向工业社会转型。（答出唐宋变化实质得2分，答出西方社会变化实质得3分，共5分）

本题选择中国古代历史上的唐宋时期和世界近代史作为切入点，阐述其中的历史变迁。“唐宋变革”是历史研究中比较有名的学说，认为唐宋之际发生了重大变化，奠定了宋代以后中国社会的基础。15 世纪的欧洲也处于走出中世纪、迈向现代社会的过渡阶段，若干历史因素也被视作社会转型的重要标杆。在两个历史转型期，国家形式、民族观念等都有程度不同的变化。本题以此入手，引导学生结合所学知识解读历史信息。第一问要求学生在现象性上概括唐宋变革的表现，在联系性解释方面指出造成变化的原因；第二问也集中在现象性的概括层面上；第三问要求学生站在本质性解释的层面作答，指出中国古代史上的唐宋变革、16 世纪西欧社会转型的实质是什么。三个设问的难度梯度比较明显，便于结构化地考查学生历史解释素养达到的层次。

教师在命制涉及国家、民族等话题的题目时，首先需要树立正确的价值导向，在尊重历史发展客观事实的基础上，深化学生对历史上国家、民族等问题的认识，引导学生认识到“中华民族是在几千年历史长河中绵延不绝地发展起来的，是在全国各族人民多元一体、交织交融的基础上形成的”，进而树立正确的国家观、民族观，发挥历史教育立德树人的功用。

（五）从延续看历史

历史的发展是一个连续不间断的过程，在传承之中有发展，发展之中有创新。历史学科的主观题材料容量较大，有利于交代历史的传承与发展。基于这种形式，历史试题可以考查历史上的“变”与“不变”，前者是历史上的变迁与创新，后者就是历史上的延续。变迁和延续就好比一枚硬币的两个侧面，共同构成了试题的广度与深度。不管从延续还是从变迁来看历史，均要求有比较长的时间跨度，提供至少两个历史场景，然后学生才能进行比较，得出其中的“变”和“不变”。以例5-26为例。

例5-26（2016年全国Ⅰ卷第45题）

阅读材料，并完成下列要求。

材料　南北朝时，士族族谱是选任官员的重要依据。唐朝初年，旧士族虽已没落，但清河崔氏、范阳卢氏等数家所谓“山东士族”，仍凭借其祖先的影响，享有崇高的社会地位。这些家族编写族谱，标榜为华夏“高门”，自诩“家风”优良，相互间通婚。唐初那些以军功起家的大臣，也把能与他们通婚视作荣耀。

唐太宗决心从谱牒入手，改变这种状况。他下令修撰全国总谱《氏族志》，不限地域，不分民族渊源，收集当时全国各地具有影响的293个家族，排出等级，但不作为任用官员的依据。编写者受习惯影响，将当时只任六品官的清河人崔民干列为第一等。这让唐太宗颇不高兴，下令：“不须论数世以前，止取今日官爵高下作等级。”于是皇族被列为第一，外戚次之，清河崔氏只排到第三等。当时文武大臣中，不少人的祖先在北朝后期才从草原南迁，也因此跻身“高门”之列。

——摘编自唐长孺《魏晋南北朝隋唐史三论》

（1）根据材料并结合所学知识，概括唐太宗时谱牒改革的内容。

（2）根据材料并结合所学知识，简析唐太宗时谱牒改革的作用。

【参考答案】

（1）朝廷主持修撰全国总谱；扩大入选范围；否定谱牒在选任官员中的作用；建立新的门第标准。

（2）加强皇室地位；肯定现有政治秩序，有利于维持政权稳定；抑制旧士族的影响；有利于维护统一；巩固民族交融的成果。

作为一种行为，改革强调历史事物在不同阶段的变化与差异，但在这种变动不居中，又贯穿着历史的延续。本题以唐初谱牒改革为切入点，通过这次改革折射出门阀士族从魏晋南北朝到隋唐时期的延续和变迁。根据材料，学生可以认识到，士族门阀虽兴盛于魏晋南北朝时期，但在唐代初年仍有相当大的社会影响，社会上甚至存在宁可不娶皇室公主，也要求娶出身清河崔氏、博陵崔氏等世家大族之“五姓女”的现象。唐代统治者意图打击旧的门阀士族，抬高皇权，因此出现了题目中的谱牒改革。本题第一问要求学生概括谱牒改革的内容，难度较低，学生只需归纳历史现象即可，不必加入过多的个人解读。第二问要求学生分析谱牒改革的作用，从因果联系的角度分析上述举措会产生的影响。根据材料，学生可以看到唐太宗的谱牒改革主要包括：朝廷主持编撰全国总谱《氏族志》，扩大了列入《氏族志》的家族范围，削弱谱牒在选任官员时的作用，建立新的门第标准，等等。从因果联系看，这项改革加强了皇室的地位，抑制了旧士族的影响，有利于维持政治秩序稳定和国家的统一。从历史延续的角度来看，魏晋南北朝以来皇权孱弱、门阀士族影响现实政治的局面不复当年。随着大一统国家的重建，皇权不断强化，代表地方的门阀士族不断衰落，直至唐中期以后，门阀士族式微，开启了赵宋以降的新局面。

历史是不断发展变化的，但变化当中又有延续。从这重角度命制主观题目，需要把握住"变"与"不变"。"变"的部分体现了人类历史中因时因地制宜、实事求是的精神，"不变"的部分体现了历史的传承与延续。勾勒出历史发展的线索与脉络，是人类面临的永恒主题。比如例5–27。

例5–27 阅读材料，并完成下列要求。(15分)

材料 在古代，"赋"为对田地的税，"役"为对人口或人户之税。明代前期，田赋参考土地等级，以米、麦为标准物品，或以它物如丝、绢、钱、钞等物折算为米麦价格缴纳。户役主要有"里甲""均徭""杂泛"三种，主要以一户内之丁及资产的总数为依据。由此形成了记录人口变动的"黄册"和田地变动的"鱼鳞册"。此法施行既久，仕宦豪强之家贿赂请托，攒造图册之人上下其手，以致图册所载与人户田地的实际情况毫不相符。赋役负担转嫁到农民身上，导致人民经济破产，财政负担加重。万历年间，张居正参考地方税改经验，推出"一条鞭法"，规定将各种田地并为一类，按亩均摊额赋，同时合并田赋内各个税项，同时征收。劳役化繁为简，进而与田赋合并为一。赋役合并征收，百姓以银两缴纳。官府徵银既毕，遇需用时，即将存银分别支解，各项差役，皆由官府出银雇募。百姓完银以后，更无一事，是以人皆称便。

——摘编自梁方仲《一条鞭法》

(1) 根据材料，概括明代政府推出"一条鞭法"的原因。(6分)

(2) 根据材料并结合所学知识，指出"一条鞭法"的特征及意义。(9分)

【参考答案】

(1) 明代前期赋、役种类复杂；赋、役征收标准不一；人口和土地统计账册与现实不符；官吏腐败加重了人民负担，激化社会矛盾；政府财政紧张。(每点2分，任答3点得6分，共6分)

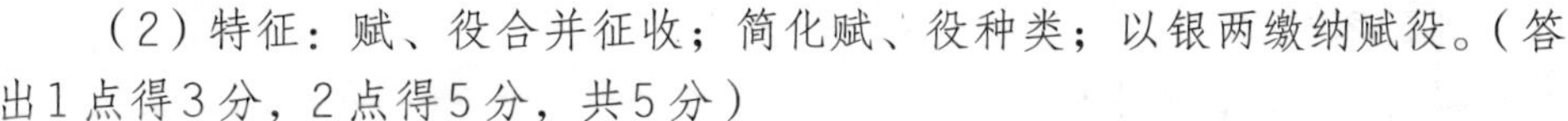

（2）特征：赋、役合并征收；简化赋、役种类；以银两缴纳赋役。（答出1点得3分，2点得5分，共5分）

意义：便利了政府赋、役的征收；缓解了政府财政负担；方便了百姓的生活；对后世的赋税制度有深远影响。（每点2分，任意2点得4分，共4分）

赋税制度从古代一直延续到现代，是人类历史上的宏观议题。纵观古今中外，政府相当重视税收问题，特别是税收制度的建设与调整。本题选择明代张居正的“一条鞭法”为案例，意在考查学生对于历史上税收制度及其流变的理解。材料交代了张居正实施“一条鞭法”的历史背景和主要措施。根据题目要求，学生需要从联系性解释的层面说明实行“一条鞭法”的原因（背景）和影响（意义），还要从内涵性解释、本质性解释的层面分析“一条鞭法”的特征。虽然“改革”强调某一制度在不同历史时期的变化，学生却可以通过归纳总结改革的若干要素，形成自己解释这类行为的特定模型，上升到规律性解释的高度。如此一来，学生就能在特殊性当中总结出普遍性，从而对历史上的延续和传承形成理性的认识。

从延续的角度命制试题，教师首先要宏观把握命题立意和拟使用的素材，提炼出其中“不变”的成分，然后将之贯穿在题目材料当中，并引导学生发现这些传承和延续。如果只强调“变迁”，难免割裂历史的整体性，违背了此类题目的本意。

（六）从联系看历史

历史唯物主义和辩证唯物主义认为，人要能联系地、发展地看待问题，高中阶段的历史教学也这样要求学生。历史事件和历史事物之间存在普遍的联系，学生要能做到“由此及彼”，这样才能避免孤立地看待事物，从而获得更加全面的认识。在评价学生能否联系地看待历史时，选择题受限于篇幅，体现出的联系较为单一，无法体现历史的丰富性。主观题受这方面的限制较小，能够容纳更多的历史事件跟历史事物，凭借更加复杂的联系展现出历史的广度和深度。覆盖面变广了，学生的思维活动随之增加，其能力的水平层次自然也就显现出来。比如例5–28。

例5-28 （2017 年全国Ⅰ卷第42 题）

阅读材料，完成下列要求。

材料

14—17 世纪中外历史事件简表

时间	中国	外国
14—15 世纪	朱元璋在位期间，与占城、爪哇、暹罗等 30 余国进行官方贸易。 废除丞相制度。 郑和七下西洋，是世界航海史和中国古代对外交往史上的壮举	德国人古登堡发明了最早的印刷机。 哥伦布到达美洲大陆。 佛罗伦萨 200 余家纺织工场雇佣 3 万余名工人
16 世纪	张居正进行赋役合一、统一征银的“一条鞭法”改革。 李时珍《本草纲目》刊刻。 玉米、番薯、马铃薯等高产作物传入中国。 汤显祖出生，代表作《牡丹亭》表现男女主人公冲破礼教束缚，追求爱情自由	哥白尼提出“太阳中心说”。 意大利传教士利玛窦到中国，传播了西方自然科学知识。 莎士比亚出生，代表作《哈姆雷特》
17 世纪	朱子学在日本为官方推崇，成为显学。 茶叶大量输往欧洲。 宋应星《天工开物》刊刻。 美洲白银大量流入中国。 郑成功收复台湾	英国入侵印度，英属东印度公司在印度开展殖民活动。 英国早期移民乘“五月花号”到达北美

——据李亚凡编《世界历史年表》等

上表为14—17 世纪中外历史事件简表。从表中提取相互关联的中外历史信息，自拟论题，并结合所学知识予以阐述。（要求：写明论题，中外关联，史论结合。）

【参考答案】

14—17 世纪期间，哪个国家或地区控制了海洋，就能在国际关系中掌握主动权。

首先，掌握海权的国家（或地区）对世界其他国家和地区产生了深远的影响。经济方面，15 世纪，欧洲人开辟新航路，哥伦布到达美洲。玉米、番薯等作物传入欧洲，后又被带到中国。高产作物的引进促进了明清时期中国人口的增长。文化方面，利玛窦等耶稣会士来到中国，客观上传播了西方先进的科学技术，出现“西学东渐”的局面，开晚清时期中国学习西方科技之先声。

其次，失去海权的国家（或地区）影响力减退，乃至丧失主动权。就中国而言，明朝初年，在政府主持下，郑和七次下西洋，让中国国威远被四海，这是世界航海史和中国对外交往史上的壮举。此后的明清政府厉行“海禁”“闭关锁国”，中国日渐落后于世界历史发展的潮流。就西方而言，荷兰是16—17世纪的海上强国，有“海上马车夫”之称。它的殖民地遍布各地，甚至一度包括中国台湾。17世纪中期，荷兰被英国打败，将海权拱手让给后者，开始衰落。1661年郑成功收复台湾，从侧面证明了荷兰正走向衰落。

最后，失去海权的国家（或地区）即便在一定时期内仍保持强大，但从长时段来看，其被动局面日益显露。17—18世纪，英国逐步确立了海上霸权，建立起一个“日不落帝国”。它在印度开展殖民活动，并希望更进一步打开清政府治下的中国市场。在该时期的国际贸易中，中国的茶叶、瓷器等大量出口，欧洲人取自美洲的白银大量流入中国。为扭转对华贸易逆差，英国携工业革命造就的坚船利炮，发动鸦片战争，强迫清政府签订《南京条约》及其附属条约。中国从此被卷入资本主义世界市场，开始沦为半殖民地半封建社会。

综上所述，海权的归属对14—17世纪东西方各个国家和地区的发展产生了深远的影响。

这道高考题的核心在于“中外关联”，明确要求学生寻找历史事件和历史事物之间的联系，并充分说明它们之间是怎么联系起来的。就好比让学生找出一条线的两个端点，然后再细致地描绘两点间线段的面貌。由于题目的“指定动作”较为简单，本题的难度相对有限，最大的困难在于学生选择和说明的能力，这恰恰需要比较高的思维能力做支撑。以表格左侧的“郑成功收复台湾”为例，学生在抓住这个“端点”时，需要思考为什么是“收复”台湾，郑成功从谁手上收复台湾。结合背景知识，学生能够知道郑成功从荷兰人手上收复了台湾。那么，荷兰人此前为什么会出现在东方，并且占领了台湾？结合所学知识，学生应该知道17世纪荷兰有“海上马车夫”之称，其海上贸易活动和殖民扩张遍布全球范围。那为什么荷兰成了“海上马车夫”？学生要知道这得益于新航路的开辟。对照表格右侧的“哥伦布到达美洲大陆”，这恰恰是新航路开辟期间的重大历史事件。表中的两则信息就此建立起联系。本题考查的思维能力，恰恰就是这样一个思维活动的过程。表中信息丰富多样，涉及政治、经济、思想文化等诸多方面，再加上涉及中外，由此构建起一个复杂又丰富的历史场景。可见从联系看历史，不是一句空话，而是要切实地展现出由此及彼的思维过程。

要命制一道从联系看历史的主观题，教师应该将注意力集中在联系的两个“端点”上——在材料中给出若干历史事物或历史现象，但不说明它们彼此间的关联，通过设问引领学生展开由表及里、由此及彼的思考，建构起逻辑上的关联，然后再阐释这些联系有何历史层面的意义。如此一来，学生思维得到了训练，核心素养和必备能力也得以落实。比如例5–29。

例5–29 阅读材料，完成下列要求。（25分）

材料一 多地使用纸币……福州城为工商辐辏之所，珍珠、宝石之交易甚大……凡生活必需之物皆饶，而价甚贱。……刺桐城港，乃不少船舶辐辏之所，诸船运载种种货物至此……此城为世界最大良港之一，商人、商货聚积之多，几难信有其事。大汗征收税课为额甚巨……然其余半价尚可获大利，致使商人仍欲载新货而重来。……其地堪娱乐，居民颇和善，乐于安逸。……亭州城制造碗及磁器，既多且美……城中磁市甚多……

——摘编自《马可·波罗行纪》

材料二 英吉利，欧罗巴强大之国也。……织布者四十九万余人，其机以铁为之，激以火轮，关捩自能运动，是以工省而价廉。每年用棉花四十余万担，皆从五印度、米利坚运入。……街市之中，衽帷汗雨，昼夜往来如织。其商船四海之中无处不到……国有大事，爵房聚众公议，参其条例，巨额其可否，复转告乡绅房，必乡绅大众允诺而后行……本国境土止三大岛，其藩属埔头皆在数千里之外。

——摘编自徐继畬《瀛寰志略》

（1）结合材料一与所学知识，概括马可·波罗眼中中国的形象，并指出这种印象对西方社会的影响。（10分）

（2）根据材料二指出徐继畬对英国的认识，并结合所学知识分析这种认识对近代中国人救亡图存的实践有什么影响。（9分）

（3）结合材料一、二，概括马可·波罗与徐继畬对外国认识的异同。（6分）

【参考答案】

（1）形象：商品经济发达；对外贸易繁荣；政府管控严格；人民生活富庶；制瓷技术精良。（每点2分，任答3点得6分）

影响：加强了东西方文化交流；激起西方人对中国的向往；促进15—16世纪新航路的开辟。（每点2分，任答2点得4分）

（2）认识：国力强盛；采用机器进行生产；国内工商业及海外贸易发达；采用民主政治制度；海外殖民地广阔。（每点2分，任答3点得6分）

影响：率先学习西方科学技术，后又转向政治制度。（3分）

（3）相同：都认识到工商业和海外贸易的繁荣。（3分）

差异：马可·波罗没有提及中国政治制度，徐继畬注意到了英国的科学技术和政治制度。（3分）

这道题目以中外文化交流为立足点，从马可·波罗和徐继畬在异国的见闻出发，讨论对外交流会对本国的政治、经济、文化等领域产生何种影响。题目涉及的范围广阔，大幅度地贯穿古今中外，通过历史信息间的联系编织出一张考查评价的网。学生在阅读《马可·波罗行纪》时，要思考马可·波罗笔下的东方事物对应所学中国古代史中的什么内容，他的记载对西方人产生了什么影响。同样，在阅读《瀛寰志略》中的英国形象时，学生也要结合所学知识思考徐继畬到底在记录什么，这种英国印象又对近代中国人有什么意义。通过跨越时间、空间的联系，学生能够对中西文化交流形成更加深刻的认识。本题共分三问，第一问要求学生从现象性解释的层面概括马可·波罗对中国的描述，再上升到联系性解释的层面，结合所学新航路开辟等相关知识说明《马可·波罗行纪》在西方的回响。第二问也是同样的模式，只不过将主体换成了《瀛寰志略》对英国的描述及其对中国的影响。第三问要求学生做比较，因为只是比较“认识”的不同，停留在现象性解释的程度，所以难度比较低。如果要调整难度，教师也可以考虑从规律性解释的层面着手，将本问改成“根据材料并结合所学知识，谈谈东西方文化交流对你的启示”。这样学生需要从历史发展的规律、历史与现代的联系出发作答，更能体现思维水平。

对于学生来讲，“联系”就是一种发散思维。能否在不同的历史事件、历史事物间建立起联系，能在多少历史事件、历史事物间发现它们的关联，这些都与学生的认知能力和思维水平紧密相关，并非短时间内可以习得的。教师只有引导学生多思考，在题目创设的新情境中多练习，才能逐渐形成这方面的能力。通过评价来引领教学，这正是考试评价的题中应有之意。

（七）从人类使命看历史

历史学科能够让学生“理解自己将在其中生活的社会”，因而“比其他任何学科都有能力来造就公民”①。经过高中阶段的历史学习，学生应该能够反思历史，在历史中汲取经验教训，更全面、客观地认识历史和现实间

---

① 普罗斯特. 历史学十二讲（增订本）[M]. 王春华，译. 北京：北京大学出版社，2018：296.

题。以史为鉴是一种途径，最终的目的是引导学生深入思考人类在历史发展中的使命与责任，从而继往开来，走出一条继承发扬优秀传统、不再重蹈覆辙的新道路。因为篇幅比较长，主观题能够容纳更多的历史事件跟历史事物，引导学生更深入地总结并反思历史，考查学生解释历史，总结历史经验教训的能力。比如例5–30。

例5–30 （2016年江苏单科第24题）

奥斯维辛集中营是具有警示意义的世界文化遗产，这里曾是虐待和杀戮犹太人的人间地狱。阅读下列材料：

材料一　到1941年冬，虽然约150万犹太人已被枪决，纳粹分子仍感到这一缓慢笨重方式的效率有许多地方需要改进，并且他们发现这对士兵的士气也不好。有组织杀害的机构化建立在工作分工的基础上，并在专门为此目的设计的特殊装置里完成。它将行刑者同受害者的距离拉大——这是一场如此大规模灭绝计划中不可缺少的一种心理优势。这一大规模官僚及工业化屠杀世界的“首府”是奥斯维辛。

——摘自巴尔纳维《世界犹太人历史》

材料二　纳粹屠犹事件无疑是人类历史上发生的一起暴虐的屠杀行径。从本质上说，这一由纳粹德国实施的对犹太人的大屠杀是对人类文明基础的否定。尽管中国远离欧洲，但对纳粹屠犹事件还是表现出了应有的关注。纳粹屠犹研究为中国人民提供了一种极为有价值的参考，使他们可以一个新的角度重新审视侵华日军对中国人民的屠杀。

——摘编自徐新《纳粹屠犹研究在中国》

请回答：

（1）据材料一并结合所学知识，说明德国法西斯迫害犹太人的历史背景，指出纳粹建造奥斯维辛集中营的目的。（5分）

（2）据材料一、二并结合所学知识，指出纳粹屠犹和侵华日军屠杀中国人的罪恶实质，深入思考二战期间德日法西斯罪行的警示意义。（5分）

【参考答案】

（1）历史背景：德国法西斯上台；鼓吹种族主义理论；将罪责强加于犹太人。

目的：实施大规模屠杀；欺骗看守犹太人的德国士兵。

（2）罪恶实质：反人类；反文明。

警示意义：增强正义战胜邪恶的信念；勇于与邪恶势力斗争；警惕否认法西斯罪行的企图。

第二次世界大战是人类历史上的一个惨痛教训，战争期间的众多历史片段都对当代人有深刻的启示。奥斯维辛集中营是纳粹屠犹的重要证据，见证了战争和过激的民族主义造成的创伤。本题以奥斯维辛集中营为切入点，材料一反映了纳粹屠杀犹太人的历史事实；材料二反映了纳粹屠犹对后世的重要意义，特别是对日军侵华罪行研究的启示。第一问侧重于历史方面，要求学生用历史知识解释纳粹为何要迫害犹太人、建立奥斯维辛集中营；第二问要求学生站在联系性解释的高度，将纳粹屠杀犹太人与日军侵华屠杀中国人联系起来，再在本质性解释的层面探讨这些行为的本质。最后，题目要求学生思考二战期间德日法西斯罪行的警示意义，即站在规律性解释的高度，阐明其对人类历史发展的历史教训，同时指出今后人类社会应该如何解决类似问题，形成一种历史的智慧。学生在解答这道题目，特别是第二问时，应怀抱着一种“理解之同情”，在反思历史的前提下阐述自己从中得到的启示。

要命制一道从人类使命看历史的主观题，教师应该将注意力集中在历史事物或事件的现实意义上——选取与现实生活有关联的历史信息，引导学生以史为鉴，通过反思历史深化对当代现实的理解，在历史中汲取经验，发现历史发展的规律，将其服务于现实。这样一来，学生在发展核心素养和关键能力的同时，也体会到了“活”的历史，比如例5-31。

例5-31 阅读材料，完成下列要求。(15分)

材料 勃兰特的“新东方政策”发端于1961年的柏林墙事件。他认为建立柏林墙“这一天的经历对我以后岁月中的政治考虑具有决定性的影响”。勃兰特时任西柏林市长，深切地感受到在核时代坚持对抗的严重危险，因此提出了“两个德国，一个民族”的理论，主张首先应该缓和两德的关系，开展人民之间的接触，然后才能考虑重新统一德国的问题。1963年，“新东方政策”初具雏形。1969年，勃兰特当选联邦德国总理，开始推行该政策。1970年8月，联邦德国与苏联签署了《莫斯科条约》，规定两国同意互相放弃使用武力和武力威胁，只用和平手段解决争端，承认欧洲现存边界不可侵犯。西德声明该条约不违背西德今后在和平环境中统一德国的目标。1971年9月，美、英、法、苏四国签署协定，保证不在西柏林使用武力或以武力相威胁。苏联（含东德）承认联邦德国与西柏林之间的公路、铁路和水路过境交通应该通行无阻。1973年两个德国同时加入联合国，同年12月，联邦德国与捷克斯洛伐克、匈牙利和保加利亚建立了外交关系。

——摘编自齐世荣、吴于廑《世界当代史》

（1）根据材料并结合所学知识，概括指出“新东方政策”形成的历史背景。（8分）

（2）根据材料并结合所学知识，分析“新东方政策”的影响。（7分）

【参考答案】

（1）两极格局下德国分裂；古巴导弹危机后美苏两大阵营关系相对缓和；联邦德国经济实力壮大；联邦德国意图摆脱美国控制开展独立外交；勃兰特具有深厚的德意志民族情结。（每点2分，任答4点得8分）

（2）有利于密切西德与东德的关系，推动德国统一；缓和了欧洲的局势，为发展经济创造了和平的外部环境；顺应了德国人民期望统一的愿望；对其他国家和地区具有借鉴意义。（答出1点得3分，2点得5分，3点得7分）

这道题目以维护和平、避免战争的政治智慧为立足点，从勃兰特的“新东方政策”着手，探讨二战后以勃兰特为代表的务实的欧洲政治家为维护和平做出的贡献。“冷战”期间，美苏两大阵营在全球范围内对峙，这在欧洲表现得尤为明显。后人对勃兰特的评价甚高，一方面是因为在他领导下德国能够正视并承担战争责任，反省战争期间犯下的错误；另一方面是因为联邦德国能够超越两大阵营，寻求一种和平、稳健、务实的方式，改善并发展两德关系。本题的第一问要求学生能够知人论事，历史地看待“新东方政策”的形成，发掘它与当时国际国内形势间的关联。第二问要求学生在因果逻辑链条中“向后看”，认识“新东方政策”的影响。通过这种纵深感较强的考查，学生能够对相关问题有更深入的体会，对于解释某些历史问题、解决某些现实问题，也会形成比较成熟的看法。

对于学生来讲，学习历史不该只是面向过去，还要面向未来。学生要从历史中寻找认识和解决当代问题的智慧，更加成熟、理性地活在当下。考试评价不只是为了用分数区分学生，也要发挥“指挥棒”的作用，引导学生认识自己承担的使命与担当，为社会、为人类做出应有的贡献。

学生在学习历史的过程中，都会形成其自身的历史解释。这种解释往往要借助表达才能显现出来，不论采取口头还是书面的方式。主观题在考查历史解释素养方面具有独特优势。它形式多样，既可以通过有针对性地问答，引导学生书面表达其对历史案例的认识和解读，也可依靠开放性的题目，根据学生写了什么、怎么写的、没写什么等要素来判断学生达到的水平。教师在命制和改编主观题时，要多从学生的角度出发，取其中最能体现评价功能的因素，才能起到引领学生学习的效果。

终结性评价在历史学习的过程中的地位举足轻重，是衡量学生学业水平和能力层次的主要方法。因为终结性评价属于总结性的考查，位于学习过程的最终阶段，学生已经具备了比较全面的知识储备，经受了较为充分的能力训练；所以终结性评价的试题，必须要参考高考改革评价体系中的“一核四层四翼”——从基础性、综合性、应用性、创新性出发，考查学生的核心价值、学科素养、关键能力、必备知识，最终实现立德树人、服务选才、引导教学的核心目标。通过学习历史，学生会基于自身经验形成特有的历史解释。当他们根据自己对历史的认识，解释新的历史情境和历史案例时，就能体现出自己的学习成果。终结性评价就是用上面讲过的“尺子”测量不同学生的学习成果，通过对比分析，进行科学合理、公正的评价。基于这些要求，教师要对选择题和主观题在终结性评价中的职能及局限有比较清楚的认识，进而扬长避短，发挥题型的优势，进行有针对性的考查，让学生在考试评价中发挥出应有的水平，并得到相应的评价。

后　记

在中学历史学科五大核心素养中，历史解释素养是高考命题中出现频率最高的一种素养。可以说，高考试题中的绝大多数题目属于历史解释类的题目。在史学理论研究层面，高校已对历史解释的思路和方法做了非常深入的研究，而在中学的实践层面，师生们又苦于找不到一种简便可行的历史解释模型。本书在高校教授和中学教师的协同努力下，对历史解释素养做了全新的探索。

本书是高校教授、历史教研员和中学一线教师共同合作的成果。第一章由华南师范大学历史文化学院张庆海教授撰写。第二章由杨万全、付君钊老师撰写。第三章由邓茹、文苑、刘香儒老师撰写。第四章由王晓博老师撰写。第五章由周晓楠老师撰写。胡波、罗永学、钟小敏、赵晓东、涂冬逸、梁志成、何忠南、梁佳鸣、王伟平、彭志岳老师参加了教学改革实践，提供了丰富的案例，完成了本书部分案例的撰写工作。王继平教授、陈家运老师和刘道梁老师对全书做了统稿。

第一章理论性较强，由张庆海教授提出了全新的历史解释分类、分层方法，既体现了高校史学理论的研究成果，也充分考虑到中学的实践操作。依据第一章的理论框架体系，对课程开发与实施、课堂教学设计、学生学业评价等重大问题，结合中学历史教学，做了实践探讨。通过较丰富的案例讨论历史解释的操作模型。

历史解释素养不仅仅在纸笔命题中充分表现，其实也广泛地渗透在日常教学的每个环节中。本书提出了全新的观点和方法，在近一年的时间里，也曾尝试在很多中学的历史课堂教学中运用。后续也希望得到更多读者的批判和指正，更殷切地希望读者能在教学实践中检验，真正找到一条既符合史学理论基本原理，又便于中学教学操作的路径。

黄牧航　王继平

二〇二〇年二月二十三日于华南师范大学